독재자를

막을 것인가

만들 것인가

독재자를
막을 것인가
만들 것인가

초판 1쇄 인쇄 2025년 6월 9일
초판 1쇄 발행 2025년 6월 16일
지은이 아이라 샬레프
옮긴이 김익성
펴낸이 김요셉
책임편집 김요셉
디자인 보통스튜디오
펴낸곳 이사빛
등록 제2020-000120호
주소 서울특별시 서대문구 간호대로 11-31 102호
대표 전화 070-4578-8716
팩스 02-6342-7011
ISBN 979-11-986029-4-7 (03340)
내용 및 집필 문의 2sabit@naver.com

※책값은 뒤표지에 표시되어 있습니다.
※파본이나 잘못된 책은 구입하신 곳에서 바꿔드립니다.

독재자를

막을 것인가

만들 것인가

김익성 옮김

아이라 샬레프 지음

TYRANT

이사빛

"이 책은 당파로 분열된 현재의 정치 상황을 부추기는 정치적 선동이 아니다. 이 책은 시민에게 더 많은 정보를 얻고 더 적극적으로 참여하라고 강력히 권고한다. 폭정이 권력의 중심부에 도달하기 전에 어떻게 이를 막을 수 있을지 알려주는 필독서다."

— 데이비드 A. 하디David A. Hardy **박사,**
네바다주 와쇼 카운티 판사

"저자는 통찰력 넘치고 우리 시대를 꿰뚫어 보는 이 연구를 통해, 추종자로서 우리가 추구하는 윤리적 가치를 깊이 생각해 보고 나서, 그저 방관할 것인지 아니면 용기 있게 나서 우리 지도자가 그런 가치에 따라 행동하도록 촉구할 것인지 선택하라고 독려한다."

— 제이 이건Jay Eagen,
전(前) 미국 하원 행정 책임자

"모든 계층에 속한 추종자가 민주주의를 위해 어떤 자세를 취해야 할지를 알려주는 통찰력 있는 분석이자 실천 지침. 꼭 필요한 시기에 딱 맞게 도착한, 탁월한 학문적 결과물."

— 맥스 클라우Max Klau **박사,**
뉴 폴리틱스 리더십 아카데미 New Politics Leadership Academy **선임 고문**

"지금 딱 맞는 책! 이 책은 우리가 살고 있는 이 위태로운 시대에 경종을 울린다. 저자는 우리가 용기 있는 추종자로 잠재력을 일깨워 이 시대의 실질적인 정치적 변화를 이끄는 주체가 되라고 촉구한다."

— 웬디 에드먼즈Wendy Edmonds 박사,
『존스타운 학살의 중독적 추종자』
(Intoxicating Followership in the Jonestown Massacre)의 저자

"이 책은 어느 당파에도 기울지 않은 참신한 접근방식으로 복잡한 정치적 환경을 능숙하게 탐구한다. 이 책이 담고 있는 깊이 있는 예견적 관찰은 이보다 더 시의적절할 수 없다."

— 크리쉬 라발Krish Raval,
영국 4등 훈작사OBE, 신앙과 리더십Faith in Leadership 책임자

"철학자 조지 산타야나George Santayana는 '과거를 잊는 자는 그것을 반복할 운명에 처한다'고 강력하게 충고한 바 있다. 첫 번째 필요한 것이 기억하는 일이라면, 반드시 그에 따라야 할 것은 바로 용기 있는 행동이다. 저자는 폭정이 다시 한번 문명을 폐허로 만들기 전에 이를 막을 도구 상자를 우리 앞에 내놓는다. 만약 20세기에

이 책이 있었더라면 역사가 얼마나 달라졌을지 생각해 보게 된다."

— 앤 R.Z. 슐먼 Anne R. Z. Schulman,
홀로코스트 교육자이자 작가

내 외할머니 새러 엘렌버그 템킨에게.

외할머니는 제2차 세계대전에 자행된 홀로코스트로
전 가족을 잃으셨다.
홀로코스트는 폭군적 독재자와 이들을 권좌에 올려놓은 추종자가
함께 저지른 극악무도한 범죄였다.

차례

머리말 **9**

들어가며 **17**

온 세상에 불안감이 퍼지고 있다. 불완전할지언정 지금껏 자유민주주의라고 자평해 왔던 여러 나라에서도 사정은 크게 다르지 않다.

최근 세계 정치 지형을 담은 조사 결과를 보면, 권위주의적 통치로의 퇴행이 두드러지게 나타난다. 이런 퇴행이 "좌파"에서 비롯된 것이든 "우파"에서 비롯된 것이든, 이런 사태를 우려하고 나아가 불안해하는 건 지극히 당연하다. 이런 경향을 멈추지 못하면, 우리가 알고 있는 공적 생활은 물론 사생활까지 송두리째 바뀔 수 있다.

이렇게 극악한 권위주의적 경향을 받아들이거나 지지하는 동료 시민이 얼마나 많은지를 보고선 똑같이 불안감을 느낄 수 있다. 하지만 독성이라는 게 원래 그렇다. 몸의 특정 기관에만 피해를 주는 게 아니라 몸 전체를 망쳐 놓는다. 정치 체제라면 지도자를 따르는 수많은 지지자가 여기에 해당한다.

궁극적으로, 선하든 악하든 강하든 약하든 어떤 지도자가 무엇인가를 이루려면, 영감을 얻든 설득을 당하든 꾐에 빠지든 아니면 강압 때문이든 반드시 그런 지도자를 따르는 사람의 협력이 필수적이다. 이 책은 이렇게 방조하는 행동을 이해하고 잠재적으로는 그런 행동을 바꾸도록 하는 데 도움이 될 것이다.

지도자가 추종자를 만들어 내는 것처럼 보이지만, 마찬가지로 추종자도 지도자를 만들어 낸다. 주요 도시나 주州, 지역이나 국가의 정치 지도자에게 직접 다가가 영향력을 행사할 수 있는 사람은 우리 중 극소수에 불과하다. 하지만, 특히 민주주의에서는 그렇게 하는 것이 우리 이익에 가장 부합한다는 사실을 인식한다면, 누구나 다양한 경로와 전략을 통해 영향력을 행사하고 싶어한다.

우리는 대부분 정치 지도자에게 영향력을 행사하거나 견제하는 데 힘을 쏟기보다는 자기 자신의 도전과 열망에 집중하며 살아가기를 바란다. 지도자는 공무를 담당하는 대가로 보수를 충분히 받고 있으며, 우리는 지도자가 공무를 제대로 해내리라고 기대한다. 하지만 현실은 다르다. 이들이 우리 삶에 부정적 영향을 미칠 수 있는 방향으로 움직인다는 사실을 알게 되면, 우리는 그런 사태를 바로잡기 위해 무언가 해야겠다는 동기를 얻게 된다. 그리고 이는 실제로 바람직하다. 그렇지 않다면, 우리의 정치적 근육은 위축되고 더불어 민주적 권리 또한 위축될 테니까 말이다.

내가 집단생활에서 추종자의 역할—이는 흔히들 생각하는 이상으로 훨씬 영향력이 크다—을 주제로 연구하고 글을 쓰며 가르치기 시작한 지도 벌써 25년이 훌쩍 넘었다. 내가 쓴 책 여러 권은, 단단한 성채처럼 위계질서가 견고한 여러 분야를 비롯해 국가의 상층부에서도 읽히고 있다. 이 여정은 수십 년 전 내가 처음으로 홀로코스트를 알게 되었던 어린 시절부터 시작되었다. 많은 사람이 왜 그토록 끔찍한 지도자를 따랐을까? 이 질문을 던졌던 아이는 여전히 같은 질문을 던지고 있지만, 이제는 몇 가지 답을 알게되었다. 이 책은 그런 통찰을 함께 나누고 더 깊은 사고를 불러일으키기 위해서다.

수십 년간 정치 지도자와 그런 지도자를 뒤에서 보좌하는 참모진과 그런 지도자가 봉사하는 유권자를 만나 왔고, 활발히 활동 중인 전 세계 추종자 연구 공동체에서 새로운 연구를 내놓기도 했다. 나는 이런 경험과 연구를 바탕으로 지도자가 자기 권력에 대한 적절한 견제를 약하게 만들 때, 이를 막을 시의적절한 저항이 무엇인지 생각해 보려 한다.

추종자 혹은 **추종자 역할**이라는 말이 낯설게 들릴지도 모르겠다. 하지만 이 책 전체에 걸쳐 이 개념이 적용되는 것을 보면 훨씬 명확해질 것이다. 지금은 일단 이렇게 상상해 보라. 누군가를 이끌려면 거기에 따를 누군가가 필요하다. 춤을 출 때, 한 사람이 이끌면 다른 사람이 따른다. 아름다운 춤을 완성하려면 두 파트너 모두 각자의 역할을 잘 해내야 한다. 우리가 훌륭한 지도자의 역할을 중시한다면, 훌륭한 추종자 역할을 중시하는 것 역시 당연하다. 이는 춤을 출 때도 그렇겠지만, 정치 활동을 포함한 모든 집단 활동에서도 다르지 않다.

이 책을 민주주의의 퇴행을 다루는 다른 여러 책과 차별화할 만한 장점이 있다면, 그것은 모든 정치적 추종자가 그런 퇴행을 저지하기 위해 취할 수 있는 단계별 행동을 제시한다는 데 있다. 바로 **여러분**이 취할 수 있는 단계별 행동이다.

나는 1960년대에 성년기를 보냈다. 당시만 해도 내 세대에 속한 많은 사람이, 자신에게 인간 사회에 만연한 문제를 해결할 방법이 있노라고 주장하는 카리스마 넘치는 지도자를 따랐다. 우리는 불의가 사회 체제에 깊이 뿌리내리고 있으며, 핵무기와 같은 기술이 실존을 위협하고 있다고 생각했다. 비록 순진한 생각이었지만, 기존 체제를 바꿀 통상의 전략으로는 재앙을 피하기에 시간이 너무 부족하다고 판단했다. 이런 상황 때문에, 우리는 정치적 카리스마가 넘치는 인물혹은 종교적 구세주나 뉴에이지 식의 구세주의 매혹적인 주장, 즉 해답은 통상적인 정치 바깥에 있다는 주장을 여차하면 받아들일 참이었다. 어쩌면 이런 조건은 오늘날에도 익숙하게 들릴지 모르겠다.

이런 경험을 거치면서 나는 대중이 카리스마 있는 인물에게 매료되는 현상을 직감적으로 이해할 수 있게 되었다. 이런 이해는 내가 평생을 바친 연구에 큰 도움이 되었다. 특히 추종자와 지도자 간의 건강한 관계와 병적인 관계, 그리고 자기 믿음을 초인적인 인물에 바치는 사람과 이른바 "구원자"라고 여겨졌으나 권력을 잡고 나서는 양에서 늑대로 변모한 사람 간의 관계를 연구하는 데 큰 도움이 되었다.

우리는 카리스마 있는 인물과 권위주의에 휘둘려 그런 인물을 떠받치게 된 이들을 심판하는 일에 마음이 쏠릴 수도 있다. 하지만 그런 일을 겪어본 사람으로서 그런 심판이 부질없음을 잘 알고 있다. 그 대신에 나는 수영객에게 위험한 저류가 흐르고 있음을 경고하고, 그런 저류에 빠지게 되면 어떻게 벗어날지를 알리는 인명 구조대원 노릇을 하려고 한다.

우리는 카리스마 있는 지도자에게 큰 믿음을 보이며 그가 의심스러운 행동을 하더라도 그런 행동을 합리화하며 넘길 수 있다. 하지만 결국 문제가 된 그런 행동을 설명하려는 부담이 너무 커져 어떤 임계점에 도달하면, 현재 경험하고 있는 것을 다시 평가해야 한다. 정치 영역에서는, 의견을 달리하고 반대하며 다른 길을 찾을 자유가 여전히 존재하고 있을 때, 이런 재평가를 내리는 것이 중요하다.

권위주의적 사고방식에서 거리를 두면서, 나는 역사에서 벌어졌던 더 어두웠던 여러 운동을 이해하는 데 그런 경험을 활용했다. 이런 운동에서 추종자는 권력에 굶주린 지도자에게 복종하거나 그런 지도자가 정부의 강압적 수단을 마음껏 휘두를 수 있도록 허용했다. 워싱턴 DC에서 보낸 30년간의 경험과 전 세계적인 민주주의 구축 활동을 바탕으로, 나는 어떻게 하면 정치적 추종자와 지도자 간의 상호작용이 잘 작동하고 어떻게 하면 엇나가는지를 관찰했고, 그 결과를 제시하려고 한다. 일반적인 관찰을 제시하되 정치적·사회적 현실에서 가져온 단편적인 일화를 기반으로 하려고 노력했지만, 여기에는 몇 가지 고려할 사항이 있다.

첫째로, 몇몇 일화는 독재자가 이미 권력을 공고히 다진 시기의 일화를 가져올 생각이다. 이런 일화는 독재자의 출현이 분명해지는 시기 이전보다 문서 기록이 훨씬 충실히 남아 있기 때문이다. 하지만 정치 지도자가 독재자로 변신하는 초기에 그 경고 신호를 민감하게 받아들이는 일은 매우 중요하다.

둘째로, 이러한 일화는 단편적인 스냅 사진이다. 현시대의 사례를 둘러싼 상황은 독자가 이 책을 읽는 시점에는 이미 변했을 수도 있다. 이런 사례를 활용해 행동을 취하면, 결국에는 헛수고였을 수도 있다. 행동한다고 성공하리라는 보장은 어디에도 없으며, 오직 자신의 진실성을 지키는 것이 보장될 뿐이다.

셋째로, 나는 하나의 논점이 다른 논점과 뒤섞이지 않도록 이런 일화를 코스 식사 사이에 먹는 입가심 거리처럼 사용하려 한다. 이 일화는 심층 사례 연구가 아니다. 이 말은 내가 사용하는 사례에 대해 독자가 나보다 더 세밀하게 이해하고 있거나 나와 달리 해석하는 경우, 그 독자에게 불편함을 끼칠 수도 있다는 뜻이다. 이런 몇 가지 문제를 피하려고 때로는 가상의 사례나 여러 요소를 합해서 만든 일화를 사용하는 방법을 선택했으며, 그런 경우 이를 명확히 표시할 생각이다.

나는 이런 사례가 그저 지나간 역사에만 속한다고 말할 수 있었으면 좋겠다. 하지만 유사한 어둠의 세력이 계속해서 현시대의 사건에 스며들고 있다. 이 책은 어떻게 하면 그런 세력이 우리의 미래를 규정하지 못하게 할 것인지를 살펴본다.

이 책을 쓰는 동안, 친구 몇몇은 종종 무슨 내용을 다룬 책인지 묻기도 했다. 정치적 독재자를 저지하는 방법을 다룬 책이라고 말하면, 그들은 어김없이 "와, 정말 지금 딱 맞는 책이네!"라고 말하곤 했다. 나는 그런 말에, "아무렴, 정말 지금 딱 맞지."라고 대답했다. 하지만 이 문제는 인류 역사 내내 시의적절하지 않은 적이 없었다. 내가 이 책을 쓰고 있는 목적은 우리가 정치적 추종자로서 어떻게 하면 이렇게 반복해서 일어나는 파괴적 현상에 영향을 미칠 수 있을지 또는 어떻게 하면 이런 현상을 바꿀 수 있을지를 살펴보는 데 있다.

비당파적 기관인 의회 운영 재단Congressional Management Foundation 에서 국장직을 수행할 때, 유권자에게 누구를 의회로 보낼지를 알려주는 게 아니라 이들 유권자가 뽑은 인물이 자기 유권자가 무엇을 필요로 하는지 효과적으로 이해함으로써 유권자에게 제대로 봉사할 수 있도록 돕는 게 내 일이었다. 누구를 지지해야 할지를 알리는 게 아니라 유권자가 정치 지도자를 신중하게 선택하고 그들에게서 최선의 결과를 얻어내며 잠재적으로나 가시적으로 극악한 행동을 하지 못하도록 유권자를 더 잘 준비시키는 것을 내가 해야 할 일이라고 생각했다.

나는 독자 여러분이 이 책에서 유용하다고 느낀 내용을 여러분이 지지하거나 우려하거나 반대하는 정치적 인물에게 적용해 보는 일을, 정치적 선호와 무관하게 한 사람의 시민으로서 여러분의 손에 맡겨 두려 한다. 만약 독자 여러분이 그렇게 해 준다면 나는 내 소임을, 여러분은 여러분의 소임을 다한 것일 테다. 이 책을 현시대의 정치적 순간에 적용할 수 있도록 만드는 건 바로 독자 여러분과 여러분의 행동이다. 이는 바로 여러분이 주인공이라는 뜻이다. 한편, 이 책은, 이 책에 담긴 원칙을 자기가 사는 시대와 자기가 사는 장소의 정치 지도자에게 적용하려는 미래 세대의 용기 있는 추종자에게도 계속해서 유효할 것이다.

아이라 샬레프,

2024년 6월

들어가며

세상은 온통 정치적 독재자와 독재자가 되고 싶어 하는 이들로 넘쳐난다. 인류 역사도 마찬가지다. 우리는 사회의 정치적 조직에서 이런 재앙을 뿌리 뽑는 일에 단 한 발짝도 가까워지지 못했다.

이미 권력을 공고히 다진 독재자를 제거하려면 그 해법은 극단적일 수밖에 없으며, 만약 실패한다면 그 결과는 상상할 수조차 없다. 우리가 할 수 있는 일, 그리고 반드시 해야 하는 일은 내전이나 혁명으로 치닫지 않고 상황을 바꿀 수 있을 때, 독재자가 부상浮上하는 사태를 미리 감지해 이를 와해시키는 것이다. 바로 이것이 이 책에서 다루려는 과제다.

이런 역학은 어떤 수준의 정부에서든 똑같이 작동할 수 있다. 일부 독자에게는 지방 정부 차원에서 작동하는 역학이 자기 삶에 더 큰 영향을 미치거나, 적어도 현실적으로 자기 영향력이 미치는 영역에 더 가깝다고 느낄 수 있다. 이 책에 담긴 내용을 그런 관점에서 읽는 것도 똑같이 유효한 방법이다. 그렇지만 최악의 독재자는 국가 전체의 권력을 장악하고 그 권력을 사용해서 그 국가 안의 모든 사람에게 자기 의지를 강요하는 자다.

메리엄-웹스터 사전은 **독재자 또는 폭군**tyrant을 이렇게 정의한다.

1. 법률이나 헌법에 제약받지 않는 절대 권력자

2. 주권을 찬탈한 자

3. 절대 권력을 억압적 혹은 잔혹한 방식으로 행사하는 통치자

4. 권위나 권력을 가혹하게 사용한다는 점에서 억압적인 통치자

와 유사한 사람

　이 책에서 다루는 범위는 1, 2 그리고 3에서 제시된 정의를 포괄한다. 4의 정의에 따라 정치적 영역을 넘어서는 이 단어의 더 넓은 용례와 관련해서 교훈을 얻을 수도 있다. 하지만 우리는 정확히 추종자가 정치 지배자의 권력 남용을 억제하거나 확대하는 데 미치는 힘에 주목하려 한다.

추종자

　　　　　　　　인간의 정치적 조직에는 기본적인 구조가 있으며, 이런 구조는 그 체제가 다양한 형태의 민주주의든 독재든 상관없다. 이 구조는 흔히 **지도자와 추종자**로 불린다.

　이 책의 독특한 관점이라면, 독재자가 아니라 그 추종자에 주목한다는 점이다. 독재자가 아무리 파괴적이라고 해도, 제 발로 나서든 억지로든 자기 구상을 실행해 줄 추종자가 없다면 아무 힘도 없다. 이 말이 사실이라고 해도, 충분한 분석은 아니다. 추종자는 지도자와 얼마나 가까운지에 따라 동기와 권력과 책임의 정도가 다르다. 이러한 차이는 추종자 연구와 정치 지도력 분야에서 대체로 큰 관심을 끌지 못했다. 우리는 지도자가 견제받지 않으면 폭군이 될 가능성이 있는 경우, 이런 지도자와 가까이 있는지 멀리 있는지에 따라 명확히 구분되는 다양한 추종자 계층을 살펴보려 한다.

제5계층 대중
제4계층 활동가
제3계층 관료
제2계층 엘리트
제1계층 측근

지도자

내부 핵심 계층
준準 내부 핵심 계층
중간 계층
준準 외곽 계층
외곽 계층

추종자의 다섯 계층

나는 권위주의적 성향을 지닌 정치인을 **예비 독재자**prototyrant라고 칭하려 한다. 이들은 완전한 독재자로 발전할 수도 있고 그렇지 않을 수도 있지만, 그렇게 변신할 잠재력을 지니고 있다. 이렇게 변신하려면, 다섯 가지 유형의 추종자 계층이 그런 변모에 저항하기보다는 암묵적으로 그런 변화를 받아들여야 한다. 이들 추종자 계층은 각각 권력의 원천이 다르며,

이런 원천을 독재자로 이행하는 과정을 지지하거나 그 과정에 영향을 미치거나 저지하거나 확대하는 데 이용할 수 있다.

이들 다섯 계층은 정치적 지도자와 가깝고 먼 정도에 따라 그 위치가 정해진다. 개인이라면 우리가 살펴볼 다양한 메커니즘을 통해 지도자와의 관계가 바뀜에 따라 자기가 속해 있는 계층이 달라지기도 한다. 우리는 모두 적어도 이들 다섯 계층 중 하나에 속한다.

다섯 번째 계층에 속하는 추종자는 가장 바깥쪽 고리로, 지도자를 개인적으로 안다거나 개인적으로 직접 만날 일이 가장 적다고 할 수 있다. 이들의 힘은 그 수에 있다. 반면, 이런 계층 구조의 반대편에는 첫 번째 계층에 속하는 소수의 추종자가 있다. 이들은 "내부 핵심 계층"inner circle으로 지도자와 사적으로 대화를 나누거나 지도자의 행동을 지켜볼 수 있는 위치다. 이론적으로는, 이들에게 지도자에게 영향을 미칠 기회가 가장 많다. 앞으로 살펴볼 여러 이유로 이론이 항상 실제에서 구현되지는 않는다.

모든 분류는 더 복잡한 현실을 개략적으로 설명하고 단순화한 것이다. 그렇지만 이런 분류를 통해 다양한 현상에 이름을 붙이고 더 나은 이해를 도모할 수 있다. 나는 이런 분류를 다음과 같은 방식으로 설명하려고 한다.

외곽 계층─대중. 통치 대상 지역에 거주하는 사람으로, 선량한 정부로부터 혜택을 받는다고 가정된다. 흔히 사용되는 시민이라는 말로 느슨하게 표현할 수도 있겠지만, 정부 관할권 아래에 거주하는 시민 아닌 사람도 이 계층에 포함된다.

준 ^準 외곽 계층—활동가. 정치 지도자와 그의 정책을 지지하거나 반대할 목적으로 일부 시민을 동원하고 조직하는 일에 헌신적으로 참여하는 개인과 집단이다.

운영 계층—관료. 정치 지도자의 지시에 따라 정부를 움직이는 각종 수단을 운영하는 수많은 전문가와 행정가를 말한다. 이들은 정책을 우리 삶에 광범위한 영향을 미치는 실행 계획으로 바꾼다.

준 ^準 내부 핵심 계층—엘리트와 유력자. 사업가, 언론계의 거물, 금융 시장을 움직이는 인물, 입법부의 유력 집단, 사법부의 결정권자, 문화적 취향을 선도하는 사람 등으로 이루어지며, 다른 추종자 계층과 지도자의 이목을 끌 수 있는 능력이 있다.

내부 핵심 계층—측근. 가족, 오랜 친구, 대규모 정치 자금 제공자, 고위 참모진, 그리고 지도자의 신뢰를 받는 충성스러운 인물로 이루어진다.

내부 핵심 계층에 속한 이들은 지도자의 생각이나 행동, 열정과 맹점을 누구보다 즉각적으로 파악할 수 있다. 준 내부 핵심 계층은 약간 더 떨어진 관점에서 다른 유형의 데이터와 통찰력을 동원해 지도자를 바라본다. 정부 관료는 보이지 않는 손처럼 행동하면서 체계적으로 정책을 실행하거나, 때로는 실행하지 않기도 한다. 외곽 계층에 속한 사람의 관점은 또 다르다.

우리가 지도자와 어떤 관계에 있으며 우리가 볼 수 있는 데이터가 무엇인지에 따라, 우리에게는 지도자의 행동 변화에 대응하는, 각기 다른 관점과 도구와 책임이 부여된다. 우리는 이들 계층을 살펴보면서 이들의 동기와 권력, 사건에 영향을 미칠 잠재력, 두려움, 취약점 그리고 종종 후회를 낳기도 하지만 이들이 공모하도록 이끄는 유인 요소가 무엇인지 이해해 보려 한다.

때로는 우리의 믿음이나 우리가 받아들인 과업, 우리를 승진시키거나 강등시키는 지도자의 결정, 우리의 전문성이 필요한 상황, 혹은 다른 지도자나 사건의 변화 등과 같은 여러 이유로 지도자와 더 가까워지기도 하고 멀어지기도 한다. 따라서 바로 이 순간에는 이런 계층 중 특정한 계층이 자신과 관련성이 가장 높다고 하더라도, 각 계층에서 나타나는 추종자의 역학을 이해해 두는 편이 유용하다.

추종자의
세 가지 행동 유형

호주에 있는 동료인 알랭 드 세

일스^{Alain de Sales} 박사는 자신의 박사 학위 논문에서 극악한 지도자에 직면했을 때 추종자가 보이는 행동에는 본질적으로 세 가지 유형이 있다고 주장한다.[1]

- **순응형 추종자**^{Conformist followers}는 극악한 지도자가 내리는 지시가 무엇이든 그 지시를 따르며, 자기에게 주어진 일에만 집중한다.
- **공모형 추종자**^{Colluder followers}는 극악한 지도자를 적극적으로 지원하며 심지어 그런 지도자의 극악함을 증폭시키기도 한다.
- **용기 있는 추종자**^{Courageous followers}는 지도자의 극악함에 대응할 방법을 모색하며, 필요하다면 파괴적인 지도자의 제거도 마다하지 않는다.

곧이어 극악한 정치 지도자의 특성을 살펴볼 것이다. 지금은 이런 추종자의 행동 유형 세 가지가 추종자 계층 각각에서 발생할 수 있으며 실제로 발생한다는 점을 이해해 두는 것이 중요하다. 정치적 독재자를 막으려면 새롭게 떠오르는 독재자가 의지하는 순응형 추종자와 공모형 추종자를 압도할 만한 용기 있는 추종자가 많이 필요하다.

왜 추종자에
주목해야 할까?

왜 떠오르는 독재적 지도자가 아니라 추종자에 주목해야 할까? 정치 지도자는 감시와 과세와 치안과 군사력이라는 압도적인 힘을 좌지우지한다. 따라서 애당초 권위주의적 성격의 개인이 독재자로 변신할 싹을 뿌리 뽑으려면 그런 개인의 가치관과 능력과 감정적 균형은 물론 무엇보다 그가 온전한 정신 상태인지에 집중해야 한다.

새롭게 부상하는 독재자의 특성을 식별하는 일이 꼭 헛걸음은 아니어도 지극히 험난한 일임은 분명하다. 목록에 독재자의 특성을 줄줄이 열거해 두더라도, 떠오르는 독재자를 지지하는 추종자나 그에 반대하는 세력은 자기 관점에 따라 이런 특성을 달리 해석할 수 있다. 이들은 자기가 따르는 지도자가 지금까지는 대부분 남성이었다 독재자의 특성을 드러내는지 아니면 구원자의 자질을 보이는지를 두고 서로 달리 평가할 것이다.

일이 다 지나고 나서야 뒤늦게, 우리는 새롭게 부상한 독재자가 언제든 알아볼 수 있는 존재였다고 생각한다. 하지만 실제로 동시대의 사건을 직접 겪고 있는 사람이 보기에는 그런 독재자의 존재가 모든 주변 행위자에게 그렇게 명확하지 않았을 수도 있다. 아니면, 그 시대의 특정한 상황에서 그 개인이 지도자의 자리에 앉게 됨으로써 얻게 될 이득을 보고는 우려스러운 결점을 간과하거나 의도적으로 눈을 감았던 것일 수도 있다.

물론, 아주 해로운 글을 통해 파괴적인 자신의 정치적 의제를 대담하게 예고하는 권력 추구자가 있으며, 히틀러의 『나의 투쟁』^{Mein} ^{Kampf}이 그 대표적인 예이다. 그렇다. 이런 사례는 역사가 보여주었던 것보다 훨씬 더 심각하게 받아들여야 한다. 그러나 떠오르는 독재자라고 해서 꼭 자신이 어느 정도나 잔혹한지 미리 드러내 보이는 것은 아니다. 그런 행동을 공공연하게 해도 좋을 만큼 권력을 충분히 모을 때까지기는 하지만 말이다. 불확실하고 어려운 시기가 닥치면 세상은 구원자를 찾기 마련이고 독재자는 이런 시기에 비옥한 토양을 발견한다. 많은 사람이 강력한 지도자를 구원자로 착각하기 쉬우며, 자신이 보고 싶은 것만을 보면서 경고 신호는 무시한다.

이 책은 독자를 아마추어 심리학자로 만들어 비대한 자아를 가진 정치적 인물의 행보를 예측할 수 있도록 만들겠다고 자처하지 않는다. 그보다는 원치 않는 결과를 더 잘 알아보고 차단하는 데 필요한 정보를 얻기 위해 잠재적 추종자인 우리 자신을 살펴보라고 제안한다. 우리가 직접 통제할 수 있는 추종자-지도자 관계의 측면으로 관심의 초점을 옮기라는 말이다. 지도자와의 관계에서 추종자가 자기 행동을 단호히 변화시키면—**지도자가 압도적인 권력을 얻기 전에 이런 변화가 이루어진다면**—추종자를 계속 붙들어 두기 위해 자기 행동을 조정해야 할 사람은 바로 지도자다. 내가 독자에게 권하는 바는 우리가 어떤 사건이나 자기 행동으로 놓이게 되는

각 계층의 관점에서 추종자를 바라보라는 것이다

폭정이 아니라
독재자

　　　　　　　　　　　이 책은 폭정tyranny이 아니라 독
재자tyrant와 추종자 간의 관계를 다룬다. 폭정과 독재자, 이 둘은
명확히 구별된다. 정치적 독재자는 국가의 자원과 권력을 탈취하
고 이를 이용해 시민을 통제하고 그런 시민을 자신의 극악한 통치
를 수행하는 대리인으로 전락시키는 개인이다. 반면, 폭정은 특정
한 개인에 구현되는 게 아니라 체제에 깊이 뿌리내린 억압, 즉 인
종 차별이나 성차별이나 빈곤 등의 형태를 띠고 나타난다. 이런 억
압의 역학을 구성하는 복잡한 힘을 분석하는 작업은 이 책에서 다
룰 내용을 벗어난다. 하지만 떠오르는 독재자의 권력을 제한하려
는 노력의 성패가 그런 억압의 역학에 영향을 미칠 수 있다.

정책이 아니라
사람

　　　　　　　　　　　이 책은 정책이 아니라 사람을

다룬다. 더 구체적으로 말하자면, 이 책은 사람이 잠재적 독재자에게 얼마나 쉽게 영향을 받는지 그리고 그런 상황에서 우리가 무엇을 할 수 있는지를 다룬다. 이 책은 또한 독재자가 뿌리를 내릴 수 있는 비옥한 토양을 축소한다거나 독재자가 권력을 공고히 다지는 방법을 제한하는 정책 방안을 논의하지도 않는다. 이런 주제와 방안이 무척 중요하기는 해도 이 책의 범위를 벗어난다. 또한 그런 논의는 종종 실행 과정의 정치적 현실을 충분히 고려하지 않은 채 이내 단순한 나열식 목록으로 전락하기 쉽다. 이에 대한 제안은 다른 책에서 찾아볼 수 있다.[2] 여기에서는 우리가 특별한 것 없는 평범한 위치에서든 아니면 사회 체제 내에서 더 큰 영향력을 행사할 수 있는 위치에서든 개인적 행위자로서 우리가 무엇을 할 수 있는지에 초점을 맞추려 한다.

이 책이 우리에게 말해주는 것은 우리가 스스로 정치적 자유의 실질적 수호자가 되는, 그런 추종의 기준을 만들라는 것이다. 이는 우리가 이 세상에서 잘못되었다고 여기는 모든 문제를 해결해 줄 어떤 영웅적 지도자의 존재를 바라는 우리 성향을 경계하는 일에서부터 시작한다. 물론, 우리에게는 그런 바람이 있다. 그리고 아름다운 갈망이기도 하다. 하지만 그런 이상주의적 바람 때문에 강력한 독재자는 더 나은 우리의 본성을 악용함으로써 우리를, 최고 권력을 손에 넣고야 말겠다는 자기 야심을 채워줄 도구로 삼을 수 있다.

　　　　　　　　　독재자를 막을 것인가 만들 것인가

기존의 독재자가 아니라
예비 독재자

나는 독재적 지도자를 **예비 독재 자**prototyrant라고 부르려 한다. **프로토**proto라는 접두사는 어떤 특성 이 일찍 나타남, 혹은 무언가가 나타나거나 생겨나는 징후를 뜻한 다. 이와 비슷한 단어로 원형原型을 뜻하는 프로토타입prototype이 있 다. 사전에서는 이 단어를 "나중에 나타날 유형의 본질적 특징을 보여주는 개체"로 정의한다.

예비 독재자는 아직 충분한 권력을 쌓지 못한 탓에 강압적 명령 을 내리고 실제로 그런 명령의 실행을 강제하지 못하고 있다. 그렇 지만 이들에게 그렇게 행동하려는 경향이 있다는 역사적 징후나 현재의 징후가 점점 분명해지고 있다. 정치적인 예비 독재자의 행 동과 정책은 자신이 직접 통제하지 않는 사회적 기관이나 통치 기 구의 권력을 약화하는 방향으로 단호히 나아가고 있다. 이는, 국민 에게 봉사하는 데 필요한 수준보다 더 많은 권력, 즉 권력을 휘두 르는 야심 가득한 권력자의 손에 맡기기에는 너무도 큰 권력을 축 적하려는 의도가 이들에게 있음을 알리는 경고 신호다.

이미 견고하게 뿌리를 내린 폭군이 내가 말하는 **예비 독재자**보다 훨씬 더 큰 문제라고 주장할 수도 있다. 이들은 정책이나 행동을 통해 많은 사람을 억압하고 노예처럼 다루고 심지어 살해하기까지 하니 말이다. 이는 사실이지만, 이미 견고하게 뿌리 내린 독재자를 축출하기 위한 해결책은 차원이 전혀 다른 문제로, 초법적이고 혁명적이며 은밀한 국제적 모의로 이어지기도 한다. 이런 방식은 절박한 처지에 놓은 지하 조직의 몫이지, 이어지는 폭압적 행보를 예방하려는 조치를 찾으려고 사려 깊은 책을 읽는 독자의 몫이 아니다.

이 책은 권위주의적 성향을 지닌 정치 지도자가 등장하는 상황에서 우리가 속할 수 있는 정치적 추종의 각 계층에 대한 인식을 제고할 것이다. 각 계층에서 발견되는 압력과 독재자의 변신과 부상을 저지하기 위해 이용할 수 있는 선택지에 초점을 맞춘다. 다시 말해, 이용할 수 있는 합법적 과정의 규범 내에서, 지금 여러분의 손에 들린 이 책과 같은 출판물이 출간될 수 있는 정치적 순간에, 무엇을 할 수 있을 것인가?

예비 독재자로 가는 과정을 저지하려면

불이 작으면 담요나 모래 한 동이로 끌 수 있다. 하지만 그 불이 거대한 화재로 번지면, 우리가 할 수 있는 일이라곤 도망쳐서 목숨을 건지거나 뒤로 물러나거나 방화선을 구축하려고 시도하는 것뿐이다. 권위주의적 성향의 지도자가 완전한 독재자가 되어가는 과정도 이와 다르지 않다. 추종자로서 어떻게 대응할 지에 초점을 맞춰 이 지도자의 심장에서 타오르는 불꽃을, 우리의 필요를 충족시키도록 잘 조절된 용광로 안에서만 타오르도록 억제할 수 있을지도 모른다. 아니면 그 불을 제어할 수 없음을 깨닫고 우리에게 그렇게 할 힘이 아직 남아 있을 때 추종이라는 연료를 끊어 불을 진화해야 한다.

권위주의자에서 독재자로의 진행을 저지할 수 있는 시기

| 공직 도전
단계 | 공직 획득
단계 | 권력 남용
단계 | 권력 집중/
공고화 단계 | 독재 통치
단계 | 완전한
독재 단계 |

행동해야 할 시점은 권력 남용이 드러난 후부터 독재자가 권력을 공고히 다지고 자신의 통치에 제기되는 모든 도전을 제거할 시간을 갖기 전까지의 시기다.

역사적 상황에 따라, 그 기간이 끝나려면 몇 달 이상이 걸릴 수도 있지만 권력이 예비 독재자의 손에 들어가면 그 기간은 끝이 난다. 우리는 아직 효과가 있을 때 단호한 행동을 요구하는 징후로 어떤 것이 있는지 살펴볼 것이다.

그런 행동으로 예비 독재자를 후보직이나 공직에서 반드시 물러나게 할 수 있는 건 아니다. 다음 인물이 유능하지는 않으면서 더 잔혹한 정치인이라면, 오히려 혼란만 부추길 수 있다. 때로는 사회 전 계층의 추종자가 과도한 독재적 성격을 억제하려고 노력하면서 그들을 지역이나 국가의 지도자 자리에 오르게 만들었던 재능을 활용할 수 있고 또 그러는 편이 바람직할 수도 있다. 다시 말해, 예비 독재자가 완전한 독재자로 진행해 가는 과정에 **제동**을 걸어 이를 멈추게 하되, 차량 자체는 유지해서 여전히 제대로 기능을 수행할 수 있도록 하는 것이다.

잠재적 독재자의 사례

2001년, 그간 미국 의회에서 쌓았던 경험 덕분에, 나는 새로 구성된 나이지리아 상원의 지도부를 대상으로 전략 기획 세션을 진행해 달라는 요청을 받았다. 나이지리아는 아프리카에서 가장 큰 나라로, 인구는 2억 명이 넘는다. 이 나라에는 민주적 통치와 군사 독재가 번갈아 가며 이어진 역사가 있었다. 이번에는 민주주의 문화가 뿌리를 내려 입법부, 사법부, 주정부와 권력을 공유하는 행정부가 연속해서 선출될 수 있기를 바랐다.

나이지리아에 도착하자, 상원의 정당 지도자 몇 사람과의 점심 자리에 급히 초대되었다. 시차로 피곤했지만, 우리가 그저 진행자와 연수 참가자라는 형식적인 관계에 그치지 않고 인간적인 관계를 맺고 싶었다. 그 자리에 참석한 상원의원 중에는 사이두 무함마드 단사다우Saidu Muhammed Dansadau도 있었는데, 그는 격식을 차리지 않는 분위기를 편하게 받아들이는 듯했다. 그는 아무 눈치도 보지 않고 거리낌 없이 정부는 물론 자기 소속 정당의 실정을 비판하는 사람이라는 평판을 얻고 있었다. 우리는 빠르게 의기투합했다.

모든 대규모 정치 공동체라면 으레 그렇듯, 나이지리아는 서로 경쟁하는 여러 정치 세력으로 분열되어 있었다. 국경은 식민 통치 시절에 임의로 그어진 것으로, 이 국경 안에는 세 개의 주요 부족 집단과 여러 개의 소규모 집단이 살고 있다. 게다가, 새로 건국된 이 나라의 북부는 주로 이슬람교도가 거주하며 기독교인이 대다수인 남부보다 경제적으로 더 어려운 처지였다. 이런 긴장 관계는 1968년에 비아프라 내전Biafran Civil War으로 분출했다. 직접 사상자와 식량 공급 봉쇄로 인해 최대 200만 명이 굶주림 때문에 사망한 것으로 추정된다. 뼈만 남은 어머니와 아이의 이미지가 전 세계인의 머릿속에 깊이 새겨졌다.

새로 선출된 상원 지도부와 가치 순위 매기기를 진행했을 때, 이들에게 다른 무엇보다 중요한 가치 두 가지는 "국가 통합"과 "신에 대한 경외심"이었다. 정파 간 내전의 기억과 깊은 트라우마를 고려할 때, 첫 번째 가치가 중요하며 두 번째 가치와 긴장 관계에 있다는 점 그리고 이 문제를 풀어나가려면 현명하고 공정한 통치가 필요했다.

미국 헌법을 모델로 제정된 새 헌법과 이를 중심으로 형성된 여러 규범은 바로 이런 통치상의 지상과제를 반영했다. 나이지리아에는 미국처럼 양당제가 아니라 주로 부족 정체성을 중심으로 형성된 세 개의 주요 전국 정당이 있다. 각 정당은 지역 격차를 줄이기 위해 모든 주에서 후보를 낼 것으로 예상되었다. 나이지리아의 여러 지역에서는 다양한 부족 집단과 종교 신앙이 지배적이고 지역의 경제적 이해관계가 우세했다. 통치에 대해 깊이 고민하는 이들은 실행할 수 있는 민주주의를 구축하고, 많은 탈식민지 아프리카 국가를 괴롭히는 권력 집중 문제를 피하려고 진지하게 노력하고 있었다.

몇 년 후, 올루세군 오바산조Olusegun Obasanjo 대통령의 두 번째 임기가 시작될 무렵, 나는 나이지리아를 다시 방문해 달라는 요청을 받았다. 나이지리아 대통령직은 미국 대통령직과 마찬가지로 그저 의례적 역할에 그치는 자리가 아니다. 진정한 권력의 중추로, 대통령은 정부 수반이자 국가 원수이며 군 최고 통수권자이다. 이렇게 막대한 권력이 한 개인에 집중되어 있다 보니 헌법은 임기 4년, 두 차례 연임 가능이라는 제한 규정을 두고 있다. 많은 사람이 오바산조 행정부를 높이 평가했다. 하지만 실망스럽게도 오바산조 대통령은 이러한 헌법상의 제한 규정을 개정해서 3선 출마를 허용하라는 캠페인을 시작했다.

단사다우 상원의원은 국회의 헌법 개정 심의 공동위원회 위원으로서 대통령의 3선 출마를 허용하는 방안에 강력히 반대했다. 그는 3선 출마를 가능하게 할 1999년 헌법 개정안 공청회를 거부하겠다고 발표했다. 오바산조 행정부의 여러 각료를 비롯해 나이지리아 내 많은 정치인과 국제 사회의 여러 정치 지도자 역시 헌법 상의 권력 제한을 약화하는 헌법 개정안에 반대했다. 결국 오바산조 대통령은 권력을 공고히 하려던 시도를 철회했다.

나이지리아 언론은 이런 상황을 「오바산조 대통령의 측근, 3선 시도에 반대」라는 제목의 기사에 잘 담아냈다.

정치 관측통과 올루세군 오바산조 전직 대통령 지지 세력에게 충격을 줄 가능성이 큰 행보를 보이는 가운데, 사이두 무함마드 상원의원은 오바산조 전직 대통령이 품었던 것으로 알려진 임기 연장 시도를 좌절시키기 위해 오바산조 내각의 전직 장관과 특별 보좌관 일부가 지난 대 국회의원과 연합했다고 밝혔다.

그동안 나이지리아 국민은 3선 반대 운동에 참여한 이들, 특히 국회의원과 여당인 인민민주당PDP 내외부의 반대 세력을 지지해 왔다. 그러나 이 모든 과정에서 전직 대통령 내각의 노력이 포함되어 있었다는 사실은 아무도 알지 못했다. 이 모든 일은 2006년 5월 16일 상원 본회의에서 해당 안건이 부결되면서 절정에 달했다.

권력 방화선

위에서 살펴본 나이지리아의 사

레에서는, 대통령 주변의 여러 정치적 추종자 계층이 권력을 공고히 하려는 초헌법적 시도를 저지했다. 이것이 바로 **권력 방화선**power firebreak이 어떻게 작동해야 하는지를 보여준다. 그렇게 할 수 있는 정치적 공간이 있는 동안, 불길이 적절한 권력 분립을 전소시킬 큰 화재로 번지기 전에 진압해야 한다. 다양한 추종자 계층에 속한 행위자가 서로 협력하여 이런 행보를 차단할 때, 체제는 균형을 회복하여 책임성을 가지고 권력을 사용할 수 있게 된다.

이런 시의적절한 행동이 중요했음을 과소평가해서는 안 된다. 이 글을 쓰는 지금, 나이지리아는 지금까지 네 번 연속으로 합법적인 대통령에게 권력을 이양하는 데 성공했다. 어떻게든 독재 권력을 공고히 다지려 들고 평생 폭군으로 군림하는 일도 심심치 않은 독재자와 맞서 싸우고 있는 아프리카 대륙에서 나이지리아는 축하하고 본받을 만한 예외적인 사례다. 그렇다고 해서 나이지리아가 모범이 될 만한 통치 모델이라는 말은 아니다. 그와는 거리가 멀다. 하지만 이는 적어도 독재 치하에서 빈번하게 찾아볼 수 있는 초법적 공포가 최소화되었으며, 통치 메커니즘을 계속해서 개선해 나갈 수 있는 공간이 존재한다는 뜻이다. 이 지구상에서 이는 결코 작은 성취가 아니다.

이어지는 여러 장에서 우리는 정치 체제, 특히 우리 정치 체제에서 권력이 지나치게 공고화되는 현상에 건강한 방식으로 저항하려면 어떤 힘을 이해하고 관리할 필요가 있는지 살펴보려 한다. 마지

독재자를 막을 것인가 만들 것인가

막 장에서는 닉슨 행정부 시절의 「국방부 보고서」<small>Pentagon Papers. 미국</small>

<small>국방부가 1967년에 작성한 비밀 보고서. 제2차 세계대전 이후부터 1968년까지 인도차이나, 특히 베</small>

<small>트남에서 미국이 정치적, 군사적으로 개입한 역사를 다룬다. 1971년에 이 보고서가 유출되어 《뉴욕타</small>

<small>임스》에 공개되면서 미국 정부가 베트남전에서 의회와 국민을 오도한 사실이 밝혀져 큰 파장을 일으</small>

<small>켰다.―옮긴이</small>와 워터게이트 사건이라는 상징적인 사례를 통해, 어떻게

하면 모든 추종자 계층이 서로 협력해서 법이나 관습에 구속되지

않는 폭군적 통치자로 변모할 징후를 보이는 지도자의 움직임을

저지할 수 있는지 살펴볼 것이다.

　누군가를 이끌거나 누군가를 따르는 지도와 추종은 무도회장이

나 조직이나 민주주의처럼 언제나 특정한 상황 속에서 이루어진

다. 이제 첫 번째 장을 시작하면서 맨 먼저 정치 영역에서 추종자

역할 중에서 무엇이 중요하고 무엇이 특별한지 살펴보려고 한다.

독재자를 막을 것인가 만들 것인가

1장

정치적
상황 속의
추종자

"민주주의에서 가장 중요한 건 추종자다.
그게 민주주의다."

— 조앤 시울라 Joanne Ciulla、
리더십 윤리 철학자

정치에서 지도와
추종의 구조

정치 문제는 흔히 생각하는 것보다 우리 삶의 훨씬 더 많은 측면에 영향을 미친다. 이런 현실을 생각해 보면, 개인의 입장에서도 정치 역학의 기본 사항을 이해하는 것이 중요하다.

체제가 민주주의나 독재의 수많은 변종 중 어떤 형태든 간에, 어떤 정치 조직이든 그 조직을 떠받치는 근본 구조가 있기 마련이다. 일반적으로 이 구조를 지도자와 추종자 관계라고 한다. 이 구조는 근본적으로 인간의 사회적 실존과 밀접하게 결부되어 있으며, 지도자와 추종자라는 일반 범주로 포착할 수 있는 것보다 훨씬 복잡하다. 이 체제의 구조를 인식하고, 그 가치를 이해하며, 취약점과 더불어 지렛대 역할을 할 수 있는 여러 지점을 파악함으로써 우리는 모든 수준의 정치 조직에서 지도자와 추종자 관계에 다양하게 접근할 수 있다.

삶에서 겪게 되는 일이 대부분 그렇듯, 정치적 지도와 추종의 관계는 양날의 칼과 같다. 이 관계는 공동체의 삶을 번영시킬 틀을 만들어 내기도 하지만, 결핍과 고난과 억압의 조건을 낳기도 한다. 이 관계가 잘 풀려나갈 때는 지도자와 추종자의 역할이 더 유동적으로 바뀌고, 변화하는 특정한 상황에서 지도력을 발휘할 능력이 있는 다양한 개인 사이에서 그 역할이 넘어가고 넘어온다. 하지만 이 관계가 억압적으로 바뀌면, 지도자의 역할이 어느 한 사람에게 고착되면서 점점 더 강압과 공포에 의존하게 된다.

　문화마다 다르고 시대마다 다르지만, 자유롭게든 아니면 강제로든 누군가를 기꺼이 따르려는 행동은 인간의 일반적인 성향으로 깊이 각인되어 있다. 대규모 인간 집단은 이런 특성 덕분에 여러 놀라운 성취를 이룩할 수 있었지만, 다른 한편으로는 전 세계적으로 그리고 모든 시대에 걸쳐, 인간이 서로에게 끔찍한 불의와 범죄를 자행하는 결과를 낳기도 했다. 그렇기에 우리가 이러한 파괴적 경향을 바꾸고 진화할 수 있을지 묻는 것은 너무도 온당한 일이다. 우리가 함께 살아갈 미래를 꿈꾸려면, 이런 변화가 가능하다는 믿음이 전제되어야 한다. 하지만 동시에 이런 변화에 저항하는 힘 역시 깊이 뿌리내리고 있음을 알아야 한다.

　더 큰 집단이 자신의 필요와 관련해서 그리고 자기 경쟁자나 적과 관련해서 성공을 거두려면 국가적 목적이라는 의식을 공유해야 한다. 추종자는 일정 수준까지는 자기를 이끄는 지도자를 신뢰하고 자신의 비전에 헌신하며 그런 비전의 실행을 기꺼이 지지하려는 의지를 갖추고 있어야 한다. 비록 그것이 자신이 그렇게 되었으면 하고 바라는 전부는 아니더라도 말이다. 하지만 동시에 추종에는 어두운 면, 즉 지도자의 폭력적인 행동을 있는 그대로 직시해야 함에도 이를 애써 합리화하려는 경향이나 자신이 져야 할 책임을 지도자나 체제에 전가하려는 경향 등이 작동하기도 한다. 이 책에

　　　　　　　　　　독재자를 막을 것인가 만들 것인가

서는 인류가 추종을 대규모로 조직했을 때 얻을 수 있는 장점을 그대로 유지하면서, 파괴적 결과를 낳을 수 있는 잠재력은 최소화하는 방법을 살펴보려 한다.

다수의 지도자、
다수의 추종자

우선 명확히 해둘 점이 한 가지 있다.

지도자와의 관계에서 추종이 어떻게 이루어지는지를 설명하다 보면, 마치 중심에 단 한 명의 지도자가 있고 그를 중심으로 추종 집단이 돌고 있다고 가정하는 게 아닌가 하는 생각이 들 수도 있다. 하지만 현실에서는, 특히 정치적 현실에서는 언제나 지도자가 한 명 이상이고 각 지도자를 중심으로 추종 집단이 동심원을 그리며 모여 있다. 예컨대, 국가의 지도자와 지역의 지도자가 공존하고 있는 연방제에서처럼 권력의 중심이 분산되어 존재하는 경우를 떠올려 보자. 아니면 자기 부처에 필요한 자원을 확보하고 나아가 향후 더 높은 직위에 오를 기회를 놓고 서로 경쟁하는 대통령제나 의원 내각제의 여러 각료를 떠올려 보라.

이 책에서는 특정 체제 내에서 가장 중요한 정치 지도자를 중심에 두고 그 주변에 형성된 각각의 추종 집단이 어떻게 행동하는지에 주목하려고 한다. 이와 비슷한 역학 관계는 동시에 그 밖의 여러 정치 지도자 주변에서도 그대로 작동한다.

지도와 추종의
다면성

우리는 자기가 태어난 가족과 문화, 학교와 직장에서 누군가를 이끌고 따르는 지도와 추종에 대해 자기 나름대로 좋고 나쁨이 있고 그 방식을 발전시킨다. 삶의 다른 여러 측면에서 지도와 추종에 대해 더 좋은 습관과 원칙을 개발할수록, 정치 영역에서 의미 있고 결과에 영향을 미칠 만한 역할을 맡을 준비를 더 잘 갖추게 된다. 우리는 흔히 권위 있는 사람을 어떤 방식으로 추종하는 경향이 있을까?

- 아무것도 묻지 않고 그저 따르는가? 아니면 그렇게 해달라고 요청받거나 그런 말을 들은 일의 이면에 어떤 이유가 있는지를 알기 위해 질문을 던지는가?
- 대다수가 하는 대로 따라가는가? 아니면 그런 대다수의 무리가 어디로 향하는지, 그리고 그런 행동이 빚어낼 수 있는 결과가 무엇일지에 주의를 기울이는가?

- 지도자가 우리를 보살펴 주고 심지어 구원해 줄 부모 같은 존재라고 생각하는가? 아니면 사태를 좋은 방향으로 돌려놓으려고 노력하는 다른 성인으로, 우리의 도움이 필요하지만 때로는 반발에 부딪히기도 하는 사람으로 인식하는가?

지도는 조직된 집단의 고위층에서 비롯될 수도 있고 최하위층에서 비롯될 수도 있다. 정치 역학을 역사적인 측면에서 살펴보면, 우리는 고위 정치 지도자가 대부분 대중의 의중을 제대로 파악하고 있으며 지도자로서 자신이 강제할 수 있는 일에는 한계가 있음을 이해하고 있다는 사실을 알게 된다. 이런 점에서 지도자는 자신이 이끄는 이들을 따르고 있다고도 할 수 있다.

그 반대 역시 마찬가지다. 때로는 최고위직에 앉은 정치 지도자는 대부분 호의적이든 악의적이든 자신의 비전을 시민에게 강요하거나 설득해 받아들이게 만들기도 한다. 만약 지도자의 소통과 설득 기술이 효과적이라면, 시민은 좋든 나쁘든 지도자가 이끄는 대로 따른다.

이들 지도자는 국가 자원, 즉 국고나 정보 통신 체계나 법이나 무력을 동원한 강제 집행 능력을 일정 수준 통제할 권한을 확보하고 있어서 설득력과 강제력을 모두 행사할 수 있다. 모든 역학 관계는 이런 권력에서 비롯되며 그 결과는 시민에게 이로울 수도, 해로울 수도 있다.

하지만 때로는 시민뿐만 아니라 시민 아닌 자까지 포함해 대중이 지닌 순수한 숫자의 힘, 그리고 정치 지도자를 따르거나 거부하려는 이들 대중의 의지 역시 설득력이나 강제력을 발휘할 수 있다는 점을 잊지 말아야 한다. 계승이나 임명 혹은 부정 선거를 통해 정치적 권좌에 오른 뒤, 자신이 지배하던 신민臣民의 손에 축출되거나 타도된 여러 역사적 인물을 떠올려 보라. 예컨대, 프랑스의 루이 16세는 1792년에 폐위된 후 이듬해에 처형되었고, 러시아의 니콜라이 2세는 1917년 러시아 혁명으로 퇴위당한 후 가족과 함께 처형되었다. 이란의 팔레비 국왕은 1979년에 일어난 이란 혁명으로 축출되었고, 필리핀의 독재자 페르디난드 마르코스는 1986년에 혁명으로 정권이 무너지고 나서 망명했다. 루마니아 공산당 서기장이었던 니콜라에 차우셰스쿠는 1989년 혁명으로 실각한 후 처형되었고, 독재자였던 호스니 무바라크 이집트 대통령은 아랍의 봄 혁명으로 축출되었다.

적극적 추종자

문화적 통념과 달리 추종자는 수동적이지 않다. 오히려 추종자는 능동적이며 적극적이다. 함께 춤을 추는 상대방을 상상해 보라. 따르는 사람이 굼뜨게 움직이는 바람에 이끄는 사람이 그 사람을 억지로 끌고 다녀야 한다면, 그 춤은 볼 만하지도, 즐겁지도 않을 것이다.

정치적 추종자 또한 적극적이고 능동적이다. 정치적 추종자로서 그 역할을 다하려면 지도자가 상황을 제대로 운영하기 위해 최선을 다하고 있는지 주의를 기울여야 한다. 지도자가 노력한다고 해서 언제나 완벽할 수는 없는 노릇이지만, 대체로 집단의 목표와 가치를 추구하고 있다면 지지를 받을 자격이 있다.

정치 체제에서 추종자가 환멸을 느끼고 등을 돌리는 일은 너무도 흔하다. 의무 투표제가 없는 민주주의 국가에서 투표율이 저조한 현상이나 정부에 대한 냉소주의를 보라. 이런 추종자는 그렇게 좋지 못하다.

성숙한 추종자라면 자신이 속한 체제가 늘 불완전하며 자신을 비롯해 자신의 지도자 역시 불완전하기는 매한가지라는 사실을 잘 안다. 하지만 이들은 체제가 공공선을 향해 나아가게 하는 결과를 함께 만들어 낼 수 있다. 이것이야말로 건강하며 스스로 책임질 줄 아는 추종자다. 만약 정치 지도자가 무능이나 부패, 이념적 편향이나 그 밖의 요인으로 심각하게 제 역할을 다하지 못하는 상황이라면, 추종자는 상황을 개선하기 위해 다시 나름의 노력을 시작할 힘이 있다. 건강한 정치 체제에서는 시민참여가 매우 높은 수준에서 이루어져 기존의 지도자를 지지하든가 아니면 대안이 될 다른 지도자를 선택지로 제시하기도 한다.

깨어 있는 추종자

앞에서 추종자의 참여에 대해서 살펴봤지만, 참여 자체가 반드시 유익하다고 하기는 어렵다. 충분히 알지 못하면 올바른 선택을 내리지 못한다. 이 경우, 의심스러운 의제를 앞세운 이들에게 조종당할 수도 있다. 이제 어려운 질문에 답할 차례다. 책임감을 지니고 참여하려면 어떻게 충분한 정보를 유지할 수 있을까?

어떤 쟁점이든 정치적 스펙트럼의 어느 한쪽 끝에서만 정보를 얻어서는 독립적인 판단을 내릴 수 없다. 특정 시점에 정치 체제에 퍼지고 있는 다양한 문제를 능숙하게 헤아릴 전문가가 될 수 있는 시간적 여유는 그 누구에게도 없다. 그래서 우리는 그런 문제와 후보자를 깊이 이해하는 일을 전문으로 하는 이들에게 기댈 필요가 있다.

우리가 할 수 있는 일은 의식적으로 정치적 스펙트럼의 여러 지점에서 정보를 얻고 나서, 그중 어떤 정보가 더 가치가 있다고 판단하는지 스스로 평가해 보는 것이다.

다양한 정치적 정보를 얻고 그 정보가 얼마나 정확하고 중요한지를 고려하는 과정을 거침으로써, 우리는 사회 전체 수준에서 진행되는 정치 과정, 즉 경쟁하는 정보와 관점이 제시되고 토론을 거친 후에 결정이 이루어지는 과정을 내면화하게 된다. 어떤 면에서는, 우리가 개인 차원에서 정치 과정 자체가 되는 것이다.

이런 과제는, 이제 가짜 정보가 시스템에 쉽게 스며들 수 있게 되었다는 점에서 더욱 복잡해졌다. 이 문제를 효과적으로 헤쳐 나갈 방법만을 가지고도 책을 한 권 쓸 수 있고, 물론 지금도 그런 책이 나오고 있고 계속 업데이트되고 있다. 하지만 우리 목적에 비추어 볼 때, 의식적으로 서로 관점이 다른 정보 출처 두세 곳을 선택해 찾아보는 것만으로도 충분하다. 그런 과정을 거쳐 우리는 자기만의 결정을 스스로 내릴 수 있다. 다음은 실제 사건을 바탕으로 한 짤막한 일화다.

듀크는 상황이 어떻게 돌아가는지 자신이 잘 알고 있다고 확신했다. 자기가 좋아하는 토크쇼를 듣고, 역시 그 쇼를 듣는 친구 여럿과 이야기를 나눴다. 이들은 자신이 들은 내용에 매우 화가 나 있었다.

하지만 이들이 생각하지 못한 건 바로 청취율이었다. 토크쇼 진행자는 높은 청취율을 유지하면서 유료 구독과 광고 수익을 끌어올리고 있었다. 청취자를 화나게 할수록, 쇼를 듣는 청취자는 더 늘어났다.

어느 날, 토크쇼 진행자는 마이크가 "켜진" 상태인 줄 모르고 "저 멍청이들은 내가 말하는 건 뭐든 곧이곧대로 받아들인다니까."라고 말했다. 이 말을 듣고 듀크는 속이 뒤집혔다.

듀크는 더 이상 그 토크쇼에서 정보를 "섭취"하지 않기로 했다. 더 나은 정보를 섭취하기 위해서 다른 토크쇼 두세 개를 더 찾아보았다. 어떤 방송도 그 방송 하나만으로는 만족스럽지 않았다. 마치 균형 잡힌 식사처럼, 각각의 방송을 차례로 듣는 쪽이 더 만족스럽다는 사실을 깨달았다. 듀크는 다양한 이야기와 그에 해석을 소화하면서 사태가 현재 어떻게 전개되고 있는지를 나름의 방식으로 이해하는 수준에 이르렀다. 이런 과정은 자신이 독립적으로 사고하는 사람이라는 듀크의 자아의식과 잘 맞는 것이었다.

정치적 스펙트럼의 어느 위치에 서 있든, 단일 출처에서 제공되는 것으로 양극화를 부추기는 뉴스를 강제로 받아들이는 일만큼은 피해야 한다. 자신이 듣고 있는 내용에 동의하면서 편안함을 느끼게 되면, 당연히 자신도 모르는 새에 단일한 정보만을 섭취하는 정보 편식을 하게 된다. 이런 정보 편식을 깨닫고 이런 정보 편식에서 자신을 보호하는 것은 우리 손에 달려 있다. 이는 건설적인 정치적 추종에 따르는 기본적인 의식이자 실천이다. 매우 강압적인 정권은 우리가 오직 하나의 승인된 출처에서만 정보를 얻기를 바란다. 여전히 선택할 수 있는데도 왜 스스로 이렇게 행동하려 할까?

정치적 상황이란
무엇인가?

정치적 상황에서 추종한다는 것은

　　　　　　　　독재자를 막을 것인가 만들 것인가

어떤 의미일까?

정치학자이자 지도와 추종의 문제를 연구해 온 바버라 켈러먼 Barbara Kellerman은 지도와 추종과 상황이라는 세 가지 요소가 상호 작용하고 있음을 계속해서 우리에게 상기시킨다. 상황은 지도자와 추종자의 우선순위를 고려할 때 매우 중요한 요소로, 어떤 방식을 채택하는 것이 적절하고 가장 효과적일지에 영향을 미친다.

어떻게 이런 주장이 정치적 상황에 폭넓게 적용되는지 살펴보자. 물론 정치적 상황이라는 큰 범주에서도 구체적 상황이 매우 중요하다는 점을 잊지 말자.

정치적 political이라는 용어는 사람마다 다른 의미로 새겨진다. 조직 내 정치가 있고, 집단 정치가 있으며, 심지어 가족 내 정치도 있다. 이 책에서는, 수많은 사람의 공동체적 삶을 조직하기 위해 문화가 발전시킨 조금 더 공식적인 체계를 살펴본다.

어떤 사회든지 이러저러한 형태로 여러 가지가 필요하다. 아래 목록이 모든 필요를 담고 있지는 않지만, 대략 다음과 같은 것이 포함된다.

- 사회 구성원을 다른 인근 사회의 침략이나 공격으로부터 보호할 필요
- 사회 속에서 각 구성원이 상호 간에 그리고 자신의 상호 권리와 관련해서 어떻게 행동할지, 그 규칙을 정할 필요
- 필요할 경우 그런 규칙을 집행할 수 있는 능력

- 사회 구성원이 기본적인 삶을 유지하고 더 나은 삶을 추구할 수 있도록 그에 필요한 만큼 자원을 이용할 수 있게 할 필요
- 핵심적인 사회 기반 시설처럼 공공의 이익에 봉사하는 대규모 협력 프로젝트를 관리할 필요
- 상품과 서비스 거래를 촉진하기 위해서 안정적인 형태의 통화를 공급하고 수용할 필요
- 사회의 결속을 위협하는 하위 집단 사이의 경쟁을 관리할 필요

이런 정부의 기본 기능이 심각하게 부족해지면, 우리는 실패한 국가를 마주하게 된다. 통치를 위한 새로운 해법이 등장하기 전까지 혼란이 뒤따른다. 강압적 방식으로 질서를 회복할 강력한 정치적 인물이 그 해법인 경우도 종종 있다. 이들이 그렇게 할 수 있는 공식적인 권위를 얻는 방식은 정치적 경쟁의 결과일 수도 있고 초법적인 권력 장악 행위의 결과일 수도 있다. 이 책은, 점진적 방식이든 폭력적인 격변의 방식이든 그런 권력 장악을 저지하고 나아가 예방하려는 데 초점을 맞추고 있으므로, 먼저 정당하게 통치 권력을 획득하는 방법을 개괄적으로 훑어보도록 하자.

한 사회의 정치적 상황은 통치할 권한과 이를 통해 기본적인 정부 기능을 제공할 권한을 부여하기 위한 목적으로 그 사회가 발전시켜 온 관습과 규범과 체제를 포함한다.

각 사회는 통치권을 부여하는 방법으로 매우 다양한 방식을 발

전시켜 왔다. 이런 방식은 부족 회의에서부터 세습 군주제, 강력한 몇몇 가문으로 이루어진 과두제, 신정 체제의 성직자, 유일 이념 정당, 민주적으로 선출된 대표에 이르기까지 다양하며, 각 모델에도 수많은 아류가 있다. 비록 일부 체제에서는 다른 체제보다 중앙집권적 권위를 더 선호하기도 하지만, 이런 체제 대부분은 권력을 분산시켜 어느 한 개인에게 집중되지 않도록 노력한다. 권력 분립은 지도자 역활을 맡을 사람을 여러 직위에 두는 형태를 취하며, 이들에게는 해당 영역을 전문적으로 관할할 제한적 권한이 있다. 고전적인 의미에서 이런 권력 분립은 넓게 보아 행정권, 입법권, 사법권의 분립이다.

또한 권력 분립은 추종자가 자신의 권한을 스스로 유지하는 방식으로 이루어지기도 한다. 적극적인 시민은 무엇을 필요로 하고 무엇을 선호하는지 명확히 표출하며, 통치권을 계속 유지하려면 이런 필요와 선호를 반드시 충족시켜야 한다. 반면, 수동적 시민은 어느 날 아침 눈을 떠보니 자기 권리가 사라졌다는 사실에 놀라게 된다.

정치 문제에 관여해야 하는 부담 없이 그저 살아온 대로 자기 삶을 이어가길 바라는 마음이 더 클지도 모르겠지만, 조만간 정치적 역학의 현실이 우리를 따라잡아 우리에게 관심을 기울이라고 강력히 요구하게 된다. 우리가 어느 정도 주체라는 의식을 계속 유지하려면, 우리 사회가 통치되는 방식에 적극적으로 참여해야 한다. 개인적 선택이나 자유를 제한하는 정부 정책에 시민이 어떻게 반응할지 상상해 보라. 아마 그 반응은 이럴 것이다.

> 그녀는 정치에 신경 쓸 겨를이 없었다. 정치는 지루하거나
> 불쾌할 뿐이었다. 인생에는 훨씬 재미있는 일이 넘쳐났다. 이
> 루고 싶은 일도 여럿 있었는데, 이를 이루려면 자신의 자유 시
> 간을 전부 쏟아부어야 했다.
>
> 그러던 어느 날, 그녀는 자신이 이루고자 하는 일에 직접
> 영향을 미치게 될 법안이 통과되었다는 소식을 들었다. 이런
> 상황이 계속되는 건 불공평해! 누가 이런 일이 일어나도록 한
> 거야? 공정하지 않았다! 그것은 공정하지 않다고 느꼈다! 누
> 가 그런 일이 일어나도록 놔둔 것일까? 그녀는 그 법안과 그
> 법안을 바꿀 방법에 대해서 더 알아봐야 할까?
>
> 그녀는 한낱 개인에 불과했다. 정말로 변화를 만들어 낼 수
> 있을까? 그래도 시도는 해 봐야 할 것 같았다. 정치적 상황 때
> 문에 그녀는 수동적인 추종자에서 적극적으로 참여하려는 사
> 람으로 바뀌었다. 이제 그녀는 효과적으로 참여하려면 어떻
> 게 해야 할지를 배워야 한다.

정치적 추종과 그 책임에 대한 기본적인 이해를 바탕으로, 이제
정치적 지도자와 더불어 그 미덕과 함정에 대해 살펴보자.

2장

정치
지도자

공직의 바른 이용과 남용

"우리가 품은 모든 열정과 욕망 중에서 권력에 대한 사랑이야말로 가장 오만할뿐더러 비사교적인 본성을 타고난다。 한 사람의 자존심을 지키려면 만인의 복종이 필요하니 말이다。"

— 에드워드 기번 Edward Gibbon、
『로마 제국 쇠망사』 The Rise and Fall of the roman Empire 중에서

강력한 지도자

우리가 정치적 추종자의 다양한 유형과 그런 각 유형의 효과적인 역할 수행 방식을 더 깊이 살펴보기에 앞서, 이런 추종자와 교류할 가능성이 높은 지도자를 자세히 검토함으로써 그 배경을 마련할 필요가 있다.

전 세계적으로 수천 개에 이르는 지도자 개발 프로그램에서는 이상적인 지도자가 어떤 모습이고 제대로 훈련된 지도자가 어떻게 행동해야 하는지를 알려준다. 하지만 실제로 이런 이상에 부합하는 정치 지도자는 소수에 불과하다. 지도자 개발 프로그램을 이수했다고 해서 이들의 정치적 지위가 상승하지 않는 경우가 일반적이다. 우리는 이런 지도자가 실제로 어떻게 행동할 가능성이 있는지 이해해야 한다.

강력한 지도자에게는 큰 가치가 있다. 만약 핵심 가치를 손상하고 결정을 주저하며 자신이 들은 새로운 관점에 따라 갈피를 잡지 못하는 약한 지도자와 일해본 적이 있다면, 이렇게 부족한 지도자에게 어떤 부정적 측면이 있는지 몸소 겪어봤을 것이다.

만약 집단의 목표에 집중하고, 그 가치를 지키며, 중요한 일을 이뤄내면서도 자기 팀원을 배려하고, 다양한 관점을 추구하며, 어려운 상황에서도 윤리적 결정을 내리는 강력한 지도자와 일해본 적이 있다면, 강력한 지도자의 강점을 잘 알고 있을 것이다.

독재적 지도자는 단호한 방식으로 사람을 이끌지만, 건강한 인간관계의 세세한 측면을 놓치는 일이 흔하다. 하지만 어떤 정치 체제에 독재적 지도자가 딱 맞거나 어떤 조직이 독재적 지도자를 요구하는 때도 있다. 그 예로 31년간 싱가포르를 이끌었던 리콴유Lee Kuan Yew를 들 수 있다. 그는 독재적 방식으로 나라를 이끌면서 이 작은 도시 국가를 어디에나 빈곤이 넘쳐나던 나라에서 아시아에서 가장 잘 사는 나라 중 하나면서 부패지수는 가장 낮은 나라로 키워냈다.

하지만 싱가포르가 이런 번영을 얻으려고 치른 대가는, 정치적 반대와 반대 의견을 강력히 제한하는 독재 정부였다. 그렇지만 생활 수준이 크게 향상된 덕분에 리콴유 정권은 높은 지지율을 누렸다. 하지만 리콴유가 권좌에서 물러나고 더 이상 그와 같은 카리스마나 재능이 남아 있지 않음에도 독재적 방식의 통치는 마치 습관처럼 지속되었다. 파라 스톡먼Farah Stockman은 《뉴욕타임스》에 실린 글에서 이렇게 언급했다. "선의의 독재 정권이 안고 있는 문제는 그런 정권이 결국에는 사라지고 만다는 사실이다. 한국과 칠레에서 일어났던 것처럼 더 이상 독재가 아닌 정권이 되거나 아니면 더 이상 선의가 없는 독재가 되거나 둘 중 하나다."[1]

앞으로 살펴보겠지만, 적절한 상황에서 추종자가 공모하면 용기 있는 추종자에 의해 상쇄되지 않는 한 독재적 지도자가 지닌 모든 강점은 이내 약점으로 돌변할 위험이 있다. 어느 시점에 이르면, 전혀 견제받지 않는 권위주의적 지도자는 이른바 예비 독재자로 전락하고 만다.

예비 독재자는 아직 견제받지 않는 권력을 확보하지 못한 탓에 자기 의지를 무차별적으로 강요하지 못한다. 이런 예비 독재자는 기관 자체의 독립성을 유지하면서 그런 독립성을 중요시하는 기관에 대한 통제를 공고히 하려고 공격적으로 행동한다.

강력한 지도자와 예비 독재적 지도자는, 처음에는 둘 다 단호하며 여러 프로그램을 추진한다는 점에서 비슷하게 보일 수 있다. 하지만 이 둘은 삶을 보는 관점이 근본적으로 다르다. 강력한 지도자는 누구든 존중받을 자격이 있으며 나름 보탬이 될 무엇인가를 가지고 있다고 보지만, 예비 독재적 지도자는 사람을 독선적인 자기 권력 추구를 위한 장기판의 졸로 취급한다.

이런 차이점은 사회적 행동과 정치적 행동에서 어떻게 나타날까?

협력과 경쟁

자연에서 만물은 경쟁하면서 **동시에** 협력한다. 어떤 초원을 보든 아니면 숲을 보든, 이런 기본적인 경쟁과 협력이라는 힘의 균형을 볼 수 있다.

인간 활동에서도 매한가지다. 성공은 대부분 협력과 경쟁의 균형을 통해 이루어진다. 지도와 추종은, 경쟁과 협력이라는 힘이 작동하는 상황과 그런 힘을 움직여 나가는 목표 속에서, 그런 힘의 역동적인 상호작용을 추구한다.

경쟁과 협력은 하나의 연속체로 그려볼 수 있다. 이상적이라면, 둘 다 양극단에서 어느 정도 거리를 두고, 아리스토텔레스가 말한 "중용"의 지점에 있는 게 바람직하다. 연속체에서 경쟁이 극단으로 치달으면 공격성과 전쟁으로 탈바꿈하고, 협력이 극단으로 치달으면 복종과 공모로 이어질 소지가 있다.

예비 독재자와 카리스마 있는 개혁가를 구분할 때 유용한 것은 이 둘의 참여 방법을 살펴보는 것이다. 헌신적인 개혁가는 상호작용에서 강경함을 유지하지만, 그렇다고 융통성을 잃지 않는다. 정당한 비판이든 비판을 위한 비판이든 무차별적인 공격으로 대응하지 않는다. 대신 자신이 내세우는 가치와 논리를 더 잘 설명하려 애쓰는 식으로 영리하게 자기 입장에 대해 지지를 강화한다.

반면에 예비 독재자가 이렇게 행동하는 경우는 아주 드물거나 아예 없다. 이들은 비판을 당하면 말이나 다른 수단으로 맞받아친다. 잠시만 이 문제를 생각해 보자. 당신이 친구나 가족에게 좀 바뀌는 게 어떻겠냐고 요구했는데 오로지 당신을 공격하는 식으로 반응한다면, 그런 사람과 관계를 유지할 수 있을까? 만약 그런 이유로 관계를 더는 이어갈 수 없다고 상상해 보라. 권력이 분산되어 어느 정도 협력이 필요한 체제에서 이렇게 행동하는 정치 지도자가 제 기능을 다할 수 있으리라고 상상할 수 있을까?

우리는 모두 "쉽게 꺾이지 않는" 정치 지도자, 정치적으로 강력한 맞수뿐만 아니라 이미 권력 기반을 다지고서 우리 삶의 방식을 위협하는 팽창주의적 목표를 추구하는 독재자에 맞서 자신을 지킬 수 있는 그런 정치 지도자를 원한다. 제32대 미국 대통령이었던 프랭클린 D. 루스벨트가 제2차 세계대전 말기에 구소련의 독재자 이오시프 스탈린의 냉혹함에 맞서 자신을 지키지 못한 결과, 동유럽에서 수천만 명이 40년에 걸쳐 기본적인 자유조차 잃고 고통받게 되었다는 주장에는 일리가 있다.[2]

권위주의적 지도자가 특정 상황이 제기하는 요구를 충족시키는 데 효과적이라는 점에는 의문의 여지가 없다. 이런 유형의 지도자에 대한 비판은 도덕적 판단이나 그런 지도자가 효과가 없다는 주장에 근거하지 않는다. 사실, 이런 특정 상황에서는 이런 지도자가 도덕적이고 효과적일 수도 있다. 하지만 비판의 근거는, 비록 필연적이지는 않더라도 이런 지도자가 독재 통치와 폭정으로 이어지는 전형적인 행보를 보인다는 데 있다. 이런 지도자는 경쟁에서 지배로 나아가며, 극단적으로는 목표를 달성하기 위해 폭력을 사용하는 일로 이어지기 쉽다. 이런 사회는 기본적인 규칙과 권리와 자유를 중시하는 사회와 대척점에 놓인다.

추종자가 공격적인 행동을 지지하도록 강요받거나, 아니면 자신이 추구하는 이상에 대한 헌신이 약하고 잠재된 힘을 제대로 발휘하지 못해서 공격적인 행동을 지지하게 되면, 새로운 독재자가 등장할 조건이 만들어진다. 협력을 중시하는 사람에게 주어진 과제는 언제 협력하고, 언제 타협하며, 언제 단호한 태도를 보여야 하는지를 판단하는 일이다. 공격적인 지도자가 내세운 경쟁 일색의 의제가 파멸을 맞이할 지점에 가까워지면, 우리 힘이 허용하는 어떤 방식을 써서라도 이런 역학 관계를 적절한 균형으로 이끌어 그 방향을 조정하는 일은 이제 추종자의 몫이 된다.

> 나는 이 글을 쓰면서, 독립적인 사법 제도를 희생시켜 가면서 총리실에 권력을 집중하려는 시도를 저지하려고 이스라엘 국민 수천 명이 거리 시위에 나서는 모습을 목격하고 있었다. 역사적 사건은 현재 진행형으로 전개되고 있기에 이런 행동이 어떤 결과를 가져올지 정확히 알 수는 없지만, 이스라엘 정부의 시도가 이미 지연되었다는 사실은 분명해 보인다. 이는 총리의 입장에 타당성이 전혀 없다는 의미가 아니다. 권력 균형이라는 관점에서 볼 때, 한 직책에 지나치게 많은 권력이 집중될 가능성에 대해 사회가 올바르게 경각심을 느끼고 있다는 것이다.
>
> 흔히 그렇듯, 이 글을 쓰고 책 출간을 준비하는 사이에 다른 지정학적 사건이 벌어져 권력 집중에 대한 이런 저항 소식을 덮어버렸다. 바로 가자지구에서 벌어진 팔레스타인 무장 단체 하마스와 이스라엘 방위군IDF 간의 참혹한 분쟁이다. 그

럼에도, 이스라엘의 사례는 다양한 사회 계층이 자신의 제도
를 지키기 위해 이용할 수 있는 정치적 공간에서 행동을 보여
준 강력한 사례로 남아 있다.[3]

지도자가 상대를 완전히 제거하려고 애쓰기보다는 공격성을 누
그러뜨리고 건강한 경쟁을 통해 그 집단의 정당한 이해관계를 적
극적으로 인정해 주는 편이 이상적이다. 적절한 위치에 있는 추종
자는 이런 행동을 권할 수 있지만, 능숙하게 하지 못하면 지도자는
자신에게 절제하라고 조언하는 추종자를 약하다고 여겨 무시하거
나 교체할 수도 있다. 이렇게 되면 지도자는, 들리는 소리라곤 오
로지 자신의 공격성을 증폭하는 소리뿐인 반향실을 만들어 낸다.

단기적으로는 효과가 있을지 몰라도, 지도자가 타협하지 않고
공격성을 끊임없이 이어가면 이는 새로운 독재자의 등장을 경고하
는 신호가 된다. 이런 공격성이 지도자 주변을 둘러싼 강경파 추종
자에 의해 강화되면, 이는 민주적 과정에 필요한 주고받는 상호 교
환 관계와 충돌하게 된다. 이렇게 제어 불가능한 피드백 고리를 무
력화하고 제동장치를 밟아 독재자의 행보를 조절하려 한다면, 추
종자는 용감해야 할뿐더러 전략적이어야 한다.

만약 이런 노력이 성공한다면, 추종자는 강력한 지도자의 경쟁
력에서 이득을 얻으면서 이들의 과도함에서 비롯한 위험 요소를
억제할 수 있다. 만약 실패한다면, 압제의 재앙과 파괴 속에서 여

러 해를 보내야 할지도 모른다.

아돌프 히틀러는 세계 지배의 문턱까지 갔었다. 히틀러는 1939년 8월 24일에 소련과 유럽 분할에 협력한다는 내용의 불가침 조약을 체결하며 이에 한 걸음 다가섰다. 일주일 후, 히틀러는 폴란드를 침공하면서 제2차 세계대전의 공식적인 개전을 알렸다. 소련을 무력화한 상태에서 히틀러는 프랑스와 독일 사이의 작은 여러 나라를 비롯해 프랑스까지 빠르게 점령했고 영국을 침공할 준비에 군사력을 집중할 수 있었다.

영국의 저항은 영웅적이지만, 히틀러가 자신의 지배욕을 억누르지 못하고 1941년 6월에 조약을 깨고 러시아를 침공하기 전까지는 누구도 영국의 운명을 장담하지 못했다. 많은 역사가는 독일의 소련 침공이 독일의 운명을 결정지은 사건이었다는 점에 동의한다. 미국이 그 운명적인 해 말에 영국과 동맹국 편으로 참전하면서 독일은 두 개의 전선에서 큰 전쟁을 지속할 수 없게 되었기 때문이다. 전쟁으로 목숨을 잃은 수천만 명의 희생자 중에는 강박이라 해도 좋을 만큼 공격적인 이 지도자를 선출하고 그에게 지지를 보냈던 독일 국민도 포함되어 있다는 사실을 잊지 말도록 하자.

카리스마 있는
지도자

　　　　　　세상에는 유능한 정치 지도자, 어쩌면 카리스마 있는 지도자가 필요할 수도 있다. 수억 명이 사는 나라를 통치하면서 이들의 관심을 끌지 않고 통치한다는 게 가당키나 할까? 그리고 어떻게 이들 국민의 관심을 끌겠는가? 평범함을 넘어서야 하고, 그에 걸맞은 거대한 약속을 하며, 사람의 이목을 끌 수밖에 없는 존재가 되어야 가능한 일이다.

　이는 서구 학계가 생각하는 현대적 이상, 즉 지도력은 포용하고 협력하는 것이어야 한다는 생각과 맞부딪칠 수 있다. 많은 상황에서 이런 이상에 반대하지는 않지만, 국가라는 무대 위에서 이런 이상은 얼마나 현실적일까? 이는 자유민주주의의 역사를 가진 나라나 오랜 세월 무자비한 독재자를 경험한 나라에서나 마찬가지다.

　전 세계적으로, 강력한 지도자가 없어서 아니면 독재자가 축출된 후에 나라 전체가 부족 간 전쟁이나 내전으로 빠져드는 사례가 많다. 강력한 지도자, 심지어 월등하기까지 한 지도자에게도 좋은 점이 있는 듯하다. 하지만 이런 생각을 받아들이면, 국가를 하나로 묶어 앞으로 나아가게 하는 데 필요한 강력한 지도자와 독재자나 심한 경우 폭군으로 전락할 위험이 있는 전제적 성향의 지도자를 어떻게 구분해야 하는 걸까?

20세기 초, 사회학자 막스 베버 Max Weber 는 권위가 전통적 권위와 합법적 권위 외에도 자신이 **카리스마**charisma라고 불렀던 자질에서 비롯되기도 하는 것 같다고 언급한 바 있다. 베버는 카리스마를 이렇게 설명했다. "카리스마란 어떤 개인의 개성에서 드러나는 특정한 자질로, 이를 통해 평범한 사람과 구별되며 초자연적 혹은 초인간적이거나 적어도 특별히 비상한 능력이나 자질을 가졌다고 여겨진다."

특정한 자질이라는 정의는 매우 모호해서 더 정확한 설명을 비껴간다. 아마 봐야만 아는 그런 자질 중 하나일 테다. 일단 추종자가 지도자에게 이렇게 '정상적이지 않은' 아우라를 부여하면, 이들은 마치 최면에 빠진 듯이 오직 이 지도자만이 국가나 세계의 잘못을 바로잡을 수 있다고 믿게 된다. 이 과정에서 추종자는 이런 지도자가 보여주는 위험한 자질, 즉 권력 과잉을 억제하기 위한 견제와 균형을 잠재적으로 파괴할 수도 있는 자질을 무덤덤하게 넘기거나 의도적으로 눈을 감게 된다.

베버는 이러한 특질이 광범위한 대중을 움직일 수 있을 뿐만 아니라 때로는 대규모 정부 관료제에서 발생할 수 있는 경직성을 극복하는 데 필요하다고 언급했다. 거듭 말하지만, 카리스마는 유익한 변화를 끌어낼 촉매제로 활용될 수 있는 자질이지만, 독재적 성향과 한 짝이 되면 수백만 명을 그 영향력 아래 두고서 바람직하지 않은 결과를 초래할 수도 있다.

카리스마적 지도자로부터 다양한 수준의 거리에 있는 추종자는 이 지도자의 다른 특성이나 행동을 통해 그가 지지하고 힘을 실어 줘야 할 지도자인지, 감시하고 견제해야 할 지도자인지, 아니면 더 이상 성장하지 못하도록 막는 게 최선인 지도자인지를 판단해야 한다.

나는 체코 공화국 프라하에서 열린 한 회의의 조정자 역할을 맡고 있었다. 이 회의는 시인이자 반체제 인사였던 체코의 전직 대통령 바츨라프 하벨Václav Havel이 여러 민주주의 국가의 전직 행정 수반과 국가 원수를 초대해 만든 자리였다. 참석자는 모두 각국의 총리나 대통령을 역임한 인물이었고, 몇몇은 하벨처럼 독재적이거나 폭군이었던 전직 지도자를 계승한 반체제 인사였다.

어느 저녁, 이들은 하벨을 비롯해 최근 브라질 대통령직에서 물러난 페르난두 엔히키 카르도주Fernando Henrique Cardoso와 미국의 전직 대통령 빌 클린턴과 함께 패널 토론을 위해 한자리에 모였다. 클린턴이 방에 들어오자, 거의 모든 전직 고위 인사가 전율하는 듯한 반응을 보이며 클린턴 주위로 몰려들었다. 그들 사이에서 클린턴은 상당히 빛나 보였다. 남성 여성 할 것 없이 자기 나라에서 최고위직에 올랐던 이들은 마치 록 콘서트에 간 젊은 팬처럼 행동하고 있었다.

권위주의적 지도자를
넘어서

우리는 지도자와 다양한 수준의 추종자에게 어떤 책임이 있는지를 살펴보기에 앞서, 이런 문제를 먼저 생각해 봐야 한다. 그렇지 않으면, 강력한 지도자나 심지어 능력 있는 권위주의적 지도자를 곧바로 **독재자**나 **예비 독재자**로 낙인찍는 우를 범하기 쉽다. 이런 경향은 또한 지도자의 통치 능력을 약화하는 결과를 낳게 된다.

여러 가지 척도로 권위주의적 성격의 자질을 판단할 수 있다. 물론 이런 자질을 보인다고 해서 곧바로 독재자나 폭군 같은 지도자로 이어지지는 않는다. 특정한 상황에서는 권위주의적 자질이 효과적인 형태의 지도력이 될 수 있으며, 지도자가 공감 능력이 뛰어난 부하를 통해 독재적 통치 방식의 엄격함을 어느 정도 상쇄하려고 할 때 특히 그렇다. 하지만 문제는 이런 자질이 예상을 벗어나 독재적 방식으로 변질될 위험이 있다는 점이다.

정치적 상황에서 **독재적 통치자**dictator라는 표현을 사용할 때는 정확히 써야 한다. 『브리태니커 백과사전』은 고전 시대 독재관의 역할과 관련해 그 역사적 배경을 이렇게 설명하고 있다.

로마 공화정에서 독재관딕타토르, dictator은 비상 권력을 가진 임시 관직으로, 원로원의 추천을 받아 집정관콘술, consul이 임명하고 쿠

독재자를 막을 것인가 만들 것인가

리아 민회Comitia Curiata, 민중 의회의 승인을 받았다… 로마에서 독재
관은 군사적 위기 상황에만 임명되었으나, 이후에는 내란이 벌
어진 위기 상황에서도 임명되었다. 독재관의 임기는 6개월로 정
해져 있었지만, 위기가 지나면 즉시 권력을 내려놓는 게 관례였
다.

현대 정부에서는 이와 같은 의미나 권력을 전하려고 황제나 왕
같은 절대 권력자를 뜻하는 러시아어 **차르**czar를 종종 사용하기도
한다. 『케임브리지 사전』에 따르면 차르는 "특정 문제를 해결하기
위해 정부로부터 특별한 권한을 부여받은 사람"을 지칭한다. 예컨
대, 미국에서는 마약 정책과 관련된 문제를 총괄하는 책임자를 "마
약 차르"drug czar라고 부른다.

하지만 국가 권력을 행사하는 각종 수단을 장악하고서 아직 그
렇게 하지는 않았지만 대체로 견제받지 않은 상태에서 통치하겠
다는 목표를 가진 국가 지도자를 언급할 때, 현대적 의미에서 **독재
권력자**라는 말의 의미는 더 불명확해진다. 나는 이런 단계로 나아
가려고 하는 정치 지도자를 **예비 독재자**라고 부른다. 차이점이라면
이들은 시민이 선출한 대표로부터 이런 권한을 맡아달라고 요청받
은 게 아니라 다른 정부 기구에서 권력을 스스로 찬탈했다는 점이
다. 이들이 그런 권력을 선의로 사용할 수도 있겠지만, 초법적이고
파괴적인 방식으로 사용하는 경우가 훨씬 더 일반적이다. 이 책의
'들어가며'에서 제시한 **"법률이나 헌법에 제약받지 않는 절대적인 통**

치자로 절대 권력을 억압적이고 잔혹하게 행사하는 자"라는 독재자의 정의에 비춰볼 때, 여기서부터 **독재 권력자**를 거쳐 진짜 **독재자**로 도약하는 일은 그렇게 어려운 일이 아니다.

알다시피 우리가 "강력한 지도자"라고 부르는 이들의 행동은 하나의 연속체로 존재한다. 실제로, 이들이 권력을 얻는 초기 행보만을 봐서는 이런 지도자의 차이를 구분해 내기 어려울 수도 있다. 신중히 말하자면, 강력한 지도자는 누구나 적절한 상황만 주어지면 독재자나 독재 권력자로 변할 잠재력을 가지고 있다고 가정할 수 있다. 만약 그렇다면, 우리는 이런 지도자를 지지하는 것과 선제적으로 견제하는 것 사이에서 균형점을 찾아야 한다.

미국을 비롯한 다른 여러 국가의 헌법처럼, 헌법이 이런 시도를 한다는 점에서 높이 평가받을 만하다. 하지만 현실적으로 헌법이 독재자를 억제할 수 있는 시기는 비교적 정상적인 시기에 국한된다. 위기가 발생해 국가의 기반을 위협하거나 위협할 수 있을 것처럼 보이면 이내 헌법을 비롯해 모든 권력 견제 수단을 무시하려는 유혹이 커진다.

현시대의 독재자가 독재적 통제로 전환하려 하면서도 그런 시도를 숨기는 방법은 헌법을 개정하거나 헌법을 다시 제정해 자기 권력에 대한 견제를 약화하는 것이다. 이런 과정은 합법적인 것처럼 보이지만 입법부와 사법부, 언론과 시민사회 단체로부터 권력을 빼앗아 통치 기구에 대한 장악력을 공고히 하는 방향으로 이동시킨다.

　　헌법 변동을 연구하는 한 정치학자는 이런 전술의 여러 가지 사례를 제시하는데, 이 중에는 터키 대통령 레제프 타이이프 에르도안Recep Tayyip Erdoğan이 시행했던 조치도 들어 있다. 2017년, 에르도안은 국민투표를 통해 18개의 일괄 개헌안을 도입했는데, 이는 헌법 개정의 결과를 모호하게 만들 수 있는 방책이었다. 텍사스 대학교 오스틴 캠퍼스의 리처드 앨버트 Richard Albert는 이 개헌안을 통해 사실상 헌법의 약 40퍼센트가 약화했으며, 이는 에르도안의 권력에 대한 견제를 약화했고 그가 추가로 16년을 더 통치할 수 있는 길을 열어 놓았다고 추정한다. 이는 북대서양 조약 기구NATO의 주요 회원국인 터키가 독재로 향하는 행보를 걷고 있다는 우려를 심화시켰다.

　　현행 규칙이 권력의 집중을 저지한다면, 예비 독재자는 그 규칙을 달리 해석하거나 아예 없애버리는 데 집중할 것이다. 많은 국가에서 헌법을 개정하거나 폐기하는 일은 크게 힘들지 않다. 미국에서는 비로 그런 개정이나 폐기 과정이 매우 힘들기 때문에 예비 독재자라면 자신의 권력을 강화하는 데 유리하도록 기존의 규칙을 재해석할 방법을 찾을 가능성이 크다.

　　제약을 가하려면, 끊임없이 지도자와 지도자의 행동을 따로 떼어놓고 판단하는 능동적인 추종자 문화가 필요하다. 지도자의 행동 가운데 어떤 행동은 지지하고 어떤 행동에는 의문을 제기하거나 저지해야 할까? 단기적으로는 이득이지만, 장기적으로 현재의 정치 지도자나 그의 후계자 손에서 더 큰 위험을 불러올 행동은 어떤 행동일까?

이렇게 살면 정말 피곤하지 않을까? 그렇다. 하지만 위험이 큰 환경에서 화재 안전 훈련을 실행하는 것만으로도 자원이 소모된다. 그럼에도 이런 훈련은 반드시 해야 한다. 문제는 우리가 일상을 살아가면서도 사회의 다양한 수준에서 이를 효과적으로 수행하는 방법이다.

권력의 공고화

새로운 정권이라면 모두 공식적이거나 비공식적인 통치 체제 내의 각종 권력 기구를 장악하려 한다. 친사회적 포퓰리스트와 반사회적 포퓰리스트를 구별하는 것과 마찬가지로 적절한 권력 집중과 위험한 권력 집중을 구별하는 것이 시급하다. 권력이 어느 정도나 필요하며 그런 권력을 어떻게 획득하고 분배하는지의 문제가 다시금 통치 체제가 처한 상황을 비롯해 그 안팎에서 벌어지는 각종 사건과 관련되어 있기에 이 문제는 더욱 어려워진다.

예비 폭군의 행보에서, 입법부와 사법부와 공무원 조직과 같은 공식적 기관뿐만 아니라 정당이나 언론, 비정부기구와 같은 비공식적 기관도 독재자의 통제 아래 놓이게 되거나 아니면 약화하거나 제거할 대상으로 삼는다. 직관에 반하는 일이기는 하지만, 독재자는 이런 기관 몇몇을 확대할 수도 있는데, 이 경우에는 그 기관을 충성스러운 인물로 채워 자기 통제 아래에 둔다. 이런 조치를 통해 정권은 외형상 정당성을 얻을 수 있지만, 동시에 정치적 경쟁자는 의심 가득한 예비 독재자의 시선 아래 놓일 수 있다.

이런 기관이 예비 독재자에게 어느 만큼 영합하는지 아니면 여전히 그 기관에 부여된 정당한 공적 임무에 헌신하고 있는지 지켜볼 필요가 있다. 이를 알아내려면 활동가와 관료조직과 언론 측에서 경계를 늦추지 말아야 한다. 거의 언제나 권력의 오용과 남용으로 이어지게 마련인 통치 권력의 독점을 저지하려면 용기 있는 추종 행동이 여러 차례 필요할 것이다.

다음에서는 강력한 지도자와 독재적 지도자의 차이를 살펴보고 나서 예비 독재자가 권력을 공고히 한다는 말이 무슨 의미인지, 그리고 강력한 지도자가 성공적인 통치를 위한 조건을 창출한다는 것이 무슨 의미인지를 명확히 파악하기 위해 두 가지 역사적 사례를 검토해 보자.

강력한 지도자 대
독재적 지도자

어떤 조건에 이름을 붙여 부르기 전까지는 그런 조건을 확인하거나 다루기가 거의 불가능에 가깝다. 어떤 대상을 명명하는 작업은, 명명 대상을 그 대상이 속한 일반적 상황에 집어넣고 그 대상을 같은 범주의 비슷한 다른 대상과 변별할 수 있을 정도로 정확하게 이루어져야 한다. 이런 사정은 정치적 지도자에 대해서도 마찬가지다.

정치 지도자는 개인과 공동체로 이루어진 대규모 조직체를 통치하는 일단의 사람으로 설명할 수 있는데, 이런 개인과 공동체는 공공의 안전과 안녕이라는 공통의 필요를 공유한다. 동시에 이 말은 넬슨 만델라, 에이브러햄 링컨, 마거릿 대처, 인디라 간디, 스탈린, 마오쩌둥과 같은 다양한 역사적 인물을 포함할 수 있을 만큼 그 폭이 매우 넓기도 하다.

정치 지도자는 하나의 스펙트럼 위에 존재하는데, 한쪽 끝에는 진정한 지도자가 있고 다른 한쪽 끝에는 독재적 지도자가 있다. 현실에서 이들 두 가지 지도자는 순수한 형태로 존재하지 않는다. 따라서 진정한 지도자가 파괴적인 독재적 행태로 이행해 가는 과정을 신중하게 이해할 필요가 있다.

지도자가 독재자로 변질되는 조짐을 더 잘 포착할 수 있다면 큰 도움이 된다. 이 과정에서 초기의 독재적 행태는 추종자의 이익에

독재자를 막을 것인가 만들 것인가

봉사하고 그런 이익을 보호하는 것처럼 보인다. 어쩌면 아주 적긴 해도 실제로 그럴 수 있다. 하지만 우리는 언제 그렇게 작은 암세포가 전이를 시작하는지, 언제 제거해야 멈출 수 없는 지경에 이르는 일을 막을 수 있는지를 어떻게 판단할 수 있을까?

독재적 행태로 나아가는 전형적인 진행 과정은 다음과 같다.

- 정치 논평가—제한된 영향력
- 포퓰리스트 후보—권력을 얻으려고 노력
- 공직자—합법적 방식이든 초법적인 방식이든 권력 획득
- 통치를 담당하는 공직자—공직에 부여된 정당한 권력의 사용
- 권위주의적 공직자—권력의 사용, 때로는 남용
- 독재 권력자비상 상황에서—특정 권력의 일방적 사용
- 독재 권력자찬탈 및 고착화—일반적 권력의 일방적 사용 및 남용
- 독재 권력자공고화—아무 이의 없이 최고 권력 행사
- 독재자자의적이고 아무 제약 없이 잔혹하게 권력을 남용—공포 통치

이 책을 쓰는 현재 러시아의 독재 권력자인 블라디미르 푸틴 Vladimir Putin의 행보를 생각해 보자. 푸틴은 1999년부터 러시아의 대통령과 총리를 역임했다. 거의 25년 가까운 세월 동안 권좌를 유지하고 있으며 그 기간은 계속 늘어나고 있다. 푸틴이 독재자로 이행해 간 과정을 살펴보면, 경력 초기에 선출직이 아니라 정치 참모

로 일했다는 점에서 우리 모델에서 다소 벗어나지만, 최근 몇 년간의 행보는 우리 모델에 잘 들어맞는다. 푸틴은 16년간 정보 요원으로 근무한 후, 1991년에 상트페테르부르크 시장실에서 보좌관으로 정치 경력을 시작했다. 5년에 걸쳐 정치 경험을 쌓고 자신이 거쳐 왔던 직위에서 얻을 수 있는 모든 이득을 챙긴 뒤 모스크바로 자리를 옮겼다.

모스크바에서 푸틴은 점점 더 영향력이 큰 임명직을 두루 거치면서 경력을 쌓아 나가다가 러시아에 민주적으로 선출된 최초의 대통령인 보리스 옐친Boris Yeltsin의 행정부에 합류했다. 옐친의 신뢰를 등에 업은 푸틴은 승승장구를 거듭하다가 2년도 채 안 돼서 마침내 러시아의 다섯 번째 총리직에 앉았다. 여기서부터 옐친이 사임하자 대통령 권한 대행이 되었다가 이어 대통령 후보가 되는 과정은 합법적인 절차에 따라 이루어졌다.

푸틴은 대통령으로서 첫 번째 임기 동안 국가적 위기를 관리하고 긍정적인 지지율을 유지하는 데 애를 먹었다. 2001년 독일 의회에서 초청 연설을 하면서, 그는 "민주적 권리와 자유"가 "러시아 국내 정책의 핵심 목표"라고 주장했다.[6]

하지만 이런 주장을 했으면서도 푸틴은 호전된 경제 상황을 방패 삼아 이후 몇 년 동안 체계적으로 권력을 공고히 다져나갔다. 그는 러시아 지방의 선출직 주지사를 자신이 임명한 충직한 하수인으로 교체했고, 러시아 연방 하원인 **두마**duma의 권력과 사법부의 독립성을 약화함으로써 자기 권력을 견제하지 못하도록 만들었다.

동시에 실제로 언론 비평가와 정치적 경쟁자를 암살하는 정책을 시작했다.

이런 용감한 여러 인물이 푸틴의 권력 집중을 저지하려 했지만, 이들의 시도는 실패로 돌아갔다. 이는 경제적 상황과 사회적 상황이 독재자에게 유리한 환경에서, 정치적으로 기회의 창이 열렸을 때 자신을 지지하는 연합을 구축하지 못하면 어떤 위험에 처할 수 있는지를 생생하게 보여준다.

민주주의자를 자칭하며 권좌에 오른 지 20년 후, 푸틴은 주권 국가인 우크라이나를 아무 이유 없이 침공했으며 강력한 반발에 직면하자, 진정한 러시아인이라면 "우연히 입에 날아든 날벌레를 뱉어내듯 배신자를 바닥에 뱉어버릴 것"이며 "사회에 필요한 자체 정화"를 이뤄낼 것이라는 섬뜩한 말로 침공의 정당성을 강변했다.[7]

대통령 재임 초기 시절에 푸틴을 만났고 몇 년 뒤에 그를 다시 만나봤던 여러 사람은 무소불위의 권력이 그에게 변화를 불러왔다는 사실을 목격했다. 조지 W. 부시George W. Bush 행정부의 국무장관으로 러시아어에 능통한 콘돌리자 라이스Condoleezza Rice는 이렇게 말했다. "그를 처음 만났을 때는 그가 무슨 말을 하는지 알아들으려면 조금 귀를 기울여야 했다. 나는 푸틴이 수줍음 많던 상태에서 수줍음이 줄어들고 오만해지더니 이제는 과대망상적 상태로 변하는 모습을 지켜보았다."[8]

이런 행보가 정치적 독재자로 나아가는 진행 과정과 어떻게 맞아떨어지는지 보라.

푸틴의 행보와는 반대로, 강력하지만 독재에 대한 야심은 없는 지도자는 정치 체제의 다른 구성원으로부터 협력을 얻기 위해 행동한다. 협력을 얻지 못할 때는, 반대에 직면한 개혁 과제를 실행하기 위해 합법적인 조치를 택한다. 이들은 권력을 허용할 수 있는 한계까지 밀어붙여 행사할 수도 있지만, 그럼에도 그 한계가 어디인지는 여전히 쉽게 알아볼 수 있다. 20세기 유럽 역사에서 이를 긍정적으로 보여주는 사례로는, 1958년에 프랑스 대통령직을 수락하기에 앞서 더 강력한 중앙집권 권력을 요구했던 샤를 드골 Charles de Gaulle을 들 수 있다.

재능과 야망, 책략과 결단력뿐만 아니라 자기를 널리 알릴 줄도 알았던 드골은, 제2차 세계 대전 중 독일의 프랑스 점령기 동안 프랑스 레지스탕스의 영웅으로 여겨졌다. 1944년에 프랑스가 해방되자 드골은 임시 정부의 수반이 되었으나, 행정부에 부여된 권한이 충분하지 않다고 생각했고 1946년에 이에 대한 불만으로 공직에서 은퇴했다. 한창 위기가 계속되던 1958년에 프랑스 국회는 드골에게 정계에 복귀해 이른바 프랑스 제4공화국의 대통령직을 맡아달라고 요청했다. 당시 권력은 대부분 여전히 국회에 있었으나 국회는 불안정했다. 드골은 헌법 개정을 통해 대통령에게 안정적으로 통치할 수 있는 충분한 권력이 부여되어야 한다고 주장했다. 새 헌법은 국민투표를 거쳐 승인되었고 드골은 같은 해 말 압도적인 표 차이로 제5공화국 대통령으로 선출되어 이후 11년 동안 재임했다. 또한 드골은 재임 기간에 알제리 독립을 인정하며 프랑스의 반민주적 식민 통치를 끝내기도 했다.

드골의 사례가 예비 독재자의 행동과 구별되는 점은, 드골의 경우 프랑스의 새 헌법이 대통령의 권력에 대해 충분한 견제와 균형을 명확히 담고 있었다는 점이다. 놀라울 수도 있겠지만, 드골은 1969년에 더 광범위한 **권력 분산**을 제안하며 국민투표를 실시했다. 하지만 이 국민투표에서 패배했고 같은 해 말 대통령직에서 사퇴했다. 드골은 압도적인 존재감을 가지고 있었고 잠재적 독재자처럼 극적이고 심지어 위협적인 행동을 보이기도 했지만, 자신이 주목받는 순간을 이용해 조국 프랑스의 민주적 정부 제도를 손상하지는 않았다.

이 장에서 얻을 수 있는 핵심 교훈이라면, 정치 지도자가 국가에 제대로 봉사하는 데 필요한 적절한 권력과 지도자의 행동에 대한 모든 견제를 제거하려는 과도한 권력 추구를 구별하는 것이다. 그 경계선이 정확히 어디인지를 두고는 갑론을박이 있을 수 있겠지만, 그 임계점에 가까워질 때 어떤 패턴이 등장하는 상황을 외면해서는 안 된다. 바로 그 순간이야말로 가용한 제동 메커니즘을 적용함으로써 그 패턴이 고착되어 난공불락의 상태가 되기 전에 폭정으로 향하는 행보를 저지할 중요한 기회다.

독재자를 막을 것인가 만들 것인가

3장

추종자의
여러 계층

추종자가 만드는
정치 지도자

"좋은 추종자가 져야 할 책임을 단 하나의 규칙으로
정해야 한다면 '권력에 대고 진실을 말하라'일 것이다."

— 워런 베니스 Warren Bennis、
서던 캘리포니아 대학교 리더십 연구소 초대 소장

모든 지도자와 추종자는 평등하지 않다
정치 지도자와의 근접성에 따른 추종자 모델

제5계층—지도자를 지지하거나 거부하는 대중이나 시민

제4계층—지지나 반대를 형성하는 활동가

제3계층—정책을 집행하거나 저지하는 관료

제2계층—특권을 얻거나 잃을 가능성이 있는 엘리트

제1계층—야망과 통치 방식을 강화하거나 조율하는 측근

국가 수준에서 정부의 정점에는 지도자가 있고, 그 아래 여러 수준에서도 특정한 책임과 권한을 가진 지도자가 여럿 있다. 최고 지도자를 둘러싸고 있는 이들에서부터 각 단계의 지도자를 둘러싸고 있으며 그런 지도자와 함께 일하는 이들에 이르기까지, 이런 위계질서의 모든 수준에는 각각의 추종자가 있다.

정치적 영역에는 방 안에만 있지 않고 거리로 나가거나 사회관계망 플랫폼을 통해 정치 지도자에게 질문을 던지고 선출하거나 해임하고 패배시키거나 심지어 타도할 수 있는 궁극적인 잠재력을 지닌 추종자도 있다. 다음 절에서는 이런 지도와 추종의 각 수준에서 나타나는 다양한 권력과 취약점, 해결해야 할 과제와 책임을 훑어본다.

예비 독재자의 공식과
추종자의 계층

역사를 들여다보면, 새롭게 부상하는 독재자가 다양한 추종자 계층을 상대로 행동을 보이는 방식에는 거의 공식이나 다름없는 것이 있음을 알 수 있다. 물론 이런 공식은 정확하지 않고 상황에 따라 달라지지만, 그 형태는 익숙하다. 이런 공식을 파악해 두면 유용한데, 그렇게 함으로써 각각의 추종자 계층이 당면한 과제뿐 아니라 추종자의 공모를 저지할 수 있는 선택지를 확인할 수 있기 때문이다. 이제 최외곽 계층인 제5계층에서부터 시작해 보자.

1. 제5계층—대중

앞서 언급했듯, 시민citizenry이라는 말이 더 흔히 쓰이지만, **일반 대중**populace은 정부의 영역 내에 거주하면서 법과 규칙과 서비스의 대상이 되는 모든 사람을 담아내기 때문에 더 포용적인 말이다. 이들은 권위주의적 지도자와 개인적으로 접촉할 가능성이 가장 낮은 추종자 계층으로, 이들의 힘은 겉으로 드러나 있지 않다. 집단을 이루면 독재 성향이 있는 지도자의 부상을 지지할 수도 있고 궁극적으로 이들을 전복시킬 수도 있다.

새롭게 부상하는 독재자가 이 계층을 상대로 펼치는 전략은 이들에게 세상을 약속하고 자원이 지속되는 동안 가격 통제와 이전에는 접근할 수 없었던 혜택과 "국가의 적"으로 낙인찍힌 세력으로부터 부를 탈취함으로써 이들이 더 편히 살 수 있도록 해 주는 것이다. 그러는 동안 내내 예비 독재자는 이들에게 당신들이 세상의 중심에 있다는 극도로 애국적인 메시지를 퍼부으면서 삶에서 이전에는 누리지 못했던 인정받는다는 느낌을 심어준다. 이런 전략에는 또한 일반 대중을 옹호하는 정권의 상징을 통해, 그리고 자신의 현재와 미래를 비록 신화적일지언정 영광스러웠던 과거와 연결하는 서사를 통해, 대중을 현혹하는 것도 포함된다.

만약 이 계층에서 희망이 충분히 고취되면, 이들은 열정적이고 순응적인 추종자가 되어 독재자의 계획에 동조하거나 심지어 이를 강하게 밀어붙이기도 한다. 하지만 독재자의 부패와 호전성으로 나라가 파산할 지경에 이르면, 이들은 빵을 사려고 길게 줄을 서고 친족을 잃었으며 더 나은 삶에 대한 꿈이 무너져 내렸음을 깨닫고선 자신이 그런 독재 권력자를 지지했던 진정한 대가가 무엇이었는지를 뼈저리게 느끼게 된다. 흔히 이런 후반 단계는 반란과 독재자의 타도로 이어진다. 하지만 이는 또한 비슷한 초기 전략을 사용하고 끊임없이 야만적 폭력을 동원하는 다음 독재자가 등장할 길을 열어주기도 한다.

2. 제4계층─활동가와 조직가

이 계층은 새롭게 부상하는 독재자를, 세상을 다 바꿔버릴 민중의 구원자로 떠받드는 사람과 이런 독재자가 부상함으로써 필연적으로 초래될 끔찍한 결과를 인식하고 적극적인 방식으로 그에게 반대하는 사람으로 나뉜다.

새롭게 부상하는 독재자를 열성적으로 지지하는 이들은 정권이 제공할 수 있는 각종 특혜와 정권 내에서 한 자리 차지할 수 있다는 약속을 보상으로 받는다. 이들은 공모자가 된다.

새롭게 부상하는 독재자를 반대하는 이들은 독재자가 성공을 거두는 데 가장 위험한 존재로 여겨지며, 이는 정확한 판단이다. 만약 이들이 일반 대중을 일깨워 위험이 다가오고 있다고 경고할 수 있다면, 이들은 독재 권력자가 절대적으로 통치하는 데 필요한 권력을 쌓기도 전에 독재 권력자는 계획을 무산시킬 위험을 초래한다. 독재 권력자가 반대 세력을 상대로 사용하는 전술은 위협으로, 가능한 모든 수단을 동원한다. 이들의 평판을 해치고 생계에 문제를 일으키며 소통 플랫폼을 약화한다. 그것만으로 충분하지 않다면 위협을 가하거나 구타하고, 투옥하거나 심지어 살해하기도 한다.

새롭게 부상하는 독재자는, 강한 의지를 지닌 개인으로 이루어진 이 계층, 즉 독재자와 공모하여 독재자를 광적으로 추종하거나 아니면 독재자의 위험한 부상에 용기 있게 저항하며 반대하는 이들을 향할 때, 그 본모습을 가장 먼저 드러낸다.

3. 제3계층—관료

정부의 기능을 유지하는 집단이다. 막스 베버는 관료제를 주권

　　　　　　　　　독재자를 막을 것인가 만들 것인가

자의 정책을 집행하는 가장 효율적인 수단으로 보았다. 긍정적인 면이라면, 관료라는 전문 인력은 규칙에 따라 결정을 내리기 때문에 이전 조직 체계에서 나타났던 정실이나 변덕을 제거할 수 있다는 점이다.

베버는 효율성을 비롯해 관료제의 장점을 옹호하면서도 이런 관료제에서는 의사결정 과정에서 인간의 판단과 개인적 책임이 제거된다는 단점을 지적하기도 했다. 이후 여러 사회학자는 개인이 더 이상 도덕적으로 책임을 지지 않게 되면 기술적 완벽성에 집중하게 되고, 이는 최악의 경우 억압적인 정책이나 집단학살 정책을 실행하는 수행하는 더 좋은 방법을 두고 고민하는 극단적인 사태로 이어질 수 있다고 언급했다.

독재 권력자는 관료제 문화가 순응적인 추종자가 되어 자신의 명령과 궂은일을 대신해 주길 원한다. 독재 권력자는 자신의 정치적 목적을 실행해 줄 해결사즉, 공모형 추종자를 주요 직책에 앉혀 자신의 의도를 관료제 기구 심층부까지 전달한다. 이들은 공무원에 대한 보호를 약화함으로써 미미하게나마 특권을 누리는 이 계층이 생계를 잃지 않을까 두려워하게 만든다. 이들에게 생계는 안정된 수입과 혜택을 보장받지 못하는 이들이 겪는 불안이나 절망감에 빠지지 않도록 막아주는 것이니 말이다. 드물지만 관료제 문화를 뛰어넘어 파괴적 계획과 명령에 용기 있게 맞서면서 도덕적인 입장을 지키는 개인이 나타날 때, 독재 권력자는 무방비 상태로 허를 찔리기도 한다.

4. 제2계층—엘리트

역사적으로, 예비 독재자는 다른 사람의 도움을 받지 않고서는 자신의 독재적 야망을 실현하는 데 필요한 권력을 혼자 힘으로 축적하지 못한다. 사회의 엘리트 계층으로부터 적극적인 공모까지는 아니더라도 최소한 암묵적으로나마 지지를 받아야 한다.

예비 독재자가 영리한 사람이라면 자신을 엘리트 계층의 경제적 이해관계에 유리한 정책을 제시함으로써 이들 계층이 매우 특권적인 생활 방식을 유지할 수 있게 하는 최선의 희망으로 자리매김한다. 단기적으로 엘리트 계층은 약탈적 문화와 군사적 팽창에 대한 막대한 지출을 등에 업고 번영한다. 이들은 자신이 이 폭력적인 인물을 제어해서 자기네 이익에 보탬이 되도록 이용할 수 있다고 자만한다. 하지만 어느 날 아침, 잠에서 깨어나 보면 이제 자신을 통제하는 인물이 바로 그 독재자라는 사실을 깨닫고 당황하게 된다.

예비 독재자는 권력을 공고히 다져나가면서 특히 명망 높은 엘리트나 잠재적 경쟁자를 표적으로 삼는다. 한때 존경받던 거물을 감옥에 가두고 가족의 재산을 몰수함으로써 다른 사람에게 경고하는 시범 사례로 삼는다. 이 나라를 떠날 수 있는 자원과 인맥이 있는 이들은 실제로 그렇게 하는 일이 종종 일어나며, 이 때문에 권력 공백이 더 커지면서 폭군은 그 빈자리를 겁에 질린 측근으로 채우게 된다.

독재자를 막을 것인가 만들 것인가

5. 제1계층—측근

예비 독재자는 자신에게 반대할 힘이 있는 엘리트 계층에 등을 돌리거나 따돌려 놓으면서 자신이 위험해지고 있다는 생각을 더 많이 하게 된다. 한때나마 강력했던 지지층을 체계적 방식으로 불만이 가득한 잠재적 적으로 바꾸어 놓았기 때문이다. 자신이 믿을 수 있는 사람의 범위가 줄어들면서 내부 핵심 집단이 그 어느 때보다 중요해진다.

내부 핵심 집단의 구성원은 예비 독재자와 밀접한 관계를 맺는다. 이들은 예비 독재자와 가족 관계로 이어지기도 하고 오랜 세월에 걸쳐 옆에서 권좌에 오르는 일을 돕기도 한다. 아주 드문 경우를 제외하면, 이들 내부 핵심 집단은 모두 한 몸인 공모자이며 최고 지도자를 가까이서 대면하면서 심리적으로 큰 보상을 받는다. 이들은 "특혜성" 계약이나 뒷돈으로 부를 늘림으로써 물질적인 보상을 받을 수도 있다. 하지만 이런 각종 보상조차 이들의 충성을 보장하기에는 충분하지 않을 수 있다.

예비 독재자는 점점 더 편집증에 사로잡혀 자신의 부패와 범죄에 최측근을 연루시키면서 내부 핵심 집단의 결속을 더욱 강화한다. 독재자가 몰락하면, 이들도 함께 몰락한다. 독재자가 인간성에 반하는 범죄로 유죄 판결을 받게 되면, 내부 핵심 집단 역시 손에 피를 묻히게 만들어 끝까지 자기 옆에 설 수밖에 없게 만든다. 이들이 충성심을 보이고 얻은 보상은 자신이 만들어 낸 악몽 같은 정권에서 벗어나지 못하도록 놓여 있는 덫이다. 이런 음울한 패턴은 역사 속에서 반복해서 등장한다.

이제 각 추종자 계층을 꾀는 미끼와 이들이 걸리는 덫과 취약성을 알게 되었으니, 새롭게 부상하는 독재자와 관련해 이들 추종자 계층의 역할을 더 낱낱이 분석하고, 이런 올가미에 걸리지 않으려면 초기에 어떤 인식이 필요한지, 그리고 이런 극악한 진행 과정을 저지하고 가능하다면 뒤바꿔 놓을 수 있는 전략이 무엇인지를 살펴보도록 하자.

한눈에 내려다보면

마침내 독재자의 통치에 반대하며 나타난 수많은 대규모 집회에 다섯 개의 추종자 계층이라는 렌즈를 들이대면, 그 자리에 모인 사람이 다음과 같은 계층으로 나뉘는 것을 확인할 수 있다.

거리의 인파는 엄청난 수의 사람이 모여든 현장을 보고 힘을 느꼈다. 억눌렸던 분노가 마침내 출구를 찾은 것이었다.

이들은 자기들 사이에 활동가가 있다는 사실을 알지 못했다. 이 활동가는 행동 지침에 실린 방법을 활용해서 대중의 분노에 불을 붙이고 잠시 일상생활에서 벗어나 이제는 바뀌어야 한다는 집단적 분노와 요구를 표출하도록 독려했다. 거리의 반대편에서도 활동가가 카리스마 넘치는 포퓰리스트의 행동을 지지하기 위해 소집한 군중을 상대로 같은 일을 하고 있었다.

군중은 폭동 진압 장비를 착용한 경찰과 군인이 점점 늘어나고 있음을 알아차리기 시작했다. 이들 경비 인력 중 한 사람이 군중을 바라보며 자기가 왜 이 자리에 있는지 고민한다. 이들은 독재자의 수하였다. 대통령을 반대하는 사람을 공격해야 할까? 이런 생각으로 마음이 심란했지만, 집에 있는 다섯 아이를 먹이려면 매달 자신이 받는 월급이 필요했다.

유명 뉴스 진행자 한 사람이 군중 속으로 들어가 카메라맨이 설 자리를 찾았다. 이 소식은 저녁 뉴스에서 높은 시청률을 보장하겠지만, 대통령 반대파에 동조하는 것처럼 보이지 않도록 주의해야만 했다.

대통령의 아들은 발코니에서 군중이 점점 늘어나는 모습을 지켜보면서, 아버지가 긴급 권한을 처참히 사용해 경비 인력에 군중에게 발포하라고 명령하기 전에, 이제 중대한 화해의 제스처를 취하든지 아니면 나라를 떠나든지 해야 한다고 아버지에게 권고해야 할 때임을 깨달았다.

지금까지 살펴본 내용에 비추어, 주요 정치 지도자와 관련해 자신이 추종자 유형 중 어디에 해당하는지 감을 잡았을 것이다. 또한, 자신이 함께 일하는 다른 지도자와 관련해서는 또 다른 추종자 계층에 속할 수도 있다. 예컨대, 중간 수준의 선출직 공무원에게는 최측근이지만 개인 시간에는 전국적인 정치 후보자를 지지하는 활동가일 수 있다. 이제 각 추종자 계층을 더 광범위하게 살펴보게 되는데, 이를 통해 어떤 점이 자신과 개인적으로 관련이 있는지 확인하고 자신이 속한 지도자-추종자 구조의 지도를 제대로 그려낼 수 있을 것이다.

독재자를 막을 것인가 만들 것인가

4장

대중 계층

여러분, 정치권력의 토대

"가장 큰 힘은 돈이 가진 힘이 아니라 정치적인 힘이다."

— 월터 아넨버그Walter Annenberg、
자선 활동가、전 주영 미국 대사

제5계층 대중
제4계층 활동가
제3계층 관료
제2계층 엘리트
제1계층 측근

지도자

내부 핵심 계층
준準 내부 핵심 계층
중간 계층
준準 외곽 계층
외곽 계층

　자신이 어느 나라의 시민이라면, 그 나라 대중의 일부다. 시민이 아니더라도 어떤 사정으로 그 나라에 살게 되었다면 그 나라 대중의 또 다른 일부다. 시민이든 시민이 아닌 사람이든 똑같이 자신이 속한 정부의 권한에 영향을 받는다.

　그 정부와 지도자를 좋아하지 않을 수도 있다. 자신이 지금 정치적 권력을 행사하는 지도자의 지지자가 아니라고 여길 수도 있다. 하지만 우리 삶은 그들의 결정과 행동에 영향을 받는다. 우리는 그 지도자를 어느 정도 지지할지, 그 지도자가 우리 삶에 미치는 영향을 피하려고 어느 정도나 애써야 할지, 혹은 다른 지도자를 띄우기 위해 어느 정도나 노력해야 할지를 선택해야 한다.

대중populace이라는 말은 그리스어에서 **도시**를 뜻했던 **폴리스**polis
에서 유래했다. 이는 어떤 정부 형태 아래에서 조직된 사회를 뜻하
는 **정치 조직체**polity, 통치와 관련된 활동을 뜻하는 정치politics와도
연관이 있다. **포퓰리스트**populist 지도자는 이런 공동체의 일원으로
서 우리에게 필요한 것을 부추기는데, 대개는 자신이 우리를 위해
할 수 있는 일을 부풀려 말하곤 한다.

우리는 일반 대중 외에 다른 네 개의 추종자 계층 중 어느 하나
에 속할 수 있다. 이들 계층은 일반 대중이라는 정체성과 겹치기도
하고 그런 정체성을 넘어서기도 한다. 우리는 시민이 아니면서 활
동가일 수 있다. 지금처럼 정부에서 일하려면 시민권이 필요할 수
도 있다. 아니면, 어떤 정치 후보를 지원할 방법을 찾으면서 시민
권을 신청 중인 돈 많은 망명자일 수도 있다. 어쩌면 시장이나 주
지사나 대통령의 아들이나 딸일 수도 있다.

이런 역할 속에서 우리는 또한 우리가 도시나 주나 국가나 가정
이라고 부르는 정치 공동체의 일원이기도 하다. 우리는 정부가 존
재하는 이유이자 섬겨야 할 대상인 바로 그 사람들이다.

이번 장에서는 보고 들을 수는 있어도 직접 만나본 적은 없는 정
치 지도자를 지지하는 추종자가 된다는 것이 어떤 의미인지 살펴
본다. 우리는 그런 지도자를 집회에서 볼 수도 있다. 하지만 미디
어를 통해 그들을 보고 그들을 직접 만나봤을 수도 있고 만나보지
못했을 수도 있는 다른 사람의 눈을 통해 "그들을 알게" 되는 일이
더 흔하다.

　　　　　　　　　　　독재자를 막을 것인가 만들 것인가

그래도, 그들은 지도자다!

만약 그가 카리스마 넘치는 지도자여서 우리에게 일종의 "주문"을 건다고 가정해 보자. 이들을 지지하면서도 이들에게 권력을 오용하거나 남용할 소지가 조금이라도 있는지 경계하는 데 필요한 독립적인 판단력을 우리는 어떻게 유지할 수 있을까?

내가 그들이 아니라 우리에 대해 질문을 던지고 있음을 눈치챘을 것이다. **우리는 어떻게 다른 사람의 의견에 휩쓸리지 않고 나만의 판단력을 유지할 수 있을까?**

나는 계속해서 렌즈를 우리 쪽으로 돌린다. 우리에게 가장 강력한 영향을 미치는 존재는 바로 우리 자신이니까 말이다. 우리는 정치권력과 관련하여 어떻게 행동하고 있을까? 그리고 어떻게 하면 다르게 행동할 수 있을까?

따분한 정치 지도자

참 역설적이긴 하지만, 우리가 정치 공동체의 일원으로서 우리 정치 지도자에게서 다소 뜨뜻미지근하다는 느낌을 받는다면, 이는 대체로 그들이 통치의 기본 기능을 꽤 잘 수행하고 있다는 뜻이다. 우리가 열광에 사로잡혀 이들을 구원자로 떠받들지도, 그렇다고 위협으로 여겨 걱정하지도 않는다면, 우리는 상당히 안정적인 시대를 살고 있을 가능성이 크다. 이런 시기에는 안전과 법질서, 기반 시설, 경제의 안정성, 우리 문화에서 다른 기관이 제공하지 못하는 사회 복지 서비스를 비롯해 기본적이고 정당한 서비스를 정부에 의지하면서 삶을 이어 나갈 수 있다.

물론 언제나 공동체가 풀어야 할 과제가 있기 마련이고, 한 지방이나 지역 또는 국가 수준에서 정치 지도자에게 완전히 만족하지 못하는 이유도 몇 가지 있다. 하지만 "호시절"에는 이런 문제가 우리 관심사의 맨 꼭대기를 차지하지 않는다. 이 시대를 즐겨라, 결코 오래 가지 않을 테니.

머지않아 큰 문제가 여럿 나타나서 공동체와 지역과 국가에 극적으로 영향을 미친다. 어떤 문제는 공동체나 지역이나 국가의 존립 자체를 위협하기도 한다. 가령, 건조 지역에서 발생하는 물 부족 사태가 그렇다. 흉작에 따른 식량 부족, 금융 시장의 혼란 같은 문제가 그렇고 팬데믹, 전쟁, 자연재해, 기술과 에너지와 공급 측면에서 대규모의 공급망 붕괴 역시 마찬가지다.

위기와 위기 사이의 막간에 정부가 다음번에 밀어닥칠 문제에 대처할 방법을 앞서 예측하고 대비하길 바란다. 하지만 우리가 관심을 기울여야 할지 말아야 할지와 무관하게 굳이 세심하게 주의를 기울여야 할 필요를 느끼지 못한다. 정치 지도자에게 신경 쓰지 않는다는 말이 아니다. 그저 지금 당장으로선 그 문제가 그다지 시급해 보이지 않을 뿐이다. 그렇지만 바로 이때가, 우리가 더 많은 관심을 기울이기 시작하기에 좋은 때다. 시대가 변해 우리가 무방

　　　　　　　　　　독재자를 막을 것인가 만들 것인가

비 상태로 허를 찔리기 전에 말이다.

정부는 종종 평가보다
더 잘 돌아간다

뉴욕 같은 대도시의 거리를 따라
걷다 보면, 수많은 사람이 바쁘게 스쳐 지나간다. 그러면서도 서로
해를 끼치지도 않고, 건널목 앞에서는 기본적인 예의를 지키며 빨
간불에 멈추고, 안정적인 통화를 사용해 수많은 물건을 사고팔며,
대중교통을 이용해 이동하는 모습을 보면, 놀라움이 그치질 않는
다. 이 가운데 어떤 것도 뉴스거리가 되지 못한다. 대체로 잘 작동
하고 있으니까.

하지만 우리는 시대가 위협적으로 느껴질 때 우리를 결집시킬
수 있는 그런 지도자를 찾는다. 강력하고 때로는 세상을 다 바꿔줄
자질을 갖춘 지도자를 말이다. 대중교통이나 거리에서 범죄가 늘
어날 수도 있고 파업으로 쓰레기가 쌓일 수도 있다. 팬데믹으로 기
본적인 서비스에 부담이 가중될 수도 있고 노숙자 문제 해결은 더
디게 진행될 수도 있다. 이런 시기가 바로 우리가, 위대함을 안겨
줄 수도 있고 악영향을 안겨줄 수도 있는 잠재력을 동시에 겸비한
비범한 지도자를 찾게 되는 더 위험한 시기다. 이런 시기는 바로
추종자로서 우리가 어떤 유형의 지도자를 불러내고 있는지 주의를

기울여야 할 때다.

비록 반드시 해결해야 할 결점도 있겠지만, 시민으로서 대체로 정부가 어떻게 작동하고 있는지 알고 있는 것은 건강한 태도라고 나는 믿는다. 이런 건강한 태도를 갖춰야 상황이 재앙이나 다름없으며 오직 자신만이 이런 상황을 바로잡을 수 있다고 믿게 만들고 싶어 하는 야심 찬 후보자로부터 우리를 지켜낼 수 있다. 우리는 이런 사고방식이 결국 어디로 이어졌는지 역사를 통해 알고 있다. 한편, 합당한 사회적 조건 속에서 살고 있다면, 우리가 정부에 가하는 비판 역시 균형 잡힌 시각으로 바라봐야 한다.

> 블리스빌Blissville에서 시정 만족도 조사가 실시되었다. 조사 결과에 따르면, 이 도시의 주민은 마을 광장의 장미 덤불과 다른 식물의 상태가 좋지 못하다는 점에 불만을 느끼고 있었고 공원을 방치한 시 정부에 큰 실망감을 드러냈다.
>
> 시장은 이 결과에 매우 기뻐했다. 왜일까?
>
> 하수도 시설, 범죄율, 경제, 학교, 교통에 대해서는 불만이 거의 없었기 때문이다. 정부는 제대로 기능을 수행하고 있었다. 이제 시장은 공원을 개선하는 데 집중할 수 있게 되었다.[1]

나는 우리 각자가 정부에 대해 나름의 진정한 평가 기준선을 세워보라고 권한다. 잠시 주변을 둘러보면서 기본적인 것이 모두 대체로 제대로 작동하고 있는지 살펴보라. 그런 다음, 정말 개선해야 할 부분이 무엇이고 이를 현실적으로 어떻게 개선할 것인지에 집중할 수 있다. 그것도 장래에 정치적 구원자가 되고 싶어 하는 사람 없이 말이다.

정부가 제대로 작동하지 않을 때

정부가 아예 작동하지 않아 실패한 국가가 되는 경우는 드물다. 하지만 일부에게는 잘 작동하는데, 다른 이에게는 잘 작동하지 않는 경우가 더 흔하다. 이런 "다른 이"는 대개 일반 대중에 속하며 관료 집단이나 운 좋은 엘리트 집단 사이에서는 찾아보기 힘들다.

실패 직전에 놓인 국가에서는 많은 대중이 절망감에 사로잡힌다. 극단적인 상황에서는 우리가 생각하는 **법질서**가 무너진다. 공직 부패와 갱단의 폭력이 삶을 불안하게 만들고 화폐는 가치를 완전히 잃어버리고 먹거리는 부족해진다. 진정한 의미의 이런 절박한 현실에서, 사람은 전형적인 영웅을 갈망하며 찾게 된다. 영웅처럼 보이는 누군가가 나타나면 삶이 차츰 나아지리라는 조심스러운 안도감이 찾아든다.

이러한 상황에서는 개인의 안전과 함께 가족을 먹여 살릴 수 있고, 아들은 갱단이나 부패한 군대에 끌려가지 않으며 딸은 존중받고 일자리를 얻을 수 있으리라는 확신이 민주주의와 인권의 세부적인 논점보다 우선시된다. 물론 이런 상황은 예비 독재자가 등장하기에 딱 알맞은 비옥한 토양이 된다.

다시 질서를 바로잡기 위해 강력한 독재적 지도자가 필요한 상황이 실제로 있을 수도 있다. 삶을 극도로 어렵게 만드는 상황을 뒤집을 수만 있다면, 대중은 그런 지도자에게 상당한 수준의 독재적 권력을 기꺼이 쥐여줄 수도 있다. 이 지도자가 어느 정도 성공을 거두면, 대중은 일부 권리와 자유를 잃게 되더라도 이 지도자를 지지할 수 있다.

이 글을 쓰고 있는 현시점에, 엘살바도르라는 중미 국가에서 전형적인 사례가 벌어지고 있다. 이 나라는 오랜 세월 갱단의 잔혹한 폭력에 시달리고 있었다. 한 주말에만 80건의 살인 사건이 발생하자, 정부에 조치를 요구하는 목소리가 거셌다. 전체 인구라야 650만 명에 불과한 이 나라에서, 나이브 부켈레Nayib Bukele 대통령은 갱단과 공모한 혐의자로 남성 7만 3천여 명을 투옥했다. 때로는 그가 취한 조치가 초법적인 경우도 있었으나, 2016년부터 2022년까지 재임했던 필리핀의 로드리고 두테르테Rodrigo Duterte 대통령이 했던 것처럼 초법적인 처형이 포함되지는 않았다고 알려진다.

체포된 사람 가운데 무죄인 사람도 일부 있을 수 있지만,

이런 부정의는 되돌릴 수 있었다. 부켈레 대통령의 지지율은 90퍼센트라는 까마득한 수준까지 치솟았다. 이제 더 이상 아들이 갱단에 강제로 끌려가거나 딸이 빵을 사러 가는 길에 공격당할 걱정을 안 해도 된다고 상상해 보라. 국민은 안전감과 안정감을 절실히 원했고, 부켈레 대통령의 이런 독재적 방식이 국민에게 그런 느낌을 제공했다.

부켈레는 현재 재선을 노리고 있으며, 자신에게 특별한 조치를 허용했던 비상사태를 끝낼 것이라는 신호를 보내고 있다.[2]

하지만 대중은 경계를 늦춰서는 안 된다. 많은 사람에게 이런 권력의 맛은 포기하기 힘든 것이다. 말을 타고 석양 속으로 조용히 떠나는 건 할리우드 영화에 나오는 주인공뿐이다. 오히려 대부분 장기 집권을 위해 자기 권력을 공고히 하기 시작한다. 이제 권위주의자에서 독재 권력자로, 다시 독재자로 이어지는 미끄러운 경사면이 시작된다.

만약 그 경사면에서 미끄러져 내려가는 상황이 계속되더라도, 그 하강을 막을 기회는 여전히 남아 있다. 이를 위해서는 충분히 많은 대중이 지도자의 장점은 지지하되 과도한 행동은 비판하면서 사태의 행보가 어디로 이어지는지를 계속 주시해야 한다. 마을에 부임한 "새 보안관"을 지지하면서 보여줬던 똑같은 결의가, 이제 그가 새로운 마피아 두목이 되지 않도록 견제하는 데도 필요하다.

홀륭한 공공 안전과 좋은 정부에 헌신하는 대중이라면, 이 두 가지를 모두 해낼 수 있다. 로마의 사례가 적절한 참고가 된다. 강력한 지도자에게 6개월의 시간을 주고 거리를 정리하게 하라. 필요하다면 추가로 6개월을 더 주라. 만약 그가 비상사태를 무기한 연장해야 한다고 주장하면, 그는 독재관과 폭군 사이의 문턱에 서 있는 것이다. 이제 경고를 울릴 때다. 시위 현수막에 어떤 문구가 적혀 있을까?

> **"비상사태는 우리의 다음 비상사태다."**
> THE STATE OF EMERGENCY IS OUR NEXT EMERGENCY

더 큰 어딘가에
소속된다는 것

우리는 자신이 독립된 존재임을 사랑하지만, 자신보다 더 큰 어딘가에 속하고 싶어 하기도 한다. 어딘가에 속한다는 것은 삶에 활력을 줄뿐더러 종종 인생 최고의 순간이 되기도 한다. 때로는 그렇게 어딘가에 속하는 방식이 짜릿한 스포츠 경기에 참여하는 일처럼 순간적일 수 있다. 때로는 우리 고향 팀이 이기든 지든 그 팀을 열렬히 응원하는 것처럼 평생을 가

독재자를 막을 것인가 만들 것인가

기도 한다. 때로는 세상에서 중요한 일을 하는 사회, 종교 또는 정치 운동처럼 복잡하기도 하다.

여기서는 정치에 주목해 보도록 하자.

냉소적인 시각으로 보면, **정치**는 지나치게 아첨하고 신뢰할 수 없는 것처럼 들리곤 한다. 하지만 **정치**는 우리의 공동체적 삶을 담아내는 그릇이다. 우리의 정치는 우리가 어떤 형태의 국가에서 살아가고 아이를 키우며 꿈을 좇을지, 그리고 바라건대 어떤 형태의 국가여야 그런 꿈이 우리 정부나 적대적인 침략자에 의해 꺾이지 않을지를 결정한다.

대중이 어떤 지도자나 운동을 정치적으로 지지하는 집단의 일원이 되는 일은 대개 우리 삶의 질에 대한 단순한 우려나 우리가 신뢰하는 다른 누군가의 권고로 시작된다. 이렇게 그 일원이 되고 나서는 지도자와 그가 내세우는 의제에 대한 강력한 믿음으로 발전해 간다. 우리가 스포츠 영웅이나 연예계 스타를 사랑하듯, 정치적 슈퍼스타에게도 열광할 수 있다. 하지만 그 결과는 훨씬 더 심각하다. 우리는 정치적 주권자에게 국가 권력을 부여한다. 그리고 이 권력에는 언제나 생사여탈권이 포함된다. 우리는 이런 권력이 바로 우리 자신이 부여하는 권력이라는 사실을 결코 잊어서는 안 된다.

많은 사람이 더 큰 자유와 자율성과 정의를 추구하는 운동을 지지하면서 흥분을 느끼거나 심지어 종교적 황홀경까지 경험하기도 한다. 이런 경험은 이들이 자기 것이라고 여기게 될 이상을 열정적으로 대변하는 실제적 혹은 상징적 지도자의 위상을 높인다. 하지만 안타깝게도, 이런 지나친 열광이, 결국 자신을 비롯해 수백만 명의 다른 사람에게 파괴적인 결과를 초래한 운동이나 지도자를 지지하는 데 쓰인 경우도 많다.

우리 곁에 현실을 냉정하게 판단해 줄 작은 조언자가 있으면 좋을 것이다. 이런 조언자 때문에 자신보다 훨씬 큰 운동에 참여한다는 흥분을 망칠 필요는 없지만, 우리 귀에 이렇게 속삭이도록 해야 한다.

"내가 지나치게 휩쓸리고 있는 것은 아닐까?"
"나는 여전히 올바른 의구심을 가지고 있는 것일까?"
"나는 이 사람을 너무 높이 평가하고 있지는 않을까?"

원대한 비전

세상은 무엇이 가능할지를 보여주는, 원대한 비전을 지닌 지도자를 좋아한다. 특히 그 지도자의 이야기가 자신도 세상에서 의미 있는 존재가 될 수 있다는 희망을 심어주고, 더 나아가 비록 현실보다 소망에 불과하더라도 더 나은

독재자를 막을 것인가 만들 것인가

세상에 대한 전망을 제시할 때라면 더욱 그렇다. 사람은 대부분 가족과 친구처럼 가까운 집단과 자신이 하는 일, 그리고 자신이 몸담은 공동체에서 삶의 의미를 찾는다. 하지만 일상을 넘어 더 넓은 삶을 살아보고픈 열망도 있다. 이는 사회의 최하층이나 최상층이나 매한가지다. 최하층에서는 아무리 당첨 가능성이 희박할지라도 복권을 구매하는 행동으로 나타날 수 있다. 최상층에서는 현실적 근거라곤 거의 없는 황당한 투자 사기에 쉽게 현혹되는 결과를 낳기도 한다.

이는 훨씬 더 나은 미래를 약속하는 영웅적 지도자의 추종자에게 한 가지 과제를 안겨준다. 이들을 깎아내리고 싶지는 않다. 때로는 이들이 많은 사람의 삶에서 근본적이고 긍정적인 변화를 불러오기도 하니까. 동시에 이들이 인간적 오류를 범할 수 있음을 기억하는 게 올바른 태도다. 이들이 자신이 이끄는 집단에 바치는 헌신을, 권력이 어떻게 왜곡하기 시작하는지 경계를 늦추지 말아야 한다.

특히 정치 지도자를 비롯해 우리가 그런 지도자에게 기대하는 역할에 대해서는 더욱 그렇다. 우리는 이들에게 완벽함을 기대할 수 없다. 본질적으로, 독재 권력자가 아닌 정치 지도자에게는 타협이 요구되며, 때로는 평소라면 협력하지 않을 정치적 협력자와 불편하지만 협력해야 할 때도 있다. 이를 "기묘한 동침자"strange bedfellows 효과라고 한다. 공화당의 자금줄이자 열성 지지자로 알려진 코크 형제 중 한 명인 찰스 코크Charles Koch가 대규모 형사 사법 개혁 법안을 통과시키기 위해 민주당 대통령 오바마와 협력했다는 소식이 전해졌을 때, 공화당 지지자나 민주당 지지자 모두 놀라움을 금치 못했다.[3]

정치적 추종자로서 우리는 지도자를 다소 너그럽게 봐줄 필요가 있지만, 핵심 가치를 근본적으로 배신하는 행위에 대해서는 경계를 늦추면 안 된다. 이런 배신이 감지되었을 때, 지도자가 설득력을 발휘해 아무 걱정할 일 없다는 믿음을 우리에게 심어주려 하지는 않는지 경계해야 한다. 걱정할 일이 없지 않으니 말이다.

물론 이런 사실을 인정하기 어려울 수 있다. 마침내 우리를 옹호해 줄 사람을 얻었다고 생각했으니 말이다. 하지만 우리 세대의 운명, 즉 우리 자신과 우리가 사랑하는 이들이 더 나은 삶으로 진보해 나갈 것인지, 아니면 개인적 자유를 지키기 위해 갈등과 투쟁의 수렁에 빠질 것인지는, 위대하고 긍정적인 비전을 지닌 지도자와 입으로는 그럴듯한 말을 늘어놓으면서 자유를 지키기 위해 힘겹게 얻어낸 안전장치를 해체하는 지도자를 구별할 수 있는지에 달려 있다. 당신이 이런 구별에 대해 생각하고 말하고 행동하는 모든 것이 주변 사람에게 영향을 미치게 된다.

우리는 이미지를 만들어 내는 도구를 꿰뚫고서 최선을 다해 새롭게 출현하고 있는 현실을 직시하고, 이런 신호를 보고 싶어 하지 않는 우리 마음을 극복하며, 열려 있는 기회의 창을 활용하여 이런 신호에 의문을 제기해야 한다.

정치 지도자의 선전 도구와
우리의 마음

우리가 세상을 바라보는 데 사용하는 도구는 우리의 마음이 전부다. 너무도 근본적인 사실이다 보니 우리는 우리 마음이 현실에 대한 우리의 경험을 매개한다는 사실을 잊고 지낸다. 우리는 물속에서 헤엄치고 있다는 사실을 알아차리지 못한다는 속담 속 물고기와 다를 바 없다. 물고기가 달리 어디에서 헤엄칠 수 있을까?

외부에서 우리 마음에 주입되었거나 우리 마음 내부에서 스스로 형성된 틀은 우리가 현실을 어떻게 바라보고, 더 나아가 무엇을 현실로 바라보는지에 영향을 미친다. 예컨대, 소총을 볼 때, 우리는 그 소총을 전쟁 무기로 볼까, 아니면 개인의 권리를 나타내는 도구로 볼까? 이 때문에 다른 사람이 우리 마음속에 심으려는 서사를 검토하고 때로는 그런 서사로부터 자신을 지켜야 할 필요가 있다. 그리고 다른 사람은 늘 이를 시도하고 있다.

정치 후보자와 공직자는 우리 관심을 끌어 자신이 원하는 곳으로 돌리고, 동시에 자신이 피하고 싶은 어려운 문제에서는 멀어지게 만드는 메시지 도구를 구축한다. 정치 지도자의 대변인은 하나같이 여러 미디어 플랫폼에 나와서 똑같은 유행어를 사용하여 대체로 같은 이야기를 한다. 이들 대변인은 우리 마음속에 어떤 서사를 만들어 내려고 애쓰는 중이다. 그런 서사가 선의의 것인지 위험한 것인지는 크게 중요하지 않다.

자의식 과잉인 지도자는 미화된 서사, 우리가 가졌으면 하고 자신이 바라는 그런 서사를 우리 마음에 심어주려고 밤낮으로 애를 쓴다. 우리는 보이는 것에서 적당한 거리를 유지해야 하며, 그래야 지도자가 제시한 데이터와 주장, 생각과 행동과 인격에 대해 나름의 판단을 내릴 수 있다.

자신에게 몇 가지 기본적인 질문을 던져보는 것만으로도 자신의 관점을 유지하는 데 도움이 될 수 있다. 답변보다 질문하는 습관을 들이는 것이 더 중요하다.

- 지도자가 선전 도구를 통해 우리에게 주입하려는 서사는 무엇인가?
- 그중에서 진실처럼 보이는 것은 무엇이고 의문스럽게 보이는 것은 무엇인가? 그 이유는?
- 자신에게 솔직하게, 그 메시지나 지도자에 대해 의구심이 드는가?
- 그런 메시지나 지도자에 대해 무엇을 우려하는가?

　　　　　　　　독재자를 막을 것인가 만들 것인가

우리가 믿는 것

어떤 운동이나 지도자가 좋은 것일지 해가 될 것인지 서로 다른 가능성을 가늠하는 일은, 우리 자신을 되도록 명확히 파악하는 데서 시작한다.

우리가 지도자에게 애착을 품게 되면, 그런 애착에는 일종의 끈 끈함이 생긴다. 한 번 형성된 지도자의 이미지는 쉽게 바뀌지 않는 경향이 있다. 하지만 우리든 지도자든 누구도 그 상태 그대로 머무르지 않는다. 시간이 흐르고 사건이 진행되는 동안, 우리가 지도자를 바라보면서 그런 지도자가 달라진 것을 감지하는가, 아니면 그런 지도자에 대한 우리의 평가가 달라진 것을 감지하는가? 이는 보기보다 어려울 수 있다. 특정 시점에, 두 사람이 똑같은 데이터를 보고도 정반대되는 해석에 도달하니 말이다.

하지만 우리가 어떤 해석에 도달하든, 우리가 일단 무엇인가를 믿게 되면 그것이 진실이든 왜곡이든 상관없이 우리는 그 믿음을 계속 유지하려고 한다. 우리가 새롭게 얻은 정보는 기존의 믿음을 뒷받침하는 것처럼 보인다. 반대로, 우리 믿음과 모순되는 정보는 반사적으로 거짓이거나 의심스럽거나 중요하지 않은 정보로 치부해 버린다. 누가 끊임없이 자신에게 질문을 던질 만한 시간과 여력을 가지고 있겠는가? 그렇게 하다 보면 진이 빠지고 심지어 꼼짝도 하지 못하는 지경에 이르게 된다.

우리가 일단 선택한 입장에 집착하는 경향이 있고, 이는 주의를 기울여야 할 본질적인 함정이다. 우리가 현재 무언가를 믿고 있다고 해서 그것이 계속해서 진실일 것이라는 보장은 없다. 또한 우리가 접한 정보가 우리 믿음과 모순된다고 해서 그 정보가 거짓인 것도 아니다.

한 사람의 시민으로서, 특정 지도자나 정치 세력을 따르는 추종자로서, 우리는 어느 시점에 자신에게 다음과 같이 질문해 봐야 한다.

· **우리가 특정한 믿음을 처음 갖게 된 것은 언제인가?**
· **어떤 근거로 또는 누구 때문에 그런 특정한 믿음을 갖게 되었는가?**
· **우리 믿음을 검토해서 그런 믿음을 지지하는 것이 여전히 옳은 일인지를 판단할 준비가 되어 있는가?**

우리가 회의주의자가 돼서 모든 걸 의심하고 질문해야 한다고 제안하는 게 아니다. 내 제안은 단지 새로운 정보나 모순되는 정보를 받아들일 때 우리가 **저항**할 수 있다는 점에 경계를 늦추지 말아야 한다는 것이다. 즉, 자신이 그렇게 저항하고 있음을 포착하고 모순을 검토할 만큼 충분히 호기심을 가져야 한다는 말이다.

이는 일반적인 삶에서도 그렇지만, 정치적 삶에서는 특히 중요하다. 권력은 국가 전체가 나아갈 방향을 정하고, 승자와 패자를 결정하며, 친구는 챙기고 반대자는 무력화한다. 각 진영은 자신에게는 유리하지만 상대에게는 불리한 이야기를 지어낸다. 우리는

독재자를 막을 것인가 만들 것인가

이런 이야기 중 하나에 기울어지고 그 이야기에 일체감을 느낀다. 자신이 무엇을 믿고 지지하는지, 그리고 무엇을 믿지 않고 지지하지 않는지를 알면 마음이 놓인다. 우리는 자기 믿음이 옳다고 느낀다. 우리가 믿는 게 옳은 거라고!

하지만 그런 믿음이 과연 진실일까?

결국 우리가 무엇을 믿게 되는지는 중요하지 않다. 더 중요한 것은 우리는 어떻게 그것을 믿게 되었는가, 무엇 때문에 그 믿음을 유지하고 있는가, 그리고 지금이 그 믿음을 의심해 봐야 할 때인가 질문하면서 우리가 이미 믿고 있는 것을 주기적으로 검토하는 일이다. 이런 방식으로 우리 믿음이 우리를 통제하는 것이 아니라 우리가 우리 믿음을 통제하게 된다.

이렇게 하려면 의식적인 노력이 필요하다. 현재의 사고방식에는 타성이 있다.

> 데릭 블랙Derek Black은 어린 시절에 자기가 성인이 되어 맞이할 미래에 대해 조금도 의심하지 않았다. 블랙은 자기 부모가 해왔던 일을 이어가겠다고 마음먹고 있었다. 그의 부모인 클로이와 돈 블랙은 백인 민족주의 웹사이트 '스톰프론트'Stormfront의 설립자였고, 이들은 미국에서 백인이 아닌 다른 인종을 모두 쓸어버려야 한다는 사상을 전파하는 데 수십 년을 헌신해 왔다.

플로리다주 웨스트 팜 비치에서 자란 블랙은 열 살 때 어린이용 스톰프론트 자매 사이트를 시작했다. 스무 살이 되자 그는 지역 방송국에서 매일 라디오 쇼를 진행했고, 이 방송에 채널을 맞춘 청취자는 그가 쏟아내는 스톰프론트의 인종차별적 철학을 들을 수 있었다.

하지만 2010년에 플로리다 뉴 칼리지New College of Florida에서 독일어와 중세사를 공부하기 시작한 직후부터 블랙이 알았던 삶은 극적으로 바뀌기 시작했다. 첫 학기 동안 그는 자신의 신념을 드러내지 않고 인종적으로 다양한 배경의 학생과 어울리면서 조용히 지냈다. 하지만 결국 그가 백인 민족주의를 대변하는 인물이라는 사실이 드러나면서 즉시 자유주의 성향으로 유명한 캠퍼스에서 거의 모든 사람에게 외면당하고 괴롭힘을 당했다.

그러던 어느 날, 캠퍼스에서 유일한 정통 유대교 신자였던 매슈 스티븐슨Matthew Stevenson이 금요일 밤 자신의 기숙사 방에서 열리는 유대교 안식일 행사 샤바트Shabbat 만찬에 블랙을 초대했다.

이후 블랙은 자신이 인종차별적 견해를 지지하기 위해 항상 사용하곤 했던 각종 자료, 가령 인종 간 지능지수의 격차라든가 이민자 범죄율 같은 자료가 자기가 몸담은 운동의 구성원에 의해 조작되거나 부풀려졌거나 왜곡되었다는 사실을 깨닫기 시작했다.

독재자를 막을 것인가 만들 것인가

블랙은 공개서한을 통해 종전까지 자신이 지지했던 백인 민족주의적 입장을 공식적으로 철회했다. 처음에 블랙의 아버지는 이 서한이 위조되었다고 생각했지만, 서한은 진짜였다. 이후 블랙과 스티븐슨은 이런 이야기를 세상에 알렸다. 여기에는 두 개의 이야기가 있고, 둘 다 중요하다. 스티븐슨의 이야기는 데릭 블랙을 피하라는 여러 동료의 압박을 물리치고 그를 식사 자리에 초대해 이념을 초월한 관계를 맺게 된 이야기다. 반면, 블랙의 이야기는 자신의 신념을 다시 검토하고 더 진실한 시각으로 세상을 바라보면서 그를 바탕으로 새로운 정체성을 만들어 낸 용기 있는 한 개인의 이야기다.[4]

문화는 뿌리가
깊다

자기 시각을 의심하고 재평가하는 일이 왜 그리 어려울까? 어떤 지도자를 따르면서도 남의 의견에 흔들리지 않고 자기만의 사고와 책임감을 유지하기가 왜 그리 어려울까?

사회의 문화는 매우 깊이 뿌리박혀 있어서 억지로 강제할 필요조차 없는 경우가 대부분이다. 문화는 우리 내면에서 살아 숨 쉬면서 작동한다. 만약 그런 문화가 개별성과 다양성과 상호 돌봄을 높이 평가하는 문화라면 이는 행복한 상태다. 하지만 만약 그런 문화가 다른 무엇보다도 순응과 복종을 중시하는 문화라면, 이 또한 깊숙이 스며든다. 문화는 자율적으로 규제되며 외부에서 강제될 필요가 있는 경우는 아주 드물다.

문화는 우리의 개인적 삶과 공동체적 삶, 그리고 미래를 하나로 아우르는 상황이다. 문화를 다르게 생각하거나, 의문을 제기하거나, 반대하거나, 다른 사람의 지지를 얻지 못하는 것은 모두 우리의 즉각적인 이익에 반할 수 있다. 하지만 그런 행동이 우리의 장기적 이익에는 부합하는 것일까?

지도자든 추종자든 모두 학습자. 학습자는 실제 세계에 대한 자신의 인식을 바탕으로 그 세계를 보는 자신의 정신적 모델을 발전시킨다. 이런 학습의 많은 부분은 가족이나 또래 친구를 통해 이루어지며 이들의 문화를 통해 해석된다. 이 문화는 결국 우리의 문화가 되기도 한다. 우리 문화를 이루는 여러 하위 집합은 우리에게 정체성을 부여한다. 국가 전체나 지역 또는 민족이라는 더 넓은 배경에서 우리는 누구일까? 우리는 이런 집단 안에 자신을 단단히 붙들어 맬 필요가 있다. 이는 중요한 소속감을 부여한다.

"우리는 군인 가족이다."
"우리는 노조원 가족이다."
"우리 가족은 기독교를 믿는다."
"우리 가족은 6대째 농부로 살아왔다."

독재자를 막을 것인가 만들 것인가

"우리는 이 나라에 적응해야 할 이민자 가족이다."

각 집단의 정치 성향은 대체로 그 집단이 추구하는 가치에 부합하는 경향이 있다. 이들 집단은 그런 가치를 보호하는 데 헌신하는 것처럼 보이는 후보를 선호한다. 이런 방식은 유용하지만, 어느 정도까지만 그렇다. 우리가 그런 정체성과 정치적 관점에 너무 집착한 나머지 자신이 속한 더 넓은 국가와 일체감을 느끼지 못하는 지경에 이르면, 이는 사회 전체의 문제로 번진다. 우리는 우리에게 깊이 뿌리박힌 문화적 "버튼"을 누름으로써 "분열시켜 지배하려는" 정치 지도자에게 쉽게 휘둘리게 된다.

우리에겐 추가적인 정체성이 필요하다.

> ## "나는 시민이다."
> I am a citizen.

애국심

애국심은 자기 조국을 사랑하고 헌신하는 자질이다. 애국심은 고도의 추상적인 개념으로, 우리가 마음 깊이 형성된 조국에 대한 이미지를 품고 조국에 충성할 것을 요구한다. 이 책에서는 주로 국가와 같은 대규모 정치적 실체의 추종자와 지도자에 주목한다. 우리는 보통 이런 정치 공동체의 지도자를 직접 대면하기 어렵다. 그렇다면, 우리가 가족이나 직장이나 종교 단체 등 일상에서 더 쉽게 대면할 수 있는 지도자에게 보내는 존경과 충성이 어떻게 국가 전체와의 관계로 전환될 수 있을까?

애국심의 뿌리는 **가부장제**다. 소규모 씨족사실상 확대 가족이 생존하려면 가부장제혹은 때로는 모계제에 반드시 충성해야 했다. 사회 조직의 단위가 도시 국가와 도시 국가 연맹을 거쳐 마침내 국가라는 더 복잡한 형태로 발전하자, 기존의 유전자 풀을 넘어 국가라는 인위적 구성체가 충성을 넘겨받아야 했다.

애국심은 일반적으로 상징과 서사를 활용하여 소속감을 형성함으로써 이루어진다. 이는 더 규모가 큰 집단의 안녕을 확보하려는 생존 친화적 접근방식이다. 하지만 역사를 통틀어 보면 알 수 있듯, 여기에는 위험이 수반되기도 한다. 국가의 서사는 국가의 형성과 통합, 확장과 운영 과정에서 드러난 어두운 측면을 씻어내고 감춘다. 상징은 포용과 시민의 권리와 의무를 나타내는 상징이 아니라 거의 종교라고 해도 무방할 가치가 담긴 숭배 대상이 된다.

애국심에는 최소한 두 가지 유형이 있다. 하나는 **맹목적 애국심**으로, 자국의 서사나 정책을 절대 의심하지 않는 태도를 말한다. 다른 하나는 **건설적 애국심**으로, 자기 조국이 국민의 사랑과 지지를 받을 자격을 갖춘 나라가 될 수 있도록 지속해서 노력하는 태도

를 말한다.[5]

　현재 자유민주주의 국가이고 또 앞으로도 그렇게 남아 있기를 바라는 국가의 시민으로서, 우리에게는 자기 신념을 생각하고 형성하며 소통할 자유가 있다. 이런 상황에서 애국심은 선택이다. 능동적인 시민으로서, 우리는 그 선택의 대상인 우리 조국이 우리 헌신에 걸맞은 가치를 지닌 나라가 될 수 있도록 노력한다. 때로는 더 진실하고 포용적인 서사를 만들기 위해 기존의 서사에 이의를 제기해야 할 필요도 있다. 때로는 기존의 상징 이면에 있는 문화나 정책이 명시된 가치를 더 잘 반영할 때까지 기존 상징에 대한 지지를 거두어야 할 필요가 있다고 느낄 수도 있다.

　우리는 우리나라가 범한 잘못에는 눈을 감고 우리나라의 여러 장점을 소중히 여기며 존중하는, 맹목적 애국심에 빠지기 쉽지만, 다음을 반드시 명심해야 한다. **우리의 애국심은 국가를 향한 것이지, 그 지도자를 향한 것이 아니다.**

　정치 지도자는 자신을 추종하는 우리의 지지를 받을 수 있다. 정치 지도자는 우리의 감사와 더 나아가 사랑까지도 받을 수 있지만 오직 국가만이 애국심에 기반한 우리의 충성을 받을 자격이 있다. 최선의 경우라면, 정치 지도자는 국가를 관리할 책무를 위임받은 공복이다. 반면, 예비 독재자는 국가를 지켜낼 수 있는 사람은 오직 자신뿐이라면 우리를 설득하려 든다.

　예비 독재자는 자신이 곧 국가라고 주장하기까지 한다. 이런 주장이야말로 그 지도자가 폭정으로 나아가는 길에 들어섰다는 가장 강력한 경고 신호 중 하나다. 우리가 이러한 주장을 들었을 때, 진정한 애국자라면 온 신경을 곤두세우고 경계해야 할 때다.

"구원자"와 폭력

자칭 구원자는 더 나은 삶을 가져다주겠다는 자신의 주장과는 반대로, 빈부 격차처럼 대중이 직면한 문제를 해결하겠다며 폭력을 끌어들인다. 이들은 복수심에 불타서 칼을 휘두르며 구원자 행세를 한다. 폭력을 선동하는 호소는 자신이 무시당하고 있다고 느끼는 시민에게 당신들이 주체라는 착각을 심어준다. 이런 착각은 매혹적이지만 절대 가볍게 넘어가서는 안 된다.

그렇다면 암묵적이든 명시적이든 이런 폭력 선동은 과연 누구를 위한 것일까? 부추김을 당해 폭력을 저지르는 추종자에게는 거의 혹은 아무 도움도 되지 않지만, 지도자가 이들을 대신해 싸우고 있다고 주장하기에, 역설적으로 이들이 힘을 얻은 듯한 착각을 불러일으킬 수 있다. 이런 추종자가 과연 폭력이 누구를 위한 것인지 스스로 질문하도록 돕는 것은 종교 지도자나 가족이나 문화적 영웅, 즉 이 추종자의 생각에 영향을 미칠 수 있는 모든 사람에게 가장 중요한 과제다.

우리는 추종자로서 스스로 지도자에게 이런 질문을 던질 준비가 되어 있어야 한다.

"당신은 특정 집단에 맞서 행동하라고 촉구하고 있지만, 현실적으로 우리를 위해 무엇을 하겠다는 겁니까?"

우리는 가장 최근 진행된 여론 조사를 바탕으로 요약된 주요 항목에 대한 답변이 아니라 우리가 이들의 진지함과 성공 가능성을 판단할 수 있을 만큼 충분히 구체적인 답변을 요구해야 한다.

세상을 실제보다 더 어둡게 그리고 미래를 더 종말론적으로 묘사하는 지도자에게는 숨겨진 의도가 있다. 그 의도는 이런 운명에서 세상을 구원할 사람으로 자신을 자리매김하려는 것이다. 독재자가 제시하는 암울한 전망에는 언제나 한 줌의 진실이 담겨 있고, 바로 그런 요소가 우리를 현혹한다. 우리가 할 일은 이런 암울한 독재자의 전망을 균형 잡힌 시각에서 판단하고 더 큰 그림을 더욱 명확히 평가하는 것이다. 그런 전망에는 어두운 면보다 밝은 면이 더 많이 담겨 있는가? 아니면 우리를 공포에 떨게 만들어 자칭 구원자의 품에 안기도록 설계된 것인가?

역사적으로 딱 필요한 시기에 딱 필요한 지도자가 등장할 수 있다. 민주주의에서, 공직에 출마한 후보자는 유권자에게 자신이 다른 경쟁자보다 현재의 난관을 극복하는 데 더 적임자라는 사실을 설득해야 하기에 그 과정에서 자기를 홍보하는 일이 필요해진다. 하지만 이들의 주안점은 자신의 우월함이 아니라 현재 상황에서 무엇이 필요한지에 맞춰져 있다.

잠재적 폭군이 자신을 유일무이한 구원자로 내세운다면, 이에 가장 적절한 반응은 깊이 경계하는 것이다. 그런 지도자가 필요한 지도자일 가능성은 작고 오히려 그 반대일 수 있다.

5장

대중 계층

군중과 개인

"처음부터 모든 게 똑같았다.
유일하게 다른 점이라면 지금은 관객이 더 많아졌다."

— 엘비스 프레슬리 Elvis Presley

포퓰리스트

민주주의 국가에서 포퓰리스트가 부상하는 현상은 체제의 결함이 아니라 일종의 자기 교정 메커니즘이다.

옥스퍼드 랭귀지스Oxford Languages의 구글 영어 사전은 **포퓰리스트** populist를 다음과 같이 정의한다.

특히 정치인으로서, 기성 엘리트 집단에 의해 자기 관심사가 무시된다고 느끼는 일반 대중에 호소하려는 사람.
"포퓰리스트인 그는 부패 척결이라는 공약을 앞세워 출마했다."

경제 엘리트와 정치 엘리트의 이익은 흔히 보통 사람의 이익과 충돌한다. 민주주의 국가에서 일반 대중의 손에 쥐어진 투표권이, 선거에 영향을 미쳐 그에 따른 정책을 좌우하려는 경제 엘리트의 권력과 긴장 관계를 형성하는 것은 거의 불가피한 일이다. 이런 세력이 너무 심하게 대립한다고 인식될 때, 포퓰리스트 정치 지도자가 추종자의 충족되지 않은 요구를 대변하면서 이들의 옹호자로 등장하게 된다.

이것이 자기 교정 메커니즘이라면, 두려워할 필요가 없다. 아니, 두려워해야 할까?

우리가 추종자의 힘에 우려를 품고 있으니, 다음 상황을 살펴보

자. 만약 포퓰리스트가 단지 민주적 과정과 그런 과정에서 만들어지는 경제 정책에서 일반 대중의 요구가 더 잘 대표되도록 이들의 편에 서서 옹호하기만 한다면야 우리는 두 다리 쭉 펴고 편히 잘 수 있을 것이다. 하지만 상황은 종종 그렇게 흘러가지 않는다.

어떤 사람이나 문화든 간에 **어두운 면**이나 **그림자**라고 불릴 만한 측면이 있다. 이런 측면의 심리적 이유나 영적인 이유를 깊이 파고들 필요는 없겠지만, 이런 현상이 만연해 있음을 파악하고 인정해야 한다. 이런 어두운 면은 그 역사에 따라 문화마다 다르게 나타난다. 이는 거의 항상이라 해도 좋을 만큼 지배 집단보다 열등하다거나 지배 집단의 가치와 우월성에 위협이 된다고 여겨지는 소수 민족을 박해하는 형태를 띤다. 이런 소수 민족은 통치 체제가 제대로 해결하지 못한 실제 문제를 덮는 희생양이 된다. 그리고 바로 여기에 위험이 존재한다.

독재 성향을 지닌 포퓰리스트는 사회 내 불균형을 유발한 실제 원인이나 복잡한 원인을 다루는 대신, 엘리트나 "외부자"를 향한 대중의 정념을 자극하는 쉬운 길을 택하며 자신의 극악한 전략에 의문을 제기하는 목소리를 표적으로 삼는다. 이들은 능숙한 조작을 통해 자신을 따르는 추종자가 지나치게 단순화된 이런 주장을 자기 불만의 실제 원인으로 생각하게 만들고 자신만이 기꺼이 기존의 규범을 깨뜨려 사태를 바로 잡을 수 있는 영웅이라고 생각하도록 못을 박는다.

당신이 이런 포퓰리스트 지도자의 잠재적 추종자라면, 이들이 따를 만한 "좋은 사람"인지 아니면 위험한 독재 권력자인지 어떻게 판단할 것인가? 이들 포퓰리스트의 두 유형 모두 군중을 열광시키고, 군중이 자신을 믿게 만들며, 합리적 사고를 중단하거나 약화해서 체제의 문제를 바로잡을 영웅에 대한 희망을 품도록 만드는 데 능숙하다. 우리는 어떻게 밝고 사회에 긍정적인 비전과 어둡고 위험한 비전을 구분할 수 있을까?

민주주의가 그리 쉬우리라 생각했는가.

대규모 집회에
휩쓸리면

대중은 어떤 환경에서 포퓰리스트 세계관에 가장 쉽게 현혹될까?

모든 종류의 통신 기술을 통해 우리는 정치 지도자와 같은 "무리"에 속하게 되지만, 아마도 우리를 이들과 가장 강력하게 결속하는 방법은 정치 집회일 것이다. 오늘날처럼 비대면 통신이 지배하는 시대에, 수만 명이나 되는 사람이 자기가 선호하는 정치 후보자의 대중 연설을 듣겠다고 몇 시간 동안 줄을 서는 광경은 매우 주목할 만한 일이다.

여기서 무슨 일이 일어나고 있는가?

스포츠 팬이라면 잘 알겠지만, 수만 명에 이르는 사람 틈에서 그 집단의 일원으로 동시에 같은 구호를 외치는 경험은 매혹적인 일이다. 이런 경험을 통해 우리는 본능적인 소속감을 느끼고 아드레날린이 분출되며 고양감을 느낀다.

정치 생활에서 집회는 카리스마 있는 지도자와 이들이 체현하는 운동과 아주 가까운 일체감을 만들어 낸다. 이런 집회는 우리에게 영감을 주는 가장 강력한 정치 지도자와 우리가 물리적으로 가장 가까워지는 순간일 수도 있다.

수천 명의 지지자와 함께 지도자를 연호하는 일은 짜릿하지만, 정치적 추종자라면 이런 역학 관계가 합리적 판단을 흐리게 한다는 점에 주의해야 한다. 우리는 지도자의 주문에 본능적으로 반응하는 집단의 반응에 끌려 들어간다. 그 결과, 우리는 언제든 행동할 준비를 마친 고취된 상태에 놓일 수 있다. 하지만 시민이 합리적 판단력을 내려놓으면 되는 걸까? 생사여탈권을 가진 통치자를 이렇게 선택하는 게 과연 옳은 방식일까?

이렇게 말하면 혼란이 있을지도 모르겠다. 독재하겠다는 야망이 없는 포퓰리스트 정치인 역시 행동하라는 자신의 요구에 군중이 참여하도록 독려하기 위해 비슷한 기술을 사용하니 말이다. 이들은 우리가 사회 개선을 위한 대규모 운동에 우리의 힘과 강력한 헌신을 쏟아붓거나 아니면 자신을 권좌에 올려주기를 바란다. 우리에게는 비슷한 도구 상자를 사용하면서도 유형은 서로 다른 지도자를 구분할 방법이 필요하다.

내가 어렸을 때, 아버지는 야간 경기가 열리는 날이면 우리 홈팀 야구장에 나를 데려가시곤 했다. 밝은 조명이 초록색 외야를 마법 같은 분위기 속에서 나는 한 점 한 점 점수를 올리는 광경을 지켜봤다.

어느 날 밤, 7회가 끝나고 짧은 휴식 시간이 되자 반짝이 장식이 달린 몸에 딱 맞는 드레스를 입은 매릴린 먼로Marilyn Monroe가 엘도라도 컨버터블 캐딜락의 보닛 위에 올라타고 경기장을 한 바퀴 돌았다. 나는 그 모습에 완전히 넋을 잃었다.

또 다른 밤, 아버지는 나를 야외의 낯선 장소로 데려가셨다. 그곳은 내가 알지 못하는 큰 동네 교회 앞에 있는 넓은 주차장이었다. 계단 꼭대기에는 연단이 마련되어 있었고 야구장처럼 아주 밝은 조명이 연단을 비추고 있었다.

아버지는 평소에 정치 이야기를 거의 하지 않으셨지만, 수천 명이 빼곡히 들어찬 이 행사로 아버지를 이끈 뭔가 특별한 이유가 있었다.

연설자가 연단 위로 뛰어 올라갔다. 어른보다 키가 훨씬 작았던 탓에 잘 보이지 않았다. 아버지께서 나를 안아 올리셨다.

연단에는 적갈색 머리카락과 밝은 조명에 하얗게 빛나는 치아로 활짝 웃고 있는 잘생긴 남자가 서 있었다. 그 남자가 무슨 말을 했는지는 기억나지 않지만, 매릴린 먼로를 본 순간에 견줄 수 있을 만큼 매혹적이었던 그 순간을 나는 결코 잊지 못할 것이다.

몇 달 후, 밝게 빛나던 연설자 존 피츠제럴드 케네디^{John F.} Kennedy는 미국의 제35대 대통령으로 선출되었다.

카리스마 있는 개혁가와
예비 독재자를 구분하기

재능 있는 정치인은 종종 재능이 있는 웅변가이기도 하다. 만약 카리스마 있는 개혁가와 예비 독재자가 서로 비슷한 소통 전략을 사용한다면, 추종자인 우리는 이런 개인 이면에 감춰진 성격을 구분해 낼 수 있을까?

우리는 단순히 주고받는 구호의 수사修辭와 그 힘에 머무는 것이 아니라 그런 구호에 담긴 사회적 가치를 평가해야 한다. 예컨대, 군중이 "네 고향으로 돌아가!"라는 구호를 외치게 만드는 것과 "우리는 하나!"라는 하나의 목소리를 만들어 내는 것은 극명하게 다르다.

일단 구호가 시작되면, 그 구호는 독자적 생명력을 가질 수 있다. 만약 군중과 함께 따라 외쳤던 구호를 영상에서 본다면 어느 순간 그 말에 담긴 혐오스러움을 깨닫고 경악할지도 모른다.

구호의 내용을 주의 깊게 살피고, 자신을 그런 구호가 전달하는 메시

지와 연관시키고 싶은지 의식적으로 선택하라.

구호의 내용이 사회적인가 아니면 반사회적인가? 그 구호가 우리가 지닌 최고의 가치와 제도를 지지하는가 아니면 약화하는가?

정치적 적대자라면 어떤 정책이 국익에 부합하는지를 두고 정반대의 견해를 가질 수 있다. 정치가 존재하는 이유는 바로 이런 긴장을 조율하는 데 있다. 하지만 정치는 핵심 가치가 무엇인지를 놓고 서로가 같은 생각을 지니고 있을 때만 작동한다. 개혁가는 우리가 공유하고 있는 가치를 바탕으로 삼는다. 예비 독재자는 그런 가치를 와해시킨다. 이들은 선동적인 언변으로 광란의 분위기를 조성하고, 이를 디딤돌 삼아 운명에 대한 자신의 의식을 부풀린다.

새롭게 부상하는 독재자는 대중이 자신의 존재에 반응하도록 세뇌되어야 한다는 사실을 잘 안다. 나치식 경례든, "적에게 죽음을!"이라는 구호를 통해서든, 대중은 신체와 감정과 심리라는 측면에서 훈련되어 독재자와 공명하며 이들을 한 점의 의심도 없이 신뢰하게 된다. 그 궁극적인 목적은 복종이다.

구호나 경례나 은어를 요구함으로써 암묵적으로든 명시적으로든 충성 시험을 강요받을 때, 우리는 시민으로서 경계해야 한다.

구호나 환호를 멈춰야 할 때가 있다.
팔짱을 끼고 특정 메시지와 그런 메시지를 전달하는 지도자에게 반감을 표시해야 할 때가 있다.

이렇게 행동할 수 있는 시점은 예비 독재자가 권력을 얻어 단순히 이렇게 견해를 밝히는 것조차 개인적으로 위험해지기 전이다.

메시아를 지어 내지
말지니

스포츠 경기에서 환호와 열광은 정해진 시간 동안만 벌어지는 행사다. 경기가 끝나면 선수와 팬과 심판은 모두 집으로 돌아가 각자의 일상을 살아간다.

하지만 정치 집회에서, 고위직에 출마한 후보자는 집으로 돌아가기를 바라지 않는다. 이 후보자는 우리가 자신을 통치자의 거처로 올려보내 가능한 한 그곳에 오래 머물게 해 주기를 원한다. 공직과 그 공직이 지닌 권력을 좇는 사람이 성공하면, 이들은 앞으로 수년 동안 우리 삶의 일부가 된다. 정치 집회가 끝났다고 스위치를 눌러 "게임"을 끄듯 그렇게 끝내지 못한다. 법률, 규칙, 규제, 행정 조치, 세금, 비상사태 선언, 무역이나 외교 정책상의 조치가 끊임없이 이어진다.

스포츠 경기에서 군중의 열광은 선수에게 힘을 불어넣는다. 홈 팀의 이점은 잘 알려져 있으며 중요하게 여겨진다. 정치 세계에서는 그 결과가 더 오래 이어진다. 군중이 열광하면 지도자는 국민을 이끄는 일이 마치 자신의 소명이라도 된 듯이 느낄 수 있다. 이런 운명을 스스로 확신하는 일은 본질적으로 아무 문제가 되지 않는다. 그러나 지도자가 자신만이 국민을 구할 운명을 타고났다는 믿음에 또 다른 요소를 더할 때는 문제가 된다.

이들의 추종자 또한 이런 주장을 믿게 될 수 있다. 우리가 취약하고 자기 운명을 통제할 힘이 모자란 부족한 세상에서, 우리 편을 들어줄 영웅이나 심지어 구원자를 갈망하는 일은 이해할 만하다. 이런 일이 발생하면, 지도자에게 환호하는 추종자는 그저 그 지도자의 승리를 돕는 데 그치지 않는다. 이들은 이미 지도자에게 발판이 마련되어 있는 **메시아 콤플렉스**messiah complex. 자신이 다른 사람을 구원하거나 특별한 사명을 수행해야 한다는 강한 믿음을 가지는 심리적 상태—옮긴이를 강화한다.

메시아는 **기름 부음을 받은 자**the anointed라는 뜻의 히브리어에서 유래한 말이다. 추종자는 지도자에게 기름을 부어 이들을 추대하고 있다. 메시아는 세상을 다스리기 위해 보내졌고 잘못을 저지를 수 없는 존재이기에 이런 행동은 위험하다. 정치적 메시아의 마음 속에서는, 자신이 하는 일은 무엇이든 옳고 얼마나 많은 이가 고통을 받든 상관하지 않는다. 역사는 이른바 정치적 좌파와 우파, 세속주의와 신정 통치의 양극단에 걸쳐 자신을 메시아로 여겼던 인물로 가득하다. 자신만이 국가의 절대적인 구원자라 여기고 압제적 통치자로 변모했던 유명 인사로는 나폴레옹 보나파르트, 베니토 무솔리니, 아돌프 히틀러, 피델 카스트로, 그리고 아야톨라 루홀라 호메이니를 들 수 있다.

정치 지도자가 스스로 메시아라고 여기도록 방치하면, 이들은 자기 잘못을 바로잡을 어떤 피드백도 받아들이지 않을 것이다. 무엇보다 이들은 메시아이고 선택받은 사람이니까 말이다. 우리가 어떻게 이들을 의심할 수 있을까? 이들의 결점이 무엇이든 성향이 어떻든 독재 충동이 어떻든, 이 모두가 더욱 심화할 것이다. 이런 위험천만한 경향은 우리 눈앞에서 벌어지는 정치 집회에서 강화될 수 있다. 지도자는 증오의 수사를 주고받는 구호의 형식 속에 슬그머니 끼워 넣을 수 있다. 군중은 더 이상 특정 발언이 어떤 의미인지 신경 쓰지 않는다. 이들은 거대한 짐승이 세상을 향해 포효하듯 증오의 수사를 반복한다. 이들은 지도자가 걸고 있는 주문에 홀려 버렸다.

더 큰 문제는 지도자 역시 추종자에게 홀리고 지지를 받았다는 점이다. 이들 지도자는 자신이 사랑받고 있음을 잘 안다! 이들은 분열의 씨앗을 뿌리면서도 자신이 옳은 일을 하고 있다는 더욱더 확신하게 된다.

물론 특정한 정책 아이디어에 대해 열정적으로 목소리를 높이는 것이 적절하고 바람직한 순간이 분명히 있긴 하다. 지지의 함성을 질러도 좋다. 이는 포퓰리스트 지도자가 말하고 주장하고 약속하는 모든 것에 무턱대고 환호하고 또 환호하는 것과는 다르다. 설령 그 후보를 좋아하더라도 군중이 무작정 내지르는 구호에 휩쓸리지 말라. 책임감 있는 추종의 모범을 보여라. 팔짱을 끼고 서 있어라. 다른 사람에게도 그렇게 할 용기를 북돋워 주라.

추종자가 지도자를 만든다. 메시아를 지어내지 말고 지도자를 만들어라.

군중과 그 해독제

많은 학자가 군중이 개인의 행동을 집단 최면 상태로 변모시키는, 신비롭다 해도 좋을 효과를 연구한다. 이런 집단 최면 상태는 고양된 상태를 가져올 수도 있지만, 동시에 집단을 폭력적으로 만들 수도 있다.

엘리아스 카네티Elias Canetti는 군중을 주제로 다룬 자신의 고전적 연구에서, 사람이 군중 속에 있으면 자신의 개별성을 잃고 강력하고 맹목적인 큰 사건의 일부가 되길 갈망하는 변화가 일어난다고 언급했다. 이렇게 변화된 상태에서는 합리적이고 윤리적인 사고와 타인에 대한 연민이 크게 줄어든다.[1]

우리가 대규모 집회에서 권위주의적 분노의 표적이 되는 집단—대개 소수 집단의 구성원—에 어느 정도 동정심을 느끼는데 주변 사람은 그렇지 않다면, 이는 우리가 한창 성장하고 있는 독재적 문화의 주변부에 있다는 신호다. 이는 블랙홀의 가장자리에 있는 것과 마찬가지다. 사건의 지평선을 넘으면 돌아오지 못한다. 타인에 대한 동정심이라는 인간적 자질을 유지할 것인지 아니면 예비 폭군의 강력히 요구에 순응해 그런 동정심을 억누를 것인지, 둘 중

하나를 선택해야 할 순간이다.

바람직한 추종에는 아이디어를 검토하고 그 아이디어를 자기 경험의 상황에 비춰 살펴본 다음 받아들이거나 거부하는, 그런 능력과 의지가 필요하다. 이런 능력은 개인적인 검토가 더 이상 이루어지지 않는 군중 속에서 형성되는 상태와 상반된다. 우리는 팬의 함성이 아니라 자기 연기에 집중하는 세계적 수준의 피겨 스케이팅 선수처럼, 군중 속에 그 일원으로 있으면서 개인적인 사고를 실천할 수 있을까? 우리는 전문 운동선수처럼 오랜 세월 훈련을 받지 않았다. 이를 바로잡는 방법으로 연설 중간의 휴식 시간이나 행사가 끝난 후에 함께 대화를 나눌 작은 집단을 만들어 균형을 되찾는 방법이 있을 수 있다. 다만 그런 소모임은 같은 의견만 증폭되고 강화되는 반향실echo chamber이어서는 안 된다. 이제 무엇이 필요할까?

소모임과 대화

대규모 집회에서는 메시지에 핵심을 담아 압축적으로 전달해야 한다. 이런 집회는 소모임에서나 가능한 세심한 대화가 이루어질 만한 때도 아니고 그럴만한 곳도 아니다. 이런 소모임의 대화는 집단적 행사 전후에 이루어질 수 있다.

대규모 정치 집회는 추종자의 지지세를 과시하는 데 필수적이며, 연설에서 행동으로 넘어가는 경계에 걸쳐 있다. 잘만 활용하면, 이런 집회는 독재적 행동으로 진행되는 과정을 견제하거나 잠재적 독재자에 맞서 건설적인 대안으로 나서는 지도자의 가치를 널리 알리는 데 도움이 된다.

세계가 통신 기술을 점점 더 많이 활용하게 되면서, 이런 통신 기술을 사용해 실제 군중의 메시지를 발신하고 조정하고 보호하고 증폭하는 경향이 나타나고 있다. 이런 기술은 또한 수천 개의 소모임을 만들어 사건에 관한 대화를 강화하는 데 활용되기도 한다. 이런 소모임은 긍정적인 지도자를 더 널리 알리는 한편, 위임받은 권력을 남용하려는 자의 부상을 저지하는 일이 필요하다는, 우리의 이해와 헌신을 더욱 심화할 수 있다.

1960년대는 대학 캠퍼스에서 대규모 항의 운동이 일어났던 시기였다. 이런 운동은 집회나 행진, 연좌 농성이나 보이콧 등 다양한 형태로 진행되었다. 자주 언급되지 않는 형태가 하나 있는데, "학습 집회"가 바로 그것이다. 정규 수업이 중단되자, 시위대는 자체적으로 소모임을 만들고 여기에서 여러 사안에 대한 상세한 분석과 충분한 대화가 이루어지면서 참여자가 사안을 더 깊이 이해하게 되는 기회를 제공했다.

정치적 권력을 얻으려고 경쟁하거나 그렇게 얻은 권력을 공고히 하려는 독재자가 몇 시간에 걸쳐 쏟아내는 연설과 장황하게 늘어놓는 말들을, 학습 집회와 같은 이런 대안이 어떻게 맞받아치는 지 쉽게 알 수 있을 것이다. 호기심 가득한 사람, 의문을 품은 사람, 그리고 공감하는 사람 모두가 왜 앞으로 나아가야 하며 어떤 전략 으로 그렇게 할 것인지를 결정하는 데 참여하게 된다. 카리스마 넘 치는 선동가가 여론 조사를 기반으로 여론을 조작하려 들지만, 이 런 시도는 분산된 정보와 다양한 관점과 분권화된 집단의 힘이라 는 적수와 마주치게 된다. 이렇게 소규모 소통 집단을 활용하면 정 치적 추종자의 대규모 외곽 계층이 계속해서 민첩하게 사고하고 자신을 조작하고 통제하려는 시도를 견뎌낼 준비를 갖추게 할 수 있다. 이것이 예비 독재자의 술책에서 추종자를 방어하는 첫 번째 단계이다.

소모임이라고
다 괜찮은 건 아니다

대규모 군중은 그 물리적 특성상 대화에 적합하지 않으며, 따라서 느끼고 듣고 경험하는 것을 합리 적으로 돌이켜보는 일에도 적합하지 않다. 하지만 소모임도 진정 한 대화가 아니라 세뇌의 도구로 사용되면 마찬가지일 수 있다.

대화는 예비 독재자의 세뇌에 맞서는 해독제로서, 소모임 참여자 는 서로 이야기를 경청하고 다른 사람의 경험에 대해 논쟁하거나 바

독재자를 막을 것인가 만들 것인가

꾸려 들지 않고 그런 경험을 이해하는 데 관심을 가져야 한다.

대화는 다음과 같은 폭넓은 질문으로 시작할 수 있다.

"무슨 이야기를 들었는가?" "그 이야기가 당신에게 어떤 반응을 불러 일으켰는가?"

"이야기 들은 내용은 자기 경험이나 관점과 어떻게 비교되는가?"

적어도 이런 질문을 받으면 사고 능력을 다시 "작동 상태"로 되돌려 허울뿐인 말과 현실을 구분하게 만든다. 우리가 영화관에 갔다면 친구와 저녁 식사를 들면서 함께 본 영화가 어디가 좋았고 어느 부분이 잘 이해되지 않았고 어느 부분이 불편했는지 이야기할 것이다. 정치 집회가 끝나고 이렇게 해보는 건 적어도 서로의 경험을 이해하는 데 유용하리라는 점은 분명하다.

이런 활동이 그 가치를 제대로 발휘하도록 하려면 분명한 과제는 더 큰 집단의 정보 거품information bubble. 자신과 비슷한 의견이나 관심사를 가진 사람과만 소통하고, 자신에게 유리한 정보만을 받아들이는 현상—옮긴이을 반복하지 않는 것이다. 하지만 말처럼 쉽지는 않다. 우리는 흔히 비슷한 생각의 사람과 어울린다. 하지만 소모임이 허용하는 안전하고 사려 깊은 환경에서는 심지어 같은 편 사이에서도 상당한 차이를 발견할 수 있을 것이다.

우리는 더 대담해질 수도 있다. 모든 정치 체제에서 스펙트럼의 양극단에 있는 사람에게는 이름이 붙는다. 그런 이름은 때로는 공식적이고노동당 대 보수당, 때로는 지리적이며북부 대 남부, 때로는 색깔빨강 대 파랑 또는 초록처럼 단순한 것일 때도 있다. 상상력과 기술을 활용해서 이념적 경계 너머까지 초대장을 띄워보라. 누군가는 그 대화를 시작해야 하며, 누군가는 그 목적과 서로 경청하기 위한 기본 규칙을 설명해야 한다. 그 "누군가"가 당신이 아니어야 할 이유가 있을까?

나는 집단 구성원 사이에서 경청하는 습관을 강화하려고 "토킹 스틱"talking stick. 북민 선주민, 특히 이로쿼이 부족이 회의나 토론에 사용했던 도구로, '발언 막대'나 '소통 막대'라고 번역되기도 한다.—옮긴이을 사용하는 몇몇 집단을 만난 적이 있다. 여기에서는 이런 토킹 스틱이 어떻게 쓰이는지를 종합해서 설명하려 한다.

재닛 스피크스-위드-라이언스Janette Speaks-With-Lions는 전통 부족 가정에서 성장했다. 이들 가족은 어려움을 겪었고, 아마 다른 가족보다 더 큰 어려움이었을 것이다.

이 가족이 잘했던 것이 하나 있는데 바로 원형 모임circle meetings이었다. 재닛은 짙은 남색 깃털로 장식한 토킹 스틱이 원을 돌며 한 사람 한 사람에게 전달되는 광경을 좋아했다. 토킹 스틱을 가진 사람이 말했고, 다른 사람은 그 말에 귀를 기울였다.

재닛은 이런 원형 모임에서 많은 것을 배웠다. 심지어 조용한 사람에게도 흥미로운 이야깃거리가 있었다. 원로는 존중받았고 젊은이의 말은 귀 기울여 들었다.

그녀는 이런 소통 방식이 자기 공동체 밖에서 이루어지는

독재자를 막을 것인가 만들 것인가

디지털 소통과 얼마나 다른지를 알고는 충격을 받았다. 사실 그런 디지털 소통은 대화도 아니었다. 신들의 공동체 밖에서 이루어지는 가상 소통이 얼마나 다른지에 충격을 받았다. 솔직히 말해, 그것들은 대화가 아니었다. 그것은 고함이 난무하는 싸움이었고, 마치 요란하게 꾸민 오토바이가 번화가에 진흙을 튀겨 놓듯 모두에게 수치심을 뿌려대고 있었다.

재닛은 그 디지털 사이트에서 배울 게 없다고 생각하고, 그곳을 떠나 다른 곳에서 자신만의 모임을 시작했다. 재닛이 가장 먼저 한 일은 남색 깃털로 장식된 토킹 스틱 밈을 제작해서 다른 사람이 쓸 수 있도록 나눠 준 것이었다.

동료의 역할

추종이 이루어지는 모든 수준에서 우리는 반드시 우리가 어떻게 자기 신념을 형성하는지 인식해야 한다. 우리 중 많은 사람이 소셜 미디어의 글들을 읽을 때 정신을 바짝 차리고 어떤 게시물이 정확할 가능성이 높고 어떤 게시물이 의심스러운지 판단하는 것이 중요하다는 것을 배웠다.

하지만 우리가 주의해야 할 또 다른 정보의 출처가 있다. 바로 우리의 동료다.

구성주의 학습 이론constructivist theory of learning. 학습자가 능동적으로 자기 경험과 사회적 상호작용을 통해 지식을 구성한다고 보는 학습 이론으로, 지식이 외부에서 주어지는 것이 아니라 학습자의 주관적 해석과 맥락에 의해 형성된다고 주장한다.—옮긴이은 어린 시절부터 우리 학습의 대부분이 동료를 통해 이루어진다고 주장한다. 인간 상호작용의 모든 문제와 마찬가지로, 여기에는 잠재적인 장단점이 있다.

우리가 동료에게서 무언가를 배울 때, 우리는 보통 그들을 친구나 역할 모델로 여기면서 우리가 잘 모르는 분야에 대해서 많이 알고 경험도 많다고 생각한다. 우리가 이들을 신뢰하는 것은 자연스러운 편향이며, 그렇지 않다고 증명될 때까지는 이들을 믿으려 한다. 만약 우리 동료가 어떤 개인이나 집단은 신뢰할 수 없다고 믿으면, 우리는 그 친구의 믿음을 충분히 살펴보거나 다른 관점과 비교해 시험해 보지도 않은 채, 그런 믿음을 우리 세계관에 쉽게 통합한다.

정치적 영역에서는 동료 중 한 명 이상이 권위주의의 초기 징후를 보이는 정치적 지도자를 강력히 지지하는 목소리를 낼 수 있다. 이 동료의 열정적인 믿음은 그럴 만도 하겠다고 이해할 수 있지만, 때로는 약간 수치심을 안기거나 괴롭힘을 담고 있을 수도 있다. 이들은 이미 서로 아는 몇몇 다른 친구에게 이미 자신과 같은 관점을 갖도록 영향을 미쳤을 수도 있다. 사회적으로 가장 쉬운 행동 방식은 동료의 생각에 보조를 맞추는 것이다. 하지만 이는 빠르게 공모자가 되는 길이다.

우리 모두에게는 의견이 강한 친구나 동료가 한두 명쯤 있기 마련이다. 이들은 종종 똑똑하기까지 하다. 의견이 강한 우리 동료에게 자신의 견해가 양호한 데이터와 추론에 바탕을 둔 것인지 아니면 그저 과도한 확신에 바탕을 둔 단정, 즉 속칭 "허풍"이라고 정확히 표현되는 것에 지나지 않는 건 아닌지 질문해 보는 것도 도움이 될 것이다. 우리가 어떤 판단도 내리지 않고 순수한 관심으로 이렇게 질문할 수 있다면, 그 동료에게 자기 입장을 다시 검토해 볼 여지를 마련해 줄 수도 있다. 어떤 경우든, 우리는 질문을 통해 무분별한 사회적 전염을 저지하고 있으며, 이는 결코 사소한 일이 아니다.

20세기 들어 우리는, 1994년 르완다에서 후투족과 투치족이 정글도와 곤봉으로 서로를 수십만 명이나 살해한 사건처럼, 파괴적인 사회적 전염의 사례를 여럿 목격했다. 20세기 전반에 유럽에서 유대인의 대량 학살을 목격했고, 20세기 후반에는 중국에서 수백만 명의 청년이 노인과 부유한 동료 시민을 질타하고 구타하고 매장했던 마오 주석의 문화 대혁명을 목격했다.

이런 역사적 사례를 보고 경악을 내비치기는 쉽지만, 중요한 건 바이러스나 박테리아가 초래한 팬데믹처럼 사회적 전염이 세계 곳곳에서 계속 일어나고 있다는 사실을 인식하는 것이다. 여러분과 나는 이런 전염의 잠재적 매개체다. 그렇기에 이런 전염의 가능성으로부터 자신을 예방해야 할 책임이 우리에게 뒤따른다. 전염을 확산시키기보다는 자기 인식과 사회적 용기를 발휘한다면 우리는 방화선이 될 수 있고 동료에게 긍정적인 영향력을 행사할 수 있다.

선동적인 언어에 동조할 것인지 아니면 그런 언어를 비판하고 원칙을 지키며 싸울 것인지를 선택해야 하는 순간이 있다. 우리는 지도자를 반박하지 않고서 오히려 그렇게 할 수 있는 시기라면 더욱 건설적인 행동을 요구함으로써 이를 이뤄낼 수 있다. 만약 지도자가 우리와 함께 그 기회를 활용하려 들지 않는다면, 우리는 대안을 신중히 고려해야 한다. 이것이 바로 윤리적 추종의 본질이다.

나는 미국 해군사관학교에서 열린 〈추종자, 지도자로 이어진 길〉이라는 주제의 학술회의에 참석했다. 나는 〈추종과 윤리〉 분과의 토론자로 참석했다.

그날 저녁, 전 미국 부통령이 농구 경기장에서 기조연설을 하고 있었다. 경기장은 만원이었다. 부통령이라는 자리는 본질적으로 추종자의 역할이다. 나는 연사로 나선 부통령이 회의 주제에 대해 언급할 것이라고 기대하고 있었다. 하지만 그는 회의 주제에 대해서 아무 언급도 하지 않았다. 대신에, 그는 자신이 핵심 설계자였던 외교 정책, 그것도 지금에 와서는 재앙이었다고 널리 인정되고 있는 외교 정책을 정당화하는 데 연설 전체를 할애했다.

연설이 끝나자, 경기장 전체가 일어서서 그에게 열렬히 박수를 보냈다. 나는 그 박수가 그저 예의상의 것 이상이었다는 사실에 충격을 받았다. 나는 자리에서 일어서지도, 박수를 치지도 않았다. 프로그램에서 발표자로 참여했던 내 옆자리 사람도 마찬가지였다. 군중의 함성에 저항했던 동료의 암묵적 지지가 없었다면 내가 자리에 가만히 앉아 있을 수 있었을지 확신할 수 없다. 아마 내가 자리에서 일어섰다면 그 또한 자리에 가만히 앉아 있지 못했을 것이다.

옳은 일을 하는
군중

나는 최근에 1969년에 열렸던 유명한 우드스톡 음악 축제Woodstock Music Festival를 찍은 사진 한 장을 보았다. 이 축제에는 약 40만 명의 관객이 모여들었다. 수많은 젊은이가 한눈에 다 들어오지 않을 정도로 언덕에 빼곡히 모여 앉아 있는 사진이었다. 사진에 딸린 설명은 참가자가 스스로 나서 지원 서비스라고는 거의 없는 상태에서 3일간의 캠프 생활에 필요한 물품을 조달하며 서로 도왔기 때문에 경찰이 군중을 통제할 일이 거의 없었다는 사실을 경이롭게 묘사하고 있었다.

이 사진은 종교 행사나 정당성이 의문스러운 정부를 지지하거나 바꾸기 위해 때때로 모습을 드러내는 어마어마한 군중을 상징적으로 보여주었다. 오늘날에도 긍정적인 사례는 많다.

우드스톡 이후 20년이 지난 1989년, 발트 3국의 인간 띠 시위 Baltic Chain가 바로 그런 사건이었다. 200만 명의 사람이 소련으로 부터의 독립을 지지하며 에스토니아, 라트비아, 리투아니아의 수도를 관통해 600킬로미터에 걸쳐 서로 손을 맞잡고 인간 띠를 만들었던 사건이었다. 7개월 후, 리투아니아는 소련의 공화국 중에서 최초로 독립을 선언했다.

인간은 서로 연결되어 있기에 서로 배려해야 한다는 생각을 계속 가지고 있는 동안에는, 군중은 아무 문제가 되지 않는다. 군중을 이루는 개인은 어느 정도는 자신의 정체성을 뛰어넘어 군중의 정체성을 받아들인다. 하지만 자신의 인간성과 이런 인간성을 자기 말과 행동에서 유지할 책임을 포기하지 않는다.

조직하라

군중은 인지된 분노에 대응해서 자발적으로 형성될 수 있다. 또한 잘 조직된 정책 찬반 시위나 정치 집회나 상징적 집회의 경우에는 계획에 따라 형성되기도 한다. 하지만 역설적으로 군중의 진정한 힘은 군중 자체가 의미 있는 행동 집단으로 조직되어 강력한 통신 네트워크로 연결될 때 나타난다.

사람을 대규모로 잘 조직하면 이들을 동원해 다가오는 중이거나 이미 확립된 억압에 저항할 수 있으며, 이들은 새로 부상하거나 이미 자리를 잡은 정치적 독재자 주위에 포진된 각종 권력 집행 수단에 대해 균형추 구실을 한다. 조직하는 행위 자체가 지도와 추종을 연습하는 일이다. 일반 대중 전체 수준에서 조직화가 이루어지면, 이는 정치 공동체에 억압적 정권에 맞서는 대안적 체제를 제공한다.

전 독재자 오마르 알바시르Omar al-Bashir가 수단에서 벌인 전제적 통치는, 쿠데타로 권력을 잡고 20년 동안 온갖 직함의 자리를 거치면 통치하다가 결국 20년 후에 또 다른 쿠데타로 권력에서 축출되었다는 익숙해도 너무 익숙한 이야기다.

여기서 우리의 눈길을 끄는 것은 알바시르가 축출되기 전에 수단 국민이 전국적으로 수천 개에 이르는 지역 "저항 위원회"resistance committees를 조직했다는 사실이다. 이 위원회는 원래 폭압적인 권력 남용을 비롯해 부패와 억압과 침략 전쟁에 따른 폐해에 저항하려는 수단으로 조직된 것이었다.

이들 위원회 중 다수는 정부가 손대지 못하고 내버려 둔 선거 지원과 공공 복지 분야에서 그 요구를 충족시키기 위해 계속 관련 서비스를 제공했다. 《이코노미스트》The Economist는 이 위원회에 대해 이렇게 언급했다. "이 위원회는 평범한 사람이 자유를 위해 어떻게 함께 싸울 수 있었는지 그 단면을 보여준다."[2]

하지만 이런 공동체적 행동이라고 해서 만병통치약은 아니다. 이 글을 쓰고 있는 지금도 남수단은 여전히 부패와 내전으로 몸살을 앓고 있다. 그러나 인도주의적 관점에서나 심리적 관점에서 이런 공동체적 행동은 무시할 만한 게 아니다. 공동체가 자급자족할 수 있게 해 주는 것 외에도 공동체적 행동이 어떻게 숨 막히는 폭압적 국가 권력에 대해 개인이 느끼는 무력감을 해소하는 해독제 구실을 했는지도 아마 그만큼 중요할 것이다. 이런 의미에서 공동체적 행동은 대중이 자신을 일으켜 세우고 폭주하는 통치자로부터 자신을 지킬 잠재적 힘을 동원하는 구실을 한다.

대중의 힘에 대한 성찰

포퓰리스트 지도자라도 국부를 증대시키고 그런 국부 증대에 이바지한 사람이 공정한 몫을 얻을 수 있는 조건을 만들어 냄으로써 국익을 위해 진심으로 노력할 수도 있다. 이들은 자기를 지지하는 추종자를 얻는다.

하지만 권위주의적 성향의 포퓰리스트가 독재자로 변신하기 시작하면, 이득보다 위험이 더 커지게 된다. "요령"이라면 지도자가 자신에게 더 많은 권력을 자신에게 집중시키려는 움직임을 보이는 순간을 포착하는 것이다. 바로 그때가 이런 진행 과정을 저지할 기회가 아직은 남아 있는 "기회의 창"window에 들어서는 순간이다. 이 창이 열려 있는 시간은 그리 길지 않다. 바로 그 시점에 우리가 단호하게 행동하지 못하면 지도자의 독재적 충동은 권력을 공고히 하는 방향으로 움직인다. 일단 권력이 공고해지면 우리는 변화를 만들어 낼 정치적 공간을 잃게 된다.

우리는 많은 사람 중 하나에 지나지 않는다. "아무것도 아닌 존재"일 뿐이다. 어떻게 우리는 지도자와 군중 모두에 맞서 일어설 수 있을까? 우리에게는 박수를 멈추고 경고의 목소리를 소리높여 전할 힘이 있으며, 이를 통해 주변 사람이 자신의 지지가 옳은 것인지 다시 생각해 보도록 만들 수 있다. 우리는 활동가의 역할을 떠맡아 우리가 추구하는 가치를 침해하고 우리의 제도를 위협하는 변화에 저항하겠다고 마음먹을 수도 있다.

우리의 생각을 다시 돌아보고 자칭 구원자에 대한 의존이 점차 커지는 상황을 다시 돌아보겠다는 이런 의지에서 이런 변화 과정이 시작된다. 외부적으로 이런 의지는 반대 집회와 투표와 그 밖의 정치적 행동에서 나타난다. 이런 행동은 예비 독재자가, 어쩌면 헌법적 견제 장치를 약화하려는 중요한 국민투표에서, 또 어쩌면 자기 측근을 권력의 자리로 끌어올리려는 조치에서 승리를 거두지 못하도록 막는다.

만약 이런 행동이 적시에 아주 단호하게 이루어진다면, 우리는 지도자를 최악의 충동에서 구해낼 수 있을지도 모른다. 국민이 승리한다. 우리도 승리한다. 우리는 언제나 지도자와 추종자와 상황을 다루고 있음을 명심해야 한다. 상황마다 사용할 수 있는 다양한 지렛대와 폭주하는 열차가 될 위험을 막기 위해 제동장치를 밟을 수 있는 여러 메커니즘이 있을 것이다.

상황이 더 심각해지면, 우리는 권력을 바꾸기 위해 다른 추종자 계층과 협력할 필요가 있다. 우리는 이런 계층 각각과 이들 계층이 조율된 행동을 할 수 있는 잠재력을 검토할 것이다.

지도자보다 더 강력한 것이 있다면 오직 이들을 지지하는 추종자뿐이다.

대중	요약
이용할 수 있는 정보	독재자의 발표, 대중매체
추종의 유인 요소	사회적 일체감의 강화, 물질적 약속
취약점	카리스마에 쉽게 영향을 받고, 구원자를 바람
위험	불복종에 따른 사회 경제적 손해
소통 경로	대중 집회와 소셜 미디어
필요한 용기	군중과 거리 두기
영향을 행사하는 힘	집단적인 대규모의 지지 또는 불만의 표출

독재자를 막을 것인가 만들 것인가

6장

활동가 계층

위협과 책임

"우리 할머니께선 늘 이렇게 말씀하셨지.
'브롱크스에서는 옳은 일을 하라고 한 사람한테만
말해선 안 돼. 온 동네에 대고 그렇게 얘기해야지.'"

— 미국 TV 드라마、〈법과 질서〉Law & Order

제5계층 대중
제4계층 활동가
제3계층 관료
제2계층 엘리트
제1계층 측근

지도자

내부 핵심 계층
준準 내부 핵심 계층
중간 계층
준準 외곽 계층
외곽 계층

활동가란 누구인가?

활동가는 주요 대중 집단과 앞으로 정치 지도자가 되려는 열망이 있거나 현재 권력을 지닌 정치 지도자를 이어주는 연결 고리다. 일반 대중이 자기 일상을 살아가는 동안 활동가는 정치를 바꾸는 일을 자신의 임무로 삼는다.

카리스마 있는 지도자를 지지하거나 이들에게 반대하려고 사람과 자원을 조직하는 활동가는 언제나 있다. 이들은 둘 다 비슷한 도구를 사용해 현재 자신의 이목을 집중시키는 지도자를 지지하거나 반대해 달라고 대중을 설득한다. 이들은 대중의 힘을 동원해 지도자를 찬양하거나 자리에서 몰아내고 중요 정책을 관철하거나 저지하려고 노력한다.

행동주의activism는 이성적인 행위라고만은 볼 수 없다. 그렇다고 꼭 비이성적 행위라고도 볼 수는 없지만 행동주의를 추동하는 힘은 열망, 즉 어떤 이상, 정의나 불의, 삶의 방식을 구원하거나 그에 중대한 위협을 가하는 상황 등을 지지하거나 반대하는 열망이다. 이런 열망이 없다면 활동가는 일상의 활동에 쓸 힘과 시간을 빼앗아 자신의 운동에 쏟아붓지 않을 것이다.

활동가는 세상을 바꾸는 힘이자 세력이다. 그 변화가 유익할지 아니면 디스토피아적일지는 이들이 기수旗手로 선택한 지도자의 손에 달려 있다. 활동가는 힘을 배가시키는 존재다. 이들이 지도자를 열렬히 지지할 때는 천 명의 대중과 맞먹는 힘이 있으며, 지도자를 열성적으로 반대할 때는 궁전 문 앞에 몰려든 폭도만큼이나 위협적이다.

지지 활동에 성공해서 두각을 나타낸다면, 이들은 지도자의 조직 내에서 높은 자리에 오를 것이다. 반면 권력을 장악하겠다는 독재자의 구상에 위협이 된다고 여겨진다면, 무력화해야 할 표적으로 지목될 될 것이다. 활동가는 "모난 돌이 정 맞는다."는 경고에 신경 쓰지 않는 사람이다. 창의적인 행동으로 지도자가 되고, 적극적인 옹호 활동으로 추종자가 되어 지도자의 의제나 방식을 지지하거나 반대한다.

활동가는 역사가 만들어지는 광경을 그저 지켜만 보는 데 만족

독재자를 막을 것인가 만들 것인가

하지 않는다. 비록 단역에 불과해도 이들은 무대 위에 선 배우다. 배우로서, 이들은 운동의 성패와 운동을 이끄는 지도자와 자신이 동원한 힘의 결과에 대해서 책임을 함께 나눠진다.

서아프리카에 민주주의를 구축하는 일을 진행하면서 나는 전통적인 거물Big Man 방식과 새롭게 떠오르는 방식 간의 긴장을 목격했다. 다음은 일어날 법한 유형의 시나리오로, 이런 변화가 얼마나 어려운지를 보여준다.

은달레Ndaleh는 모범적인 소녀였다. 어머니와 할머니 발치에서 배워야 할 일을 배웠다. 총명한 아이여서 학교에 다닐 수 있었고, 학교에서 세상에 대한 호기심을 키울 수 있었다. 은달레는 늘 권력을 쥔 건 남성이라는 사실을 알고 있었지만, 학교에서 여성의 힘이라는 또 다른 형태의 권력이 있음을 알게 되었다.

에스텔 올로아레Estelle Oloare가 자신을 공직 후보로 내세우며 기존의 권력 구조에 도전장을 내밀었을 때, 은달레는 올로아레의 선거 운동을 지지하기 시작했다. 은달레는 능숙하게 다른 여성을 설득해 올로아레를 지지하게 만들었다. 올로아레가 남성 중심의 권력 구조를 흔들어 놓자 은달레는 큰 흥분을 느꼈다.

하지만 공직에 오르자 올로아레는 남성이 했던 행동을 그대로 따라 하기 시작했다. 그녀는 자기 측근과 지나치게 많은 물밑 거래를 했다. 은달레는 실망했고, 다음 선거에서는 올로 아레를 지지할 수 없었다. 은달레는 낡은 나무 상자 위에 올라서서 자기 이야기를 들어줄 사람에게 그 이유를 설명했다. 친구인 아사Asa가 은달레가 연설하는 영상을 찍어 인터넷에 올렸다.

다음 날, 상사는 은달레에게 더 이상 근무할 수 없다고 알렸다. 다른 사람도 그녀를 고용할 생각이 없다고 말했다. 은달레는 공직자의 반대편에 서는 일이 얼마나 쓰라린 것인지 깨달았다. 이제 은달레는 자기 삶을 계속 이어가야 했다. 어쩌면 어느 날인가 은달레 자신이 후보자가 될지도 모를 일이니까.

활동가는 자신이 강력하게 힘을 실어주는 가치를 인식하고 지도자가 대중에게 전하려고 애쓰는 주장의 진위를 판단해야 한다는 점에서 각별한 책임이 있다.

정치 지도자에 대한
경외심을 버려라

활동가는 카리스마 있는 지도자의 메시지를 받아들여 이를 대중의 삶과 연결하는 변환기이자 증폭기 역할을 한다. 이들이 지도자를 지지한다면 지도자의 부상을 촉진하지만, 반대한다면 지도자가 과도한 행태를 보일 수 있다고 대중에게 경고한다. 먼저, 지도자를 지지하는 활동가를 살펴보자.

어떤 대의명분에 마음을 다하는 일은 삶을 바꿔놓는 결정이다. 우리는 이전에는 겪어보지 못했던 목적의식으로 동력을 얻는다. 종종 이 과정에서 그런 대의를 대표하는 지도자가 존재하는 때도 있다. 대의에 대한 애정이 그 대의를 체현하는 지도자에 대한 찬양으로 이어지곤 한다. 우리 마음속에서 지도자와 대의가 떼려야 뗄 수 없어지면 대의의 빛이 퍼져나가면서 지도자에 대한 우리 인식을 크게 왜곡할 수 있다.

민주적으로 선출된 이스라엘 초대 총리였던 다비드 벤구리온 David Ben-Gurion 이 쓴 글을 읽고 나는 공포로 몸을 움츠렸다. 이 글에서 벤구리온은 젊은 시절에 자신이 신생 소비에트 연방의 최고 지도자가 된 블라디미르 레닌 Vladimir Lenin 을 열심히 읽었다고 썼다. 레닌은 자신의 잔혹한 후계자인 이오시프 스탈린이 따랐던 본보기가 되기도 했다. 벤구리온이 얼마나 레닌을 비롯해 독재자의 특성에 심취했었는지 경악스러울 따름이다. 벤구리온의 말을 직접 들어보자.

"모든 장애물을 하찮게 여기며 자기 목표에 충실한 사람, 어떤 양보나 타협도 모르고 극단의 극단을 추구하며 자기 목표에 이르기 위해서라면 어떻게 배를 땅바닥에 대고 기어갈지 아는 사람, 강철 같은 의지를 지니고 혁명을 위해서라면 인간의 목숨과 무고한 아이의 피조차 아끼지 않는 사람 … 적나라한 현실, 잔혹한 진실, 그리고 냉혹한 권력의 민낯만이 날카롭고 맑은 그의 눈앞에 있다. … 단 하나의 목표, 불꽃처럼 붉게 타오르는 위대한 혁명의 성취라는 목표가."[1]

수십 년 뒤, 소비에트 정권이 유대 민족에게 가한 엄청난 폭압을 목격한 벤구리온을 상상해 보라. 왜 벤구리온은 독재자의 극악무도한 잔혹함을 지지하면서도 다가올 파국을 예견하지 못했을까? 하지만 이런 실수를 저지른 건 그뿐만이 아니다. 역사는 수십 년에 걸쳐 혁명 지도자에게 헌신했지만 결국 그 지도자가 혁명을 배신하고 자신은 추방되거나 감옥에 갇힌 사례로 넘쳐난다.

역사의 이 결정적인 국면에, 1970년대에 잔혹한 폭군을 타도했던 니카라과의 산디니스타Sandinista 중 많은 이들이 현재 또 다른 독재자의 통치 아래 살아가고 있는 운명을 겪고 있다. 이 독재자는 **민주적으로 선출**되었으면서도 스스로 독재자의 길을 걷고 있는, 과거 혁명의 지도자였던 다니엘 오르테가Daniel Ortega다. 이 글을 쓰는 지금도 오르테가는 17년 동안 대통령직을 지키면서 자기를 축출하려는 모든 민주적 시도를 무자비하게 탄압해 왔다.

그들이 나를 잡으러 올까? 나와 함께 싸워 내 조국 니카라과에서 45년을 이어온 소모사 독재 정권을 타도한 바로 그 사람 손에 잡혀 감옥에 갇힌다는 건 어떤 기분일까? … 한때 변화를 향한 우리 희망을 상징했던 다니엘 오르테가는 이제 또 다른 독재자가 되었다. … 우리 중 많은 이들이 산디니스타 운동을 현대화하고자 했지만, 오르테가는 이를 완강히 거부했다. 그는 당을 민주화하려는 우리의 노력이 자신의 통제를 위협하는 시도라고 여겼다. … 이제 니카라과인은 자신을 보호해 줄 어떤 의지처도, 법도, 경찰도 없는 상황에 놓여 있다. … 나는 오르테가를 공개적으로 비판하는 사람이다. 나는 트윗을 올리고, 인터뷰한다. 소모사 정권에서, 나는 반역죄로 재판을 받았고 망명을 떠나야 했었다. 이제 또다시 감옥이나 망명, 둘 중 하나를 선택해야 하는 상황을 맞이하게 될까?

다음에는 누구를 잡으러 올까?

— 조콘다 벨리Gioconda Belli, 니카라과의 시인이자 소설가[2]

우리가 어떤 대의에 온 마음과 영혼을 바치면서 동시에 이성을 함께 사용하고 호감이 가는 지도자를 계속해서 우리가 마음에 품은 대의에서 분리해 생각한다면, 후회할 일이 줄어들 것이다. 우리는 비판적 사고 능력을 지키면서 새롭게 드러나는 독재자로서의 면모와 마음에 품은 대의를 뒤섞지 않도록 해야 한다.

"어떤 지도자를 미덕의 전형으로 떠받들면, 이들이 자기 권력을 공고히 하는 데 방조하는 일이 될 수 있으며, 이는 의도치 않은 온갖 결과를 초래할 수 있다."

— 엘리자베스 손더스, 조지워싱턴대학교 정치학자

이렇게 지도자와 대의를 명확히 분리하고 이를 유지할 때만 활동가는 자신이 독려하는 추종자에게 책임 있는 지도자를 제시할수 있다. 늘 신조信條를 지키며 살기란 쉬운 일이 아니지만, 이런 신조는 우리가 행동을 통해 존중하고자 하는 바가 무엇인지를 확인해 준다. 활동가적 추종자는 다음과 같은 신조를 마음에 품을 수있다.

◆ 나는 이 대의에 헌신한다.

◆ 나는 이 지도자가 이 대의를 진전시킬 수 있으리라 믿는다.

◆ 하지만 지도자는 대의 자체가 아니다.

◆ 우리 각자와 마찬가지로, 지도자 역시 이 대의를 완벽하게 따르지 못할 것이다.

◆ 나는 완벽을 기대하지 않을 것이다.

◆ 아울러 지도자에게 경외심을 품지도 않을 것이다.

◆ 목적이 아무리 정당해도 잔혹함을 허용해서는 안 된다.

◆ 만약 지도자가 우리의 지지를 그릇되게 사용한다면, 나는 거리낌 없이 목소리를 낼 것이다.

- ◆ 이는 내가 소중히 생각하는 대의와 그 대의를 지지하도록 내가 끌어들인 사람에게 해야 할 도리다.
- ◆ 항상 이기지는 못하겠지만, 언제나 원칙대로 행동할 것이다.

윤리적 추종자이면서
지도자이기도 한 활동가

정치 활동가는 같은 사람이 활발한 지도자 역할과 추종자 역할을 동시에 구현하고 있는 전형적인 사례다.

직접 공직에 나서려는 게 아니라면, 정치 활동가는 공직을 노리는 정당이나 후보자 아니면 현직 공직자를 지지하게 된다. 이런 관점에서 보면, 정치 활동가는 정치 지도자를 추종하는 이들이다.

동시에 이런 개인은 자기 활동을 수행하면서 종종 창의적이고 혁신적인 방식을 선보이기도 한다. 이런 점에서, 이들은 지도자이기도 하다. 이들은 추종자라는 역할이 그저 수동적이고 약한 역할이 아니라 기발함과 헌신과 활력과 무엇보다 지도력을 발휘해야 수행할 수 있는 역할이라는 점을 보여주는 대표적인 사례다.

지도자로서, 정치 활동가는 공동체를 동참시켜 자신이 옹호하는 사안과 그런 사안을 적극적으로 다루는 정치 지도자를 지지하도록 만든다. 활동가가 추종자를 만든다.

강력하고 책임감 넘치는 추종자는 지도자가 성공할 수 있도록 헌신한다. 이런 헌신에는 지도자를 올바르게 인식하고 때로는 건설적인 비판도 마다하지 않을 책임이 뒤따른다. 윤리적인 추종자는 지도자가 말과 행동을 통해 표현한 가치를 얼마나 충실히 지키고 있는지를 보고서 그 책임을 묻는다.

활동가의 행동에 담긴 윤리적 차원이 특히 두드러진 역할을 하게 되는데, 이는 이들의 행동이 단순히 자신을 위한 선택에 그치지 않고 동시에 다른 사람을 설득해 자신과 함께 행동하도록 만드는 것이기 때문이다.

만약 활동가가 지도자의 윤리성이나 독재 성향에 의문을 품기 시작했으면서도 계속해서 그 지도자를 지지하라고 다른 사람을 설득한다면, 이는 자신뿐만 아니라 자신에게 영향을 받은 사람 모두를 배신하는 행위다. 활동가는 자기 양심과 자신에게 영향을 받은 사람에게 이들의 우려가 어디서 비롯되는지를 잠시 멈춰서서 살펴볼 이중의 의무를 진다. 만약 그 우려에 실질적 근거가 있는 것으로 밝혀지면, 활동가는 자기 힘의 방향을 돌려 정치 지도자에게 다시 집중시키면서 효과적으로 자신의 우려를 전달해야 한다. 지도자가 열린 자세로 그런 우려를 경청하면서 그런 우려가 합당하다고 판단하고 자신의 의제를 추진할 더 좋은 방법을 모색한다면, 그 지도자는 계속해서 지지받을 자격이 있다.

반면, 활동가의 우려에 전혀 귀를 기울이지 않고 혹평이나 퍼붓는다면 이런 행동은 활동가의 우려를 입증하는 것이다. 활동가가 권력 사용의 향방을 결정하는 데 중요한 역할을 할 수 있는 때는 바로 정치 지도자가 권력을 추구하는 초기 단계다.

윤리적 행동은 해야 할 때가 있는 행동이다. 정치 상황에 아직 변화의 여지가 있을 때 그런 기회의 창을 포착하고 활용해야 한다. 이때가 바로 정치적 관계에서 추종과 지도가 교차하는 전환점이다.

지도자와 함께
만들어 가는 문화

민주주의 체제에서는 누구나 자신이 선택한 정치 지도자나 후보를 자유롭게 지지할 수 있다. 하지만 일단 당선되고 나서 어떤 성과를 거둘지, 공직에 앉고 나서 어떻게 변할지는 그 누구도 예측할 수 없다. 활동가로서 당신이 지지하기로 한 인물이 내 선택과 정반대일 수 있지만, 어느 쪽이든 모두 정당하다.

진정한 민주주의 문화에서 정치적 다양성이 현실임을 생각해 보면, 우리가 누구를 지지하는지도 중요하지만 어떻게 지지하는지도 그만큼 중요하다.

활동가는 항상 자기 지지 후보의 성공 가능성을 높이려 한다. 이는 자연스러운 일일 뿐이지만, 그렇다고 그것만으로는 윤리적 기준이 되지는 못한다. 만약 그 과정에서 신뢰를 심각하게 훼손해 정치 공동체를 분열시킨다면, 이는 민주적 자치의 윤리적 기준이 되지 못한다. 왜 그럴까?

윤리적인 활동가는 상대 후보 아래에서 삶이 얼마나 디스토피아적인 모습일지를 묘사하기보다는 삶을 더 낫게 만들 대안적인 미래를 그려 보여준다. 명심하라. 이는 상대 후보를 최대한 위협적인 말로 묘사하라고 권하는 정치 전문가의 조언과는 상반되는 행동이니 말이다.

양측 모두 상대편이 승리하면 종말론에 나올 법한 미래가 닥칠 것이라는 공포를 부추기기만 할 때, 대중은 극도의 불안과 트라우마에 빠지게 된다. 지금 주변을 돌아보라. 양측 모두 그런 환경에서 살고 있는가? 상대편이 승리하면 국가의 존립 자체가 위태로워질 것이라는 공포 속에서?

역사에서 극단적인 순간이라면, 안타까운 일이지만 이런 주장이 사실일 수 있다. 하지만 경쟁하는 후보자나 정당이 누구인지와 무관하게, 우리 문화가 과잉 불안의 분위기를 조장할 수 있다는 사실에 경계심을 가져야 한다. 이러한 경계는 권위주의적 경향에 대한 경고를 배제하지 않지만, 그런 경고가 주된 초점은 아니다.

적극적 행동주의를 지지하기에 걸맞은 사고방식은 목숨을 걸고 싸움을 벌이는 검투사의 자세가 아니라 설득력 있는 전망과 입증

독재자를 막을 것인가 만들 것인가

된 능력을 겨루는 경쟁자의 자세다.

활동가는 지도자가 보내는 다양한 메시지를 분별해 어떤 메시지를 증폭할지 선택해야 할 수도 있다. 만약 공포와 증오를 부추기는 메시지를 증폭시키고 투표 참여 의사가 높은 유권자 집단이 이런 메시지에 호응한다면, 독재 성향을 지닌 공직 후보자는 이런 상황에 주목할 것이다. 이들은 군중에게 더 많은 "붉은 고기"red meat. 정치적 맥락에서 특정 집단을 만족시키거나 자극하려는 의도로 제시되는 주제나 발언—옮긴이를 제공하도록 독려받게 된다. 미끄러운 경사면은 점점 더 위험해지고, 아무 희망도 없는 적대적 시민사회로의 추락을 막을 발판도 거의 남아 있지 않게 될 것이다.

반대로, 활동가가 후보의 선거 운동에 담긴 사회 친화적 강령을 확인하고 이를 강화하면, 지도자는 이런 접근법이 효과적이라는 사실을 알아차리고 더 건전한 방식에 기대어 정치적 권력을 획득하려 노력할 것이다. 만약 후보가 성공적으로 공직에 진출하면, 이들은 주변 사람이 이런 사회 친화적 경로를 지지하는 일에 익숙해진다. 이상적인 경우라면, 이들은 계속해서 사회 친화적인 경로를 함께 만들어 나갈 것이다. 설령 이런 결정이 대중으로부터 계속 지지를 받겠다는 자기 이해관계에서 나온 것이라고 해도 말이다.

다시 한번, 이는 추종자가 미묘한 방식으로 사태를 주도하는 사례라 할 수 있다.

동시에, 활동가는 언제나 경계를 게을리해서는 안 된다. 만약 후보자나 공직자가 계속 깊은 분열을 부추기면서 유해한 시나리오를 퍼뜨린다면, 이 지도자를 위한 활동을 다시 생각해 봐야 할 때다. 만약 행동주의의 열정이 여전히 불타오르고 있다면, 자신의 조직화 능력을 더 사회 친화적인 지도자, 즉 전이하는 권위주의적 행태에 물들지 않고 양립 가능한 정치적 이념을 지닌 지도자를 지지하는 쪽으로 돌릴 시점일 수도 있다.

활동가는 자기 역시 살아가야 할 문화를 창조하고 가능하게 만든다. 어떤 대가를 치르고서라도 거둔 승리는 치르기엔 너무 값비싼 대가일 수 있다.

리 애트워터Lee Atwater는 로큰롤 밴드의 기타리스트로 활동하다가, 1970년대에 사우스캐롤라이나에서 정치 활동가로 나선 인물이었다. 그는 여러 공화당 의원을 위한 활동을 통해 자기 입지를 다졌고, 30대 초반이라는 젊은 나이였음에도 당대의 주요 선거였던 로널드 레이건과 조지 H. W. 부시의 선거에서 자문 역할을 맡게 되었다. 이는 활동가의 활동이 보상받고 활동가 자신은 엘리트 추종자 계층, 더 나아가서는 최측근으로 이뤄진 내부 집단에 합류하게 된 사례였다.

소년 같은 외모와는 달리, 애트워터가 구사한 정치 전략은 냉혹한 것이었다. 애트워터에게는 어떤 사안이 유권자를 분열시켜 자기 정당과 후보 쪽으로 이들이 쏠릴지를 포착하는 예리한 감각이 있었다. 그는 사실을 왜곡하고 문화적 균열,

특히 인종 문제를 무자비하게 악용하는 분위기를 조성했다. 애트워터를 그 시대의 역할 모델로 삼으면서, 정치는 피비린내 나는 싸움터로 변모했다.

1990년 3월, 애트워터는 대중 앞에서 쓰러졌다. 검사 결과, 악성 뇌종양이 발견되었다. 1년 후, 그는 세상을 떠났다. 향년 40세였다.

삶이 남아 있던 몇 달 동안, 애트워터는 자신이 잔혹하게 왜곡했던 여러 정치적 반대자와의 관계를 회복하려고 노력했다. 그는 정치에 자신이 주입했던 독이 아니라 더 넓은 인간미가 필요하다는 사실을 깨달았다.

어떤 사람은 애트워터가 임종 직전에 보여준 회심이 보여주기식에 불과했다고 말한다. 하지만 나는 그렇다고 확신하지 못하겠다. 나는 이런 문제에 새뮤얼 존슨Samuel Johnson. 18세기 영국의 유명 작가이자 비평가, 사전 편찬가—옮긴이의 관찰을 적용하는 편이다.

"명심하시오, 선생. 사람이 2주 있으면 교수형 당하리라는 사실을 알게 되면, 정신이 놀랍도록 집중된다는 것을 말이요."

도덕적 행위자인
활동가

사회적·정치적 변화를 위해 타인을 조직한다는 주제를 다룬 고전이 여러 권 있다. 의심의 여지 없이, 현시대의 조직가와 활동가가 집단적 경험을 연구할 수 있는 다른 매체에서도 그에 못지않게 활발한 논의가 이루어질 것이다.

이런 고전은 활동가에게 실질적인 로드맵이 되기도 한다. 그렇다고 그 로드맵이 반드시 윤리적이지만은 않다. 정치적 진보주의자인 사울 알린스키Saul Alinsky는 자신의 유명한 책『급진주의자를 위한 규칙』Rules for Radicals을 통해, 많은 쟁점에서 경쟁하는 양측의 옳고 그름은 대략 반반에 가까울 수 있지만, 그럼에도 급진적 활동가는 이런 사실을 무시하고 자신의 주장은 거의 100퍼센트 타당하지만, 상대방의 주장은 거의 0퍼센트에 가깝다고 주장해야 한다는 점을 인정했다.[3]

이런 접근법은 청중을 화나게 만들어 이들로부터 지지를 얻어내는 데 효과적일 수 있다. 하지만 이런 전략은 통치가 반드시 이루어져야 하는 사회 전체적 틀에 어떤 영향을 미칠까? 만약 이런 전략이 공동체의 삶이 기대고 있는 사회 전체적 틀을 약하게 만든다면 그것은 본질적으로 비윤리적이다. 따라서 나는 이런 진실 따위는 내 알 바 아니라는 활동가 전략에 반대한다.

정치적 도덕성은 어떤 대가를 치르더라도 이기는 행위를 뛰어넘는다. 정치적 도덕성은 싸움이 어떻게 치러지고 그 싸움의 여파로 어떤 반감을 남길지, 그 총체적 효과를 숙고한다. 정치적 도덕성은 공동의 목적의식을 유지하는 데 필요한 유대감을 갈라놓지 않을 길을 모색한다. 정치는 경쟁하는 이해집단이 공통의 틀 안에서 통치 철학과 자원을 두고 서로 각축을 벌일 때 발생한다. 그런 틀이 깨지면 정치는 중단되고 냉전이든 열전이든 전쟁이 시작된다.

활동가는 대다수 시민보다 정치 상황이 어떻게 전개되는지를 추적하는 데 과도할 정도로 많은 시간을 쏟아붓는다. 나는 어떤 쟁점의 어느 측에 서 있든, 활동가라면 모두 정치 지도자가 내리는 선택의 윤리성에 대해서도 비슷한 수준의 주의를 기울여 달라고 제안한다. 이들 정치 지도자는 공동체의 기반을 지키고 있는가, 아니면 편의와 권력이라는 명목으로 불화의 씨앗을 뿌리고 있는가? 이런 질문은 우리가 지도자의 발언을 어떻게 받아들이고 있는지 깨닫는 데서 시작한다. 이런 발언이 도움이 될 것처럼 보이는가, 아니면 우리가 의문을 제기해야 하는가? 활동가로서 우리가 이런 두 가지 가능성을 모두 고려할 의향이 없다면, 그 자체로 우리가 오류를 범할 수 있는 개인에게 지나치게 사로잡혀 있음을 알려주는 신호다.

지도자에게 문제를 제기하려면 영웅적 행동이 필요하다거나 그런 행동을 불충으로 여겨서는 안 된다. 이런 문제 제기는 정치적 추종을 건강하게 만드는 데 꼭 필요한 것이다. 그렇다고 해서 분열과 파벌이 바람직하다는 말은 아니다. 이런 분열이나 파벌은 흔히 독재적인 지도자가 자신에게 도전할 만큼 강력한 단일 집단을 바라지 않을 때 조장된다. 활동가는 이런 차이에 대해서도 항상 경계해야 한다.

도덕적 지도자와 추종자는 특정한 목표를 추구하면서도 그 집단의 올바른 공통 기반을 확인하고 이를 지키기 위해 노력한다. 그런 공통의 기반을 훼손하는 전술은, 지도자와 시민 사이에 유대를 형성하려는 활동가에 의해 철저히 검토되어야 한다. 이는 활동가에게 부여된 신성한 책무라고 할 수도 있다.

활동가의 취약점

활동가의 취약점은 맹신자의 취약점과 같다. 만약 이들이 이 세상에 필요한 것이 특정한 지도자거나 그 지도자가 표방하는 것이라고 확신하게 되면, 이들은 그 지도자에 관한 판단을 유보하거나 다른 판단을 차단하기 쉽다.

또한, 이들의 도덕성에도 구조적인 변화가 생길 수도 있다. 지도자의 권력 장악에 도움이 되는 것이라면 무엇이든 도덕적이며, 권력 장악에 방해가 되는 것은 비도덕적이다. 이들은 이를 진심으로 믿는다.

몇 년이 지난 후, 자기 삶에서 이때를 되돌아보며 어떻게 자신이 구원자에 대한 열망에 사로잡힐 수 있었는지 의아해할 사람도 있을지 모르겠다. 만약 활동가로서 이런 지도자에 대한 열정이 맹점을 만들어 본인의 판단력을 흐리고 있음을 알아차린다면, 그에 대한 안전장치는 무엇일까?

그런 안전장치는 간단하지만 매우 중요하다. 안전장치는 당신이 신뢰하거나 존경했던 사람이지만 당신처럼 이런 지도자와 운동을 전적으로 믿지 않는 사람을 찾는 것이다. 그리고 이들에게 솔직한 생각을 알려달라고 요청하라. 그 말을 경청하라. 이들의 생각을 전부 받아들이거나 전부 거부하지 말고, 이들이 말하는 우려 가운데 가장 중요한 두세 가지를 확인하라.

이런 우려를 염두에 두고, 지도자의 행동에 주의를 기울이기 시작하라. 그런 우려가 지도자의 언행에서 드러나는지 스스로 관찰하라. 만약 그렇다면, 자신이 신뢰하는 사람과 대화를 늘리면서 관찰 과정을 반복해 그 지도자에 대해 더욱 객관적인 시각을 확보하라. 그러면 정보에 바탕을 두고, 그 지도자를 계속 지지할지에 대한 결정을 내릴 수 있다.

만약 활동가가 새롭게 떠오르는 독재자의 **반대편**에 서 있는 사람이라면, 그런 현상은 다소 다르다. 그런 활동가가 문화를 휩쓸고 있는 경향에 저항하고 있다는 사실 자체가 이들을 끊임없이 질문하는 상태에 놓이게 한다. 이렇게 끊임없이 이어지는 질문은 도덕적으로 깨어 있는 활동가와 도덕성이 정지되거나 전도된 활동가를 구분 짓는다. 하지만 동시에 이런 질문 상태는 새롭게 떠오르는 독재자가 어떻게 대중으로부터 그렇게 많은 지지를 확보할 수 있는지 그 이유를 보지 못하게 만들기도 한다.

이런 맹목은 일종의 오만으로 귀결될 수 있으며, 이런 오만으로 인해 활동가는 자신이 감지한 위험을 경고해 주려는 사람과 소통하는 능력이 줄어든다. 이에 대한 안전장치도 비슷하다. 자신이 잠재적 독재자라고 판단하는 정치 지도자의 지지자를 찾아라. 이들이 어떻게 그런 생각에 이르게 되었는지를 주의 깊게 들어라. 이는 어려운 일이 될 것이다. 왜냐하면 자신이, 이들이 지지하는 정치 지도자가 불러올 위험을 강렬히 확신하고 있기 때문이다. 그럼에도, 만약 활동가로서 자기 일을 진지하게 여기고 있다면, 공감과 자기 능력을 연마해 이들의 말을 경청하고 이해하려고 노력하게 된다. 상대방이 진실한 마음을 자기 말을 들어준다고 느낄 때만, 비로소 이들이 마음을 열고 자신의 깊은 우려를 경청할 수 있게 된다.

"수단"은 "목적"만큼 중요하다

활동가가 **어떻게** 행동하는가는,

이들이 정치 지도자를 지지하거나 반대하거나 간에, 적어도 **무엇을** 시도하고 있는지만큼이나 중요하다.

만약 활동가가, 어떤 지도자가 국가에 필요한 지도력을 가져다 줄 수 있으리라 믿어서 그 지도자를 지지한다면, 이들은 현장에서 그런 지도자의 대리인처럼 행동하게 된다. 이런 개인은 자신이 동원하는 대중에서 영감을 심어주는가 아니면 두려움을 심어주는가? 지금 활동가가 대중에게 전달하는 것이 무엇이든 그것은 지도자가 권력을 잡았을 때 우세해질 것이다. 따라서 활동가를 비롯해 이들에게 영향을 받는 사람 모두 이 사실을 유념해 두는 편이 좋다.

목적이 수단을 정당화한다는 생각과 지도자가 권력을 잡고 권력을 공고히 다지면 그 수단이 더 쉽게 받아들여질 것이라는 생각은 모두 망상에 불과하다. 지금 사용되는 수단은 권력을 잡은 이후에 사용되고 강화될 수단의 청사진이 될 것이다.

만약 활동가가 현직 정치 지도자나 정치 지도자가 되려는 야망이 있는 이들을 상대로 맞서고 있다면, 독재자가 아무 거리낌도 없이 행하는 방식과 같이 윤리적이지 않는 방식으로 즉 맞불을 놓는 방식으로 대응하고 싶은 유혹에 빠질 수 있다. 하지만 이런 행동은 활동가가 자기편으로 끌어들이려 하는 대중에게 양측 모두 별반 다르지 않다는 신호를 보낼 위험이 있으며, 그 결과 대중은 차라리 가장 확실한 권력을 가진 쪽을 지지하는 편이 낫겠다고 여길 수도 있다. 원칙을 지키는 활동가라면 예비 독재자를 반대하면서도 자기 원칙을 따라야 한다. 이는 사정을 봐주며 조심스레 대응하라는 말이 아니다. 실제로 예비 독재자만큼 강하게 대응하되 목표는 항상 궁극적으로 그런 지도자를 제약할 수 있는 제도를 강화하는 데두는 것이 중요하다는 말이다.

대중의 마음을 얻는 일에는 폭력과 공포를 보여주는 행위보다 연민과 역량을 보여주는 행위가 훨씬 강력할 수 있다. 권위주의에 맞서는 활동가는 대중의 깊은 사회 친화적 본능과 필요를 잘 활용함으로써 전략적 우위를 확보할 수 있다. 이런 우위를 유지하려면 독재자가 자신을 달리 묘사할 수 있는 빌미를 제공하지 않아야 한다. 이를 위해 활동가 집단 내부에서 상당한 규율이 필요하며, 동료 활동가의 행동 때문에 대중이 자신에게 가지고 있는 "의로운 사람들"이라는 이미지가 주는 이점에 흠집이 생기지는 않는지 점검해야 한다.

어떤 운동이 좋은 평판을 지키기 위해서는 "선동 요원"을 경계할 필요도 있다. 선동 요원은 독재자의 지시로 운동 내부에 침투하여 자기 행동으로 운동을 실추시키려는 독재자의 하수인이다. 이는 독재만큼이나 오래된 전술이다. 현장에서 선동 요원이 활동하고 미디어가 부정적인 보도를 내기 전에 이들을 식별해 무력화시킬 수 있는 건 아니다. 일단 선동 요원이 식별되면 똑같은 미디어를 활용해 그를 신속하고 효과적인 방식으로 폭로해야 한다.

독재자를 막을 것인가 만들 것인가

워싱턴 DC에 소재한 스미소니언 국립 항공우주박물관 Smithsonian's National Air and Space Museum은 지난 토요일, 미국의 드론 공격에 반대한다고 외치며 몰려든 시위 군중으로 폐쇄되었다. 이 행진을 주도한 것은 반전 단체 옥토버 11October 11이었으나, 곧바로 월스트리트를 점령하라Occupy Wall Street 시위대의 분파인 DC를 점령하라Occupy DC 시위대의 구성원 일부가 합류했다.

10여 명 남짓한 시위대가 보안 요원을 뚫고 박물관 강제 진입을 시도했으며, 이에 보안 요원은 후추 스프레이를 뿌리며 저지했다. 이들 중 한 명은 보수 잡지 《아메리칸 스펙테이터》The American Spectator의 편집자 패트릭 하울리Patrick Howley였다. 그는 후추 스프레이를 맞으면서도 박물관으로 밀고 들어갔다. 하울리는 이렇게 밝혔다. "사람들 생각에 나는 이 운동의 일원이었다. 나는 이 사실을 조롱하고 훼손하려고 시위 하루 전에 잠입했다. 그리고 이 이야기를 《아메리칸 스펙테이터》에 기사로 실을 계획이었다."[4]

예비 독재자를 저지하거나 권좌에서 끌어내리려고 열정적으로 투쟁하는 과정에서 그들이 사용하는 파렴치한 방법을 그대로 사용하고픈 유혹에 최대한 저항해야 하며, 대신에 민첩하고 창의적이며 놀라운 대응책을 사용해야 한다. 이런 대응책은 대중에게 희망을 심어줄 뿐만 아니라 심지어 그 독창적이고 끝까지 품위를 잃지 않는 방식으로 즐거움을 주기도 한다. 이런 방식은 매우 훌륭한 미디어 콘텐츠를 만들어 내며 대중 사이에서 빠르게 퍼져 나간다.

변화하는 활동가의
소통 방식

어떤 시대든 그 시대만의 확성기가 있다. 과거에는 마을마다 소식을 전하는 포고관布告官, town crier이 있었고, 이후 인쇄기가 발명되면서 그 자리를 대신했다. 미국 혁명 당시에는 소책자 집필자와 벽보가 서로 경쟁하듯 왕실에 대한 동정심을 조성하거나 왕실의 대표성에 근거가 없다고 비판하는 이들을 지지하기도 했다. 20세기 중반에는 숨겨둔 라디오 송신기가, 독재자가 대중에게 감추려고 애썼던 사태가 어떻게 진행되고 있는지를 억압받는 대중에게 계속 알리는 데 큰 몫을 했다. 건물 외벽이나 울타리에 붙은 포스터나 거기에 적힌 구호는 "가난한 자의 확성기"였다.

이 책이 쓰인 이 시대에는 우리에게 **소셜 미디어**라고 알려진 도구가 전 세계적으로 연결된 방대한 컴퓨터망에서 창의적인 방식으로 사용되면서 독재자가 되기를 바라는 자의 서사를 계속 퍼뜨리거나 발 빠른 활동가에 의해 그런 서사에 맞서는 수단으로 활용되고 있다. 만약 내게 이렇게 끊임없이 진화하는 뛰어난 도구의 혁신

독재자를 막을 것인가 만들 것인가

적 사용법을 설명할 자격이 있더라도—하지만 그렇지 못하다—내
가 한 설명은 이 책을 쓰고 나서 채 3년이 지나기도 전에, 아니 어
쩌면 이 책이 출간되기 전에도, 틀림없이 이미 케케묵은 소리처럼
들릴 것이다. 미디어의 세부적인 측면은 끊임없이 변화한다. 하지
만 활동가가 활용할 수 있는 도구 상자에서 미디어가 중심적 역할
을 차지한다는 사실은 변하지 않는다. 점차 독재로 이행해 가는 정
부가 소통 채널에 대놓고 혹은 간접적이며 은밀하게 간섭할 방법
은 무수히 많다. 활동가를 입 다물게 만들려는 독재자와 막대한 자
금을 쏟아부은 독재자의 이런 노력을 한발 앞서 따돌리려는 활동
가 사이에는 언제나 쫓고 쫓기는 게임이 이어질 것이다.

활동가는 자기 시대의 확성기가 무엇인지를 확인하고 이를 활
용하는 과정에서 예술가이자 연예인이고 발명가이자 기업가와 같
은 존재가 된다. 자기가 속한 운동에서 이런 기술과 역량을 일찍
개발할수록 대중의 마음속에 예비 독재자가 이런 사람이라는 메시
지를 심어줄 더 좋은 기회를 얻게 된다.

오늘날 소셜 미디어 플랫폼 시대에, 활동가는 예비 독재자의 억
압 시도에 맞서는 것만큼이나 자신의 메시지를 전달하는 플랫폼에
영향을 미치는 데도 힘을 쏟을 필요가 있다. 이런 플랫폼이 독립적
인 목소리가 플랫폼을 활용하는 것을 두고 이를 단호한 태도로 허
용하고 유지한다면, 이들 플랫폼의 상당한 영향력은, 적어도 기존
의 소통 수단이 차단되었을 경우 새로운 소통 경로를 고안할 수 있

을 만큼 충분히, 예비 폭군 정권의 권력을 견제할 수 있다.

만약 활동가가 폭정으로 진행되는 과정을 성공적으로 저지하지 못하면, 어떤 플랫폼이든 간에 결국에는 그 정권에 의해 차단되거나 폐쇄될 것이다. 하지만 이들의 노력은 헛되지 않다. 대중의 상당수가 예비 독재자의 세뇌 기계에 대항하는 정보와 관점을 통해 자신의 사고방식을 유연하게 유지해 왔을 것이고, 여기에는 미래에 기회가 열리면 떠오르는 독재자를 무력화할 잠재력이 있다.

구소련이 붕괴한 뒤, 위대한 반체제 인사이자 극작가였던 바츨라프 하벨이 체코슬로바키아의 대통령이 되었다. 이후 민주적 과정을 거쳐 슬로바키아는 체코 공화국에서의 분리 독립을 결정했다. 프라하에서 한때 의회 의사당으로 사용되었던 건물은 비어 있는 채로 남아 있었다.

비록 이제는 통치 권력을 가진 위치에 있었지만, 과거 반체제 인사로 활동했던 하벨은 러시아 연방이 그 영토에서 독재적 통제를 부활시킬 가능성에 대해서 여전히 촉각을 곤두세우고 있었다.

냉전 시기 동안, 자유 유럽 방송Radio Free Europe과 라디오 리버티Radio Liberty, 러시아어 방송 서비스는 미국 의회로부터 자금을 지원받았다. 미국이 후원한 이 "라디오 방송"은 구소련이 현지 언론을 통제하던 나라에 수십 년 동안 방송을 송출하면서, 해당 국가 국민에게 자기 나라에 영향을 미치는 사건에 대해 더욱 현실적인 평가를 제공했다. 소련은 이 방송의 송출을 차단하려고 엄청난 노력을 들였지만, 사람들은 창의적인 방식으로 그런 차단을 우회하는 방법을 끊임없이 고안해 냈다. 이는 마치 오늘날 억압적인 정부 아래서 소셜 미디어가 겪고 있는 상황과 비슷하다.

팽창주의적이었던 소련의 위협이 확실히 사라지자, 미국 의회는 이들 라디오 방송국 예산을 3분의 2나 삭감했다. 이는 이들 방송국이 송출하는 16개 동유럽 언어 방송 중 3분의 2에 달하는 방송이 종료될 상황에 놓였음을 의미했다. 이에 하벨은 선제 조치의 하나로 자유 유럽 방송/라디오 리버티의 본사를 임대료가 비싼 독일 뮌헨에서 비어 있는 프라하의 구의회 건물로 이전하면 어떻겠냐고 제안했다. 임대료는 상징적인 금액으로 연간 1달러로 책정했다.

하벨이 취한 조치 덕분에 자유 유럽 방송/라디오 리버티 RFE/RL는 동유럽과 중앙아시아의 모든 주요 언어로 독립적인 프로그램을 계속 제공할 수 있게 되었고, 민주주의가 공고히 자리 잡은 국가에서 더는 이런 방송이 필요하지 않다는 사실이 입증될 때까지 이어졌다. 하지만 최근의 몇몇 사건을 보면, 이런 민주화 과정은 여전히 유동적이며 취약해서 역행할 가능성마저 나타나고 있다. 물론, 시대의 변화와 함께 미디어 플랫폼도 변화해 왔고 이제는 스트리밍 서비스와 팟캐스트를 포함하게 되었다.

자유 유럽 방송/라디오 리버티가 처음에는 미국 중앙정보국CIA에서 자금 지원을 받았다는 말은 사실이다. 그러나 이들에 대한 CIA의 관여는 1970년대 초에 끝이 났고, 이후 이들 방송국은 미국 의회의 공개적인 자금 지원을 받게 되었다. 하벨처럼 자유 언론을 진지하게 옹호했던 이들은 이들 방송국의 독립적인 보도를 신뢰했다. 나는 자문가로서 이들 방송국이 뮌헨에서 프라하로 이전하는 과정에 참여했고, 이들 방송국이 언론의 전문성을 바탕으로 운영되는 모습에 깊은 인상을 받았다.

전략, 전술 그리고
정치적 이중 언어를 사용한 소통

대중을 구성하는 각 개인은 어떤 지도자를 지지하거나 아니면 어떤 지도자의 정책과 정치적 부상에 반대하는 집단적 열정의 물결에 쉽게 휩쓸린다. 활동가는 이런 열정을 만들어 내려고 밤낮없이 노력한다.

능숙한 활동가는 정치적으로 이중 언어를 구사한다. 즉, 이들은 지도자의 메시지를 대중의 삶에서 의미 있는 일상 언어로 번역하고, 동시에 대중의 메시지와 요구를 정책에 대한 요구로 번역해 관료와 엘리트가 사회적 풍경을 변화시킬 프로그램을 만들 수 있도록 한다.

능숙한 활동가는 간단한 구호만으로도 대중 정서에 계속해서 힘을 불어넣을 수 있지만, 실제 변화가 일어나려면 권력 중심에 가까운 계층에 속하는 여러 세력 간에 조율된 행동이 필요하다는 사실을 잘 알고 있다. 이런 세력을 동원하려면 이런 계층에 속한 여러 집단과 파벌의 이해관계를 정교하게 이해해야 하며, 이런 이해를 바탕으로 가장 영향력 있는 참여자에게 호소하고 반대 세력을 가장 적게 자극하는 캠페인을 짜야 한다.

체제의 관성을 깨뜨리고 변화를 촉진할 수 있는 카리스마 있는 지도자는 이런 계산의 중심에서 중력을 행사한다. 이런 혼란 상태가 지도자가 주장하는 자유와 사회적 이익으로 이어질 가능성이 높은지 아니면 자유를 상실하고 사회적 이익을 위해 쓰여야 할 자금이 절취되는 사태로 귀결될 가능성이 더 높을지를 평가할 책임은 활동가에게 있다.

대중이 생계를 꾸려나가고 가족과 시간을 보내며 사회에서 생산을 담당하는 구성원으로서 얻은 여가를 즐기는 동안, 활동가는 작은 집단을 꾸려 전략을 개발한다. 이 과정은 3차원이나 4차원 체스를 두는 것과 같은데 왜냐하면 언제나 여러 집단이 동시에 다른 전략이나 대항 전략을 개발하고 있기 때문이다.

성공적인 활동가는 정치적 통찰력과 핵심 원칙 사이에서 균형을 유지한다. 이런 일이 쉽게 생각된다면, 그랜드 캐니언을 가로지르는 외줄 위를 걸어보라. 어느 쪽이든 한쪽으로 조금만 더 치우쳐도 프로젝트는 무너져 내린다. 일단 전략이 수립되면 전술을 채택하고 시험하고 필요하다면 바꿀 수도 있다. 대의를 진척시키려면 단기적으로는 타협이 필요할 수도 있다.

타협이 도덕적으로 잘못되었다는 믿음은 그릇된 믿음일 뿐이다. 타협할 필요가 없는 유일한 정치 행위자는 가장 도덕적이지 않은 자, 즉 독재자뿐이다. 그 밖의 모든 정치는 지금껏 "가능한 것의 기예"the art of the possible**라는 적절한 표현으로 불리고 있다.**

활동가가 만족스럽지는 않아도 타협을 받아들이면, 추종자는 활동가에게 배신당했다고 느낄 수도 있다. 하지만 대개는 배신당한 것이 아니다. 활동가는 자기 요구 중 일부를 이 사안의 반대편에서 있는 사람의 요구와 맞바꾼 것이다. 이런 사실을 효과적으로 전달하려면 활동가는 정치적 이중 언어 능력, 즉 대중에게는 길거리에서 쓰는 일상 언어로 말하고 정부나 엘리트 계층에게는 이들 집단 내부에서 통용되는 기술 관료적 전문 용어로 말하는 능력을 활용해야 한다. 생산적인 변화를 약속하는 지도자를 지지하거나 아니면 권력을 남용하는 지도자에 맞서 싸우는 과정에서, 활동가 계층은 대중이 예비 독재자의 정보 조작에 넘어가지 않도록 해야 한다. 대중으로부터 지지를 받지 못하면, 권력을 공고히 해서 해로운 방향으로 사용하려는 세력이 자신에게 반대하는 활동가의 전략과 전술을 압도하고 결국 이들을 빛바랜 기억 속의 존재로 만들어 버릴 것이다.

> "괴물은 존재한다. 그러나 그 수가 너무 적어 정말로 위험하지는 않다. 더 위험한 것은 평범한 사람, 아무 의심 없이 믿고 행동할 준비가 된 관료다."
>
> — 프리모 레비Primo Levy

훌륭한 활동가는 훌륭한 질문을 던지는 사람이다. 가장 좋을 때, 이들은 대중으로서 우리가 물어야 하지만 너무 바빠서, 정보가 부족해서, 아니면 너무 지쳐서 묻지 못했던 질문을 대신 던진다. 이런 점에서 활동가의 역할은 정치 체제 내에서 추종자의 수준을 끌어올리는 데 있다.

활동가는 우리 지도자가 우리를 이끄는 행보가 어떤 결과를 낳을지 더 깊이 생각해 보라고 우리에게 요청하거나 때로는 우리를 닦달하기도 한다. 활동가는 우리에게 그 지도자를 따르는 게 우리에게 가장 좋은 일인지 아니면 그에 저항하고 더 나은 지도자를 찾아보거나 제시하기 위해서 제동을 걸어야 할 때가 아닌지 깊이 생각해 보라고 요청한다. 이런 행위를 통해서 활동가는 대단히 중요한 역할을 한다.

폭력의 유혹

활동가에 대해 논의하면서 짧게 나마 물리적 폭력의 문제를 다루어야 한다는 사실이 유감이지만, 이는 그만큼 도덕적으로 긴급한 문제이기도 하다.

정치의 본질은 인간 집단 사이에서 발생하는 이해관계의 충돌을 관리하거나 해결하기 위해 비폭력적인 수단을 제공하는 데 있다. 따라서 폭력을 사용해서 한 집단의 의지를 다른 집단에 강요하는 것은 본질적으로 정치 과정을 거부하는 일이다.

우파든 좌파든 억압적 정권의 역사는 언제나 무장한 지지자 집단이 새로 부상한 독재자의 명령에 따라 반대 세력을 물리적 방식으로 침묵시키고 평화로운 민주적 과정을 실질적으로 끝내는 초기 단계를 거친다. 이는 공화국이 몰락한 이후 로마에서 그러했고, 입헌 정부가 독재 정권으로 완전히 대체되거나 왜곡된 모든 국가에서도 마찬가지였다. 유럽에서는 제1차 세계대전과 제2차 세계대전 사이에 나치 독일의 악명 높은 갈색 셔츠단Brown Shirts과 무솔리니 치하의 파시스트 이탈리아의 검은 셔츠단Black Shirts이 이를 대표했다. 동시에 정치적 좌파에도 이와 비슷하게 독일의 공산주의 민병대인 붉은 셔츠단Red Shirts과 스페인의 사회주의 민병대가 있었다.[5]

조직된 폭력적 지지자는 극단적 형태의 공모형 추종자로 예비 독재자를 가능케 한다. 이들과 맞서 싸우려면, 그 지도자에 대한 신념을 공유할 수는 있으나 그런 지도자를 지지하는 데도 정당한 방식과 부당한 방식이 있음을 인식하고 있는 추종자 측에서 가장 큰 용기가 필요하다. 이는 폭력적인 지지 표현에 참여하라는 암묵적이거나 명시적인 방식의 사회적 압력을 받더라도 그런 폭력적인 지지 표현에 참여하지 않을 용기다.

폭력 사용에 굴복하는 것은 행동주의와 반란 사이에 그어진 선을 넘는 행위로 이해되어야 한다. 역설적이지만, 변화를 만들어 낼 정치적 경로가 모두 차단된 독재 정권을 전복하기 위해서라면 이런 선택이 정당화될 수 있다. 하지만 정치적 경로가 비록 복잡하고 좌절감을 심어주더라도 여전히 열려 있는 상태에서 폭력을 사용해 정권을 세우는 일은 매우 큰 잘못이다.

정치 지도자가 폭력을 "지지"의 한 가지 형태로 부추기고 있다면, 폭력은 또 다른 폭력으로 이어지는 경향이 있기에 이는 또 다른 경고 신호다. 만약 그런 지도자를 믿는다면, 그 지도자와 그 지도자를 믿는 당신의 동료 지지자에게 그 지지자와 정책의 입지를 부각할 정치적 수단을 찾아내라고 요구하라. 당신의 열정이 얼마나 진실하든, 그리고 사회적 압력이 얼마나 강하든, 당신은 자신이 의제를 추구하는 방식에 대해 책임져야 한다. 지도자도 똑같이 책임지게 만드는 용기 있는 추종자가 되라.

활동가	요약
이용할 수 있는 정보	운동의 메시지와 전문 미디어
추종의 유인 요소	비전을 실현하며 의미 있는 삶을 사는 것
취약점	맹신자의 맹목성
위험	기성 체제에 의한 박해, 운동 내부에서의 비난
소통 경로	소셜 미디어 팔로우하기
필요한 용기	잘못된 지도자를 지지하고 있음을 인식하는 것
영향을 행사하는 힘	메시지를 형성하고 긍정적인 지도자를 지원할 수 있는 능력

7장

관료 계층

정부 지도자의 손과 발

"관료제는 민주주의의 장애물이 아니라 민주주의에 반드시 따르게 마련인 보완물이다。"

— 조제프 슘페터 Joseph A. Schumpeter、경제학자

자신이 정부 관료는 아니어도 어떤 형태든 위계질서가 있는 조직에서 일하고 있다면, 이번 장에서 다루는 내용이 자신의 업무와 관련이 있음을 알게 될 것이다. 어떤 경우든, 이번 장은 자기 삶에 직간접적으로 영향을 미치는 모든 수준의 정부 관료가 보이는 행동을 이해하는 데 유용할 것이다.

관료는 특별한 부류의 추종자다.

관료bureaucrat라는 용어는 대중 문화에서 큰 성공을 거두지 못했다. 최근에는 특히 더 그렇다. 이 말은 세금을 납부하거나 규제 사항을 준수하거나 면허를 갱신하거나 이민 절차를 밟는 등 사회에서 일상을 살아가면서 필요한 일을 처리할 때 삶을 힘들게 만드는, 동기 부여가 부족하고 규칙에만 얽매인 공무원의 이미지로 덧씌워지는 일이 흔하다.

하지만 이런 똑같은 관료가 정치 지도자의 비전과 정책을 시민의 일상에 중대한 영향을 미치는 프로그램으로 변환시킨다. 따라서 이 말을 모욕적인 표현으로 받아들이기보다는 관료가 수행하는 필수적인 역할을 비롯해 어떻게 이들이 그런 역할을 유능하고 유익하게 수행할 수 있으며 이런 역할에서 적절한 추종자의 본질은 무엇인지를 이해하는 편이 우리에게 더 큰 도움이 된다.

커다란 국가에서 관료의 수는 압도적이라 해도 좋을 만큼 많다. 미국과 같은 크기의 국가라면, 2백만 명 이상의 민간 인력으로 연방 정부가 운영된다. 그러나 이는 주와 지방을 비롯한 하위 행정 수준에서 일하는 관료의 수에 비하면 지극히 적은 수에 불과하다. 이들 관료의 수는 연방 정부 인력의 5배에서 6배에 이른다. 이들 중 상당수는 자기 전문 분야에서 전문가가 되며, 일부는 세계적 수준이다. 또 일부는 관료제가 아무리 크고 복잡해도 이를 효과적으로 운영하는 데 능숙해진다. 정실인사로 인력을 충원하는 관료제와 달리, 이들은 모두 매우 복잡하고 때로는 번거롭기도 한 이런 조직에서 합법적인 기능을 맡아 수행한다.

우리가 이런 역할을 맡고 있는 능력 있는 개인을 가까이에서 지켜보면 볼수록, 이들의 지식과 전문성이 얼마나 깊은지를 더욱 분명히 깨닫게 된다. 하지만 이렇게 고도로 자격을 갖춘 전문가조차 충분한 숙고를 거치지 않은 졸속 정책이나 의도치 않은 부정적 결과를 전달하는 경로가 될 수 있다.

몇 년 전에 나는 일단의 고위 정부 관료를 대상으로 **용기 있는 추종자** 연수를 진행한 적이 있다. 용기 있는 추종자라는 개념은 어떤 조직이 거의 모든 수준에서 효과적인 조직이 되려면 어떤 개인이든 지도자와 추종자 역할 모두를 능숙하게 수행해야 함을 시사한다. 이 개념은 지도자를 적극적으로 지지하면서도 주저하지 않고 권력 앞에서 진실을 말하는 새로운 추종자 모델을 제시한다. 정부 관료보다 이 개념을 적용하기에 적합한 곳은 없다.

수업을 듣는 관료 중에는 미국국방부에 고용된 민간인 여성이 한 명 있었는데, 자신의 역할이 잉여 군사 장비를 처리하는 일이라고 설명했다. 미국 의회는 잉여 또는 노후 장비를 폐기하지 말고 군에 이런 장비의 대체 활용 방안을 찾아보라고 요구하는 법안을 통과시켰다. 무엇보다, 이 장비는 시민이 낸 세금으로 산 것이고 일반적인 믿음과 달리 양심적인 공무원이라면 납세자가 낸 세금이 낭비되는 일을 최소한으로 줄일 의무를 염두에 둔다. 잉여 장비를 주 정부와 지방 정부에 제공하여 법 집행 기관에서 사용할 수 있도록 하는 것은 합당한 처사로 보였다. 하지만 공개 토론이나 의견 수렴을 거치지 않고서 대량의 병력 수송 장갑차와 군중 통제 장비가 전국의 도시로 이전되기 시작했다. 여기에 무슨 문제가 있을까?

의도하지 않은
결과

우리가 알게 되었듯, 이 정책은 '칼을 쳐서 보습을 만든다'성경 이사야서 2:4와 미가서 4:3절에 나오는 구절로, 폭력을 멈추고 평화를 추구하자는 이상적 염원을 담은 구절로 널리 인용된다.—옮긴이는 식으로 설명될 수 있는 정책이 아니었다. 이 정책으로 지역 경찰이 군사화되는 결과가 빚어졌고, 이런 군사화는 법 집행 기관과 이들 기관이 보호해야 할 사람 간의 신뢰를 구축하려는 목적으로 구상된 "지역 사회 경찰 활동"과 크게 상충하는 것이었다. 개별 경찰관이 주기적으로 치명적인 무력을 남용하는, 특히 유색 인종을 대상으로 불균형적으로 남용하는 일이 휴대전화로 촬영되기 시작하면서 전국적으로 대규모 시위가 폭발적인 기세로 일어났다. 그때가 돼서야 비로소 시민은 국가적으로 군용 등급 장비가 군중 통제를 목적으로 공공 장소에 투입되는 모습을 보게 되었다. 갑자기 군사화된 권위주의가 눈앞에 현전하는 이미지가 전 국민의 의식에 퍼져나갔다. 이 책의 언어로 표현하자면 이를 **예비 독재의 분위기**라고 부를 수도 있겠다. 어쩌다가 이 지경까지 이르게 됐을까? 물론, 나는 추종자 연수 교육에서 이 프로그램의 담당 공무원이 해줬던 순진한 설명을 떠올렸다.

《워싱턴 포스트》는 이 사태를 이렇게 지적했다. "이번 여름 전국에서 기록적인 규모로 벌어진 '흑인의 생명은 중요하다'Black Lives Matter 시위에서 일부 경찰은 마치 전쟁에 나설 준비를 마친 듯했다. 이들은 방어 장구와 무기와 군복과 유사한 복장을 갖춘 채, 공격적으로 군중을 해산시키고 통행금지를 집행하면서 폭도와 대치했다.

많은 경찰과 보안관이 미국 군대에서 사용되거나 그와 관련된 장비와 물자를 보유하고 있다. 일부 장비와 물자는 연방 보조금의 일환으로 경찰과 보안관을 비롯한 기타 기관에 잉여 군사 물자를 배포하는 연방 1033 프로그램에 근거하고 있다.

2020년 3월 이후의 1033 프로그램 자료를 검토한 결과, 같은 해 6월 8일 현재 시위가 발생한 약 1,000개소를 관할하는 경찰서의 49퍼센트가 1033 프로그램이 제공한 물자를 보유하고 있는 것으로 추산된다. 이 중에서 160개 경찰서와 일부 카운티 보안관은 지뢰 방호 차량MRAP을 비롯한 장갑차를 받았으며, 이것이 경찰이 군사화되고 있음을 보여주는 가장 두드러진 상징이라는 주장에 힘이 실리고 있다."[1]

관료제 내부 추종자의
과제

위에서 말한 이야기는 관료제의 활동을 법제화했을 때 의도치 않은 결과가 발생할 수 있음을 보여주는 생생한 사례지만, 이는 결코 드문 사례가 아니다. 여기서 우리는 정부 관료제 내에서 추종자 역할을 하는 게 얼마나 어려운 일인지 그 핵심에 도달한다. 법적으로 관료제는 국가의 정치 지도부가 결정한 정책을 지원하고 실행할 전문적인 의무를 진다. 다시 말해, 때로는 순응적 추종자가 되기도 하고, 때로는 공모자가 되기도 해야 한다는 말이다.

민주주의 국가에서는 정치 지도자를 선출하면 이들이 대중의 일반의지에 부합하는 정책을 통과시키거나 실행할 것이라고 여겨진다. 반면, 이와는 거리가 먼 권위주의 정권에서는 관료제가 독립된 행위자로 행동하는 것을 삼가야 한다는 기대가 훨씬 더 크다.

정치 지도자가 비교적 정당성을 갖추고 있고 정책이 비교적 공평하고 목적 지향적일 때, 정치 이론과 실천은 하나가 되어 대중에게 이익을 가져다준다. 하지만 이런 관계는 어느 방향에서든 왜곡될 수 있다.

만약 정치 지도자가 심하게 부패했다면, 전문 관료제는 그런 부패로 시민이 겪을 부정적 영향을 줄이려 할 수도 있다. 다시 말해, 자신의 복무 선서에 충실한 용기 있는 추종자로 행동한다는 것이다. 반대로, 관료제가 깊이 뿌리 내리고 그 자체로 부패했다면 그 구성원은 공모자가 되어 정치 지도자의 부패와 무능을 더 크게 키울 수 있다. 한편, 정부의 부패나 비효율성을 개혁하려 한다면, 정치 지도자는 대중을 상대로 직접 자신의 개인적 카리스마와 설득력을 발휘해 깊게 뿌리박고 있는 관료적 봉건제를 갈아엎을 테니 이를 지지해달라고 요청해야 할 수도 있다.

여기에서 우리는 좋은 추종자든 나쁜 추종자든, 다양한 상태에 있음을 보게 된다. 개혁적인 지도자는 저항적인 추종자가 정당한 역할을 하도록 자신의 모든 능력을 발휘해야 할 수도 있다. 윤리적 가치에 바탕을 둔 추종자는 자신의 재능을 발휘해 통치 지도자로부터 더욱 유능하고 원칙에 입각한 행동을 끌어내야 할 수도 있다. 이 책은 어떻게 추종자가 독재 성향이 있는 지도자를 식별하고 폭정으로의 잠재적 진행을 저지할 수 있는지에 초점을 맞추고 있기에, 이런 시나리오와 이를 극복하기 위한 과제, 그리고 이를 해결하기 위해 활용할 수 있는 여러 도구에 주목하려고 한다.

여러 사람의
손이라는 문제

군사 장비를 국내 치안 목적으로 전용하는 앞의 이야기에서, 해당 중간 관리자는 자신이 맡고 있는 역할에 대해 어떤 우려나 거리낌도 없어 보였다. 이 역할은 누구나 인정하는 가치, 즉 납세자가 낸 세금을 낭비해서는 안 된다는 가치에 부합하는 것이었다. 이 프로그램은 통상적인 경로를 거쳐 승인된 것이었다. 관료제의 관점에서 보면, 이 프로그램은 매우 합법적이었다.

정부 지도자와 이들이 그 자리에서 섬겨야 할 대상으로 추정되는 국민 사이에 자리하고 있는 중요한 중간 계층에서 추종자의 역할을 살펴보려면, 위와 같은 문제를 어떻게 다른 방식으로 바라볼 수 있을까?

많은 사회과학자는 종종 "여러 사람의 손 문제"라고 하는 책임 분산의 문제가 있음을 알고 있다. 일반적인 정책이나 프로그램이나 공식적인 발의안과 이를 뒷받침하는 예산은 여러 승인 단계를 거친다. 마감이 걸려 있어 일이 바쁘게 돌아가는 환경에서는 자기 수준에서 이런 발의안을 승인하는 편이 그 발의안에 의문을 제기하기 시작하는 것보다 더 쉽다. 의문을 제기하면 더 많은 회의와 서류 작업을 이어질 가능성이 높다. 사소하게 신경을 거스르는 점이 있더라도 실제로 그 발의안에 어떤 문제가 있다면 다른 누군가가 이를 알아차리고 적절하게 조처할 것이라고 가정하는 일은 합당해 보인다. 물론, 모두가 이러한 가정에 기반해 행동한다면, 그런 일련의 결정이 가져온 결과에 대해 아무도 책임지지 않게 된다. 이것이 바로 종종 관료제가, 만약 관료제의 개별 구성원이 단독으로 책임을 져야 할 당사자였다면 절대 내리지 않았을 그런 결정을 내리는 방식이다. 나는 이것이 약간 섬뜩한 일이라는 사실을 알고 있다.

또 다른, 어쩌면 더 우려할 만한 사회적 역학이 존재하며, 이는 위험을 더욱 증폭한다. 현명한 불복종을 다룬 이전 책에서 나는 스탠리 밀그램Stanley Milgram의 유명한 복종 실험을 변형한 실험에 대해 논의한 바 있다. 이 변형 실험에서는 실험 참여자 중 90퍼센트가 끝까지 실험에 참여했으며, 이 실험은 참여자에게 심장 질환이 있는 다른 사람에게 450볼트의 전기 충격을 가하도록^{또는 그렇게 생각}하도록 했다. 밀그램이 복종 실험을 변형한 실험 중 이 실험에서 부적절한 복종의 수준이 가장 높았다. 무엇이 달랐던 걸까?

기본 실험에서는 실험 참여자가 학습자에게 질문을 읽어 주고 학습자는 그 답변으로 맞다 혹은 틀리다 표시를 한 다음 틀리면 전기 충격을 가했다. 실험 참여자가 학습자도 실험 참여자라고 믿도록 넌지시 유도했지만 실은 그렇지 않았다. 또한 실제로 전기 충격이 가해지지 않았지만, 이 모의실험은 매우 설득력이 있었다. 이 기본 실험에서 충격을 450볼트 끝까지 가한 참여자의 비율은 놀랍게도 3분의 2에 달했다. 물론 이 결과는 매우 충격적이고 또 마땅히 그래야 한다. 밀그램은 이 비율이 거의 0에 가까워질 때까지 이런 복종 수준을 낮추기 위해 다양한 사회적 조건을 만들어 냈다. 그런데 대체 왜 이 변형 실험에서는 복종한 참여자의 비율이 거의 100퍼센트에 가까웠을까?

이번에는 실험 참여자가 질문을 하고 답변을 표시하게 하고 충격을 가하는 대신에 이 일을 각각 세 사람에게 나누어 맡겼다. 그중 두 사람은 연구진이었고 연구진이 아닌 유일한 사람, 즉 진짜 실험 참여자에게는 학습자에게 질문을 읽어 주는 일만 맡겼다. 실험 참여자는 직접 충격을 가하지는 않았다. 그렇다면 이들은 어떤 해를 끼친 걸까? 물론 많은 해를 끼쳤다.

이들은 입을 꾹 다물고 협조하는 태도를 계속 유지함으로써 다른 사람이 항의하면서 실험을 중단하라고 강력히 요구하는 상황에서도 다른 사람에게 가하는 전기 충격의 강도를 계속 높이는 이 터무니없는 행위를 정상적인 행위로 만드는 데 일조하고 있었다. 실험이 설계된 방식 때문에, 실험 참여자는 전기 충격의 강도를 360볼트가 넘는 수준으로 높였을 때도 "학습자"가 여전히 살아 있는지조차 알 수 없었다. 이들은 직접 전기 충격을 가한 건 자신이 아니라고 말하면서 비난에서 벗어날 수 있었다.

관료제에서 실제로 방아쇠를 당기는 사람은 얼마나 적을까? 내 수업을 들었던 선의의 중간 관리자는 군용 차량을 몰고 시위 군중 속으로 돌진하지 않았다. 최루탄을 던지지도 않았고 지역 경찰이 사용하는 폭동 진압 장비를 착용하지도 않았다. 칸막이 책상이나 작은 사무실에 앉아 자기 일에 꽤 자부심을 느끼고 있는 수천 명의 정부 관리자와 다를 것 없는 모습이었다.

이 시나리오를 약간 수정해서 예비 독재자가 점점 심해지는 억

독재자를 막을 것인가 만들 것인가

압에 맞선 민주적 시위를 진압하려고 폭력 사용을 허용했다고 가정해 보자. 이 경우, 우리는 그런 독재자가 체계적인 방식으로 권력을 공고히 하는 동안 그의 권위 아래에서 일하는 수많은 관료가 수동적으로 자기 역할을 해나가는 모습을 본다. 자신이 그런 행보를 가능하게 만들고 있다는 사실을 깨달았을 때는 이미 이 폭주 기관차를 멈추기에는 너무 늦어서 파괴 행위나 자기를 희생하는 것 말고는 다른 방법이 없는 경우가 많다.

독재적 정책을 따르려는
유인 요소

관료 입장에서 가장 따르기 쉬운 길은 정치 지도자가 세운 정책을 실행하고 이를 수행할 방법에 대해서 명령을 따르는 것이다. 이는 거의 언제나 관료로서의 경력과 생계를 지킬 안전한 행동 방침이다.

워싱턴 DC에는 정치인과 관료, 그리고 이들이 그 자리에서 섬겨야 할 대중에 대해 오랜 속담 하나가 있다.

"정치인은 '아니오'라고 말하기 싫어하는 사람이지만, 관료는 '예'라고 말하기 싫어하는 사람이다."

이 속담에는 약간이지만 진실이 담겨 있다. 정책이나 명령을 문구 그대로 엄격히 따르다가 징계를 받는 일은 드물어도 독립적으로 판단했다가 비판을 받기는 쉽다는 점에서 그렇다.

대부분의 일이 그렇듯, 관료로 생활하면서 흔히 겪게 되는 이런 현실도 상황이나 해석, 판단이나 문화에 따라 기능적일 수도, 역기능적일 수도 있다. 관료제의 고위 인사라면 누구나 지휘 체계상 자기 아래에 있지만 "법에 규정된 대로"를 고집하는 누군가로 인해 절망감을 느낀 적이 있을 것이다. 때로는 규칙을 합리적으로 적용하려면 그 규칙의 취지를 살려 실제 상황에 적용하는 융통성이 필요하기도 하다. 또 어떨 때는 이렇게 고집스러운 "하급자"가 실제로 중요한 윤리적 기준선을 지켜내기도 한다.

문화와 법률과 관습에 따라 관료는 다양한 동기에서 정책과 명령을 이행한다. 민간 부분이 미약한 문화에서는 정부 고용이 가족을 부양할 재정적 기반을 마련할 몇 안 되는 신뢰할 만한 경로 중 하나다. 반면, 강한 기업가 정신이 존재하는 문화에서는 스스로 공직에 몸을 담는 사람은 일반적으로 위험을 회피하는 성향이 더 강하거나 공공 서비스를 지향하는 성향이 강하며, 때로는 이 두 가지 성향을 모두 보이는 사람도 있다. 사회적 안전망이 부족한 문화에서는 공무원이라는 자리에 주어진 혜택으로 높은 유급 휴가, 건강보험, 연금 혜택을 비롯한 기타 특전이 있고, 공무원은 "체제에 반항하다가" 이런 혜택과 특전 등을 잃게 되지는 않을지 두려워할 수도 있다. 독재자가 이미 아무 거리낌도 없이 무력을 사용하는 모습을 보이는 문화에서는 명령에 따르지 않는 일은 훨씬 심각한 처

독재자를 막을 것인가 만들 것인가

벌을 불러올 수도 있다.

하지만 이런 잠재적 결과 때문에 자기 선택이 제한된다고 느끼는 관료도 자기가 섬기는 국민, 법률과 헌법, 그리고 자기 양심에 대해 똑같이 강한 충성심을 가지고 있는 경우가 많다. 이런 가치는 "순응하라"는 유인과 경쟁하며, 존중되거나 억압될 수밖에 없다. 그런 가치를 선택한 행동이 심리적이나 물리적으로 어떤 결과를 가져오든 말이다.

원칙을 지키는
불복종

가치관 충돌에 직면했을 때는 항상 선택의 여지가 있다. 관료제에서는 불법적인 명령의 실행을 거부하고 그에 따른 결과를 감수할 수 있다. 그런데 불복종에 따르는 인간적 비용은 무엇일까? 관료에 대해 어떤 고정관념을 형성하고 이들을 "큰 정부"의 상징으로 삼기는 쉽다. 하지만 관료 역시 우리처럼 건강과 가족, 재정적 안정과 안정적인 은퇴 등에 대해 똑같이 고민하며 살아가는, 피와 살로 이루어진 존재다.

시민적 가치를 침해하는 명령에 불복종하고 그런 불복종에 따를 수 있는 보복의 충격을 누그러뜨리기 위해 취할 수 있는 실질적인 조치가 있다. 하지만 이런 조치로도 완전히 자신을 보호하기는 어렵다. 합리적인 의사결정은 용기 있는 추종자의 가치관과 충돌하며, 종종 체제 내에서 일하면서 점점 잠식해 들어오는 권위주의에 맞서 싸우려는 관료에게 남은 선택지는 제한적이다. 이제 내부고발자 보호 단체의 전직 대표가 들려준 사례를 살펴보도록 하자.

이미 살펴봤듯이, 상황은 지도자와 추종자의 행동을 결정하는 중요한 요인이다. 외부 위협에 대응할 때 정부는 더 독재적인 방향으로 흐르기 쉽고 이런 경향을 견제하지 않으면 연속체 상에서 점차 독재적인 방식으로 이동해 갈 수 있다. 2001년 미국을 상대로한 9/11 테러 공격이 벌어진 후, 사전에 공격을 막아야 한다는 절박감이 매우 강해졌다. 이를 위해서는 테러 공격 계획을 사전에 탐지하지 못했던 정보 공백을 메워야 했다.

이러한 분위기에서, 조지 W. 부시 행정부는 외국 통신을 감청해서 조기 경보 신호를 탐지할 책임이 있는 국가안보국NSA을 통해 미국 시민을 감시하다가 법이 허용한 한계에 부딪혔고 결국에는 그 한계를 넘어서기 시작했다. 정부는 이른바 "영장 없는 도청"을 실행하기 위한 행정명령을 내렸다. 다시 말해, 용의자의 재산이나 통신을 침해하는 수색을 시작하기 전에 법원이 승인한 영장을 받아야 한다는 헌법상의 요건을 무시했다는 것이다.

여러 시점에 몇몇 정부 관료는 이런 사실을 인지하고선 법을 지켜야 한다는 의무감을 느꼈다. 이들 중 한 명은 국가안보국 고위 간부였던 토머스 드레이크Thomas Drake였다. 드레이크는 씬 쓰레드

ThinThread라는 프로그램 개발에 관여했는데, 이 프로그램은 통신 데이터를 감시하고 테러리스트일 가능성이 높은 노드 간의 연결 패턴을 탐지하면서도 미국 지역 코드에서 메타데이터를 수집하지 않아 미국 시민을 대상으로 정보 활동을 금지한 간첩법Espionage Act 을 위반하지 않는 방식이었다. 씬 쓰레드는 약 4천만 달러에 못 미치는 금액으로 개발과 배치를 완료할 수 있었던 것으로 추정된다.

드레이크는 처음에 고위층이 씬 쓰레드에 별다른 관심을 보이지 않자 당혹스러웠다. 이후에 드레이크는 국가안보국이 이미 전화 통화를 감청해 정보를 수집하는 협약을 맺고 있었으며 여기에 훨씬 더 막대한 비용이 소요된다는 사실을 알게 되었다. 이 프로그램은 처음에는 트레일블레이저Trailblazer, 나중에는 스텔라 윈드 Stellar Wind로 불렸고, 법원에서 승인된 영장이라는 헌법상의 요건을 위반한 행정명령으로 실행되고 있었다. 씬 쓰레드와 달리, 이 프로그램은 미국 시민의 메타데이터 수집을 막는 보호조치를 제거했다.

드레이크는 국가안보국 내부나 의회와 사법부 쪽 경로를 통해 이 문제를 해결하려고 시도했으나 별다른 방법을 찾지 못하자, 내부고발자가 되어 국가안보국의 위반 행위에 대해 누구보다 잘 안다고 인정받는 기자와 이야기를 나눴다. 그 과정에서 혹여 기밀 정보를 누설하지 않도록 조심했다. 하지만 이렇게 주의를 기울였음에도 드레이크는 비밀 취급 인가와 경력을 잃었고 재정적으로 파산할 정도의 법적 비용을 감당해야 했다.

행정부가 불법 행위를 저질렀다는 지적을 받자, 드레이크를 무자비하게 공격하는 모습을 보였다. 이런 선례 때문에 이후 또 다른 내부고발자는 이런 위험을 피하려고 곧바로 언론과 접촉해 추가적인 법률 위반을 폭로하는 방식을 택했다. 이 내부고발자 역시 자기 경력을 잃었고 삶이 송두리째 멈추는 일을 겪었다.

이 시점이 되자 일부 최고위급 정무직 인사는 영장 없는 불법 도청을 갱신하는 행위를 더는 용납하기 어렵다고 판단했다. 이를 강행하면 사퇴하겠다고 압박을 가했다. 조지 W. 부시 대통령은 이 사실을 알게 되자 자신이 임명한 고위직 인사를 지지했고 이는 현명한 처사였다. 이 문제는 의회에 넘겨졌고 헌법에 합치하는 법률을 제정하도록 했다. 이로써 미국 시민을 대상으로 한 독재적 감시가 벌어질 뻔했던 일련의 움직임을 성공적으로 저지했다.

내가 이 사건에서 배운 교훈이라면 일련의 사건에서 정부에 의해 합법성을 회복하게 된 과정은 용기 있는 몇몇 관료가 앞으로 나서 그 사건이 불러올 위험과 결과를 무릅쓰고 옳은 일을 했기에 가능했다는 점이다. 이들 관료는 권력 남용이 벌어지면서 권력이 더욱 공고해지기 전에, 용기 있는 추종자로 행동했다.

훨씬 더 바람직한 상태라면 고위 관료와 정무직 인사가 내부 고발을 용기 있고 충성스러운 행위로 여기는 문화를 조성함으로써 외부 고발과 그에 따르는 고통스러운 결과를 겪을 필요가 없게 만드는 것이다. 만약 당신이 이런 고위 정부 인사 중 한 명이라면, 이는 이렇게 하면 좋겠다는 의견 제시가 아니라 그렇게 해 달라는 강력한 요청에 가깝다.

안전이나 합법성이나 인간적 품위를 침해하는 사태를 알게 된 사람이, 정치적으로 난처해지는 일을 최소한으로 줄이면서 책임지고 바로잡을 수 있는 시기와 방식으로, 그런 사태를 알리는 일을 당연한 것으로 여기는 조직 문화를 만들라. 이것이야말로 용기 있는 추종자가 할 수 있는 최고의 역할이다.

관료가 따르는 지휘 체계와
소통 경로

어떤 관료가 개인적으로 위험이 따르더라도 계속 순응하려는 유인을 딛고 앞으로 나설 용기를 찾았을 때 취할 수 있는 행동을 조금 더 살펴보자. 이들은 도덕적 갈등을 부인하거나 합리화하기보다는 성숙한 자세로 받아들인다. 이들은 점점 더 독재 쪽으로 흐르는 지도자를 따를지 선택할 수 있음을 인식한다. 비록 그 선택이 어렵더라도 말이다.

이들은 "싸움도 가려 가며" 해야 한다는 사실을 알고 있으며, 문제가 된 상황이 싸울 만한 가치가 있는 싸움이라고 판단했다. 아마도 여러 목숨이 걸려 있거나 공중 보건이나 아동 복지, 국가 안보나 공적 청렴성, 혹은 의도적이든 아니든 정권에 의해 침해되고 있는 헌법적 안전장치가 위태로운 상황일 수 있다. 우리는 관료를 자주 깎아내리지만, 이런 관료가 일상적인 업무 외에도 어떤 심각한 사안을 다룰 수 있는지 알고 있는가? 이런 사안은 결코 "하찮은 문제"가 아니다.

이제 관료제 자체의 본질을 똑바로 바라봐야 한다. 관료제의 철칙 중 하나는 서면이든 서면이 아니든 지휘 체계를 존중한다는 것이다. 자신의 직속 상사를 건너뛰는 일은 절대로 해서는 안 될 일이며, 그 지휘 체계의 상부에 있는 사람은 바로 관료의 경력을 좌우할 수 있는 그런 인물이다. 지휘 체계에서 일반 관료 위에 있는 모든 사람 역시 추종자이면서 또 상급자나 정무직 인사의 눈 밖에 나면 개인적으로 무엇을 잃을까 전전긍긍하는 공무원이기도 하다.

내가 중간 관리자와 고위 관료를 대상으로 용기 있는 추종자 훈련을 진행할 때, 이런 관료제의 규범이 초래할 수 있는 딜레마를 드러내려고 하는 연습이 하나 있다. 나는 지휘 체계를 건너뛴다는 문화적 금기를 해결해야 하는 가상의 상황을 제시한다. 이 상황은 예비 독재자와는 무관하고 지휘 체계를 타고 내려오는 잘못된 명령이라는 더 평범한 사례를 다룬다. 그렇지만 이 연습을 통해 관료는 엄격한 관료제의 규범을 앞에 두고 자신의 가치관을 검토하고 시험해 볼 기회를 얻는다.

나는 하위직 공무원이 상급자에게 보고하고 이 상급자는 관리자급에게 보고하는 시나리오를 만든다. 이는 더 큰 관료제를 구성하는 세 가지 계층이다. 관리자는 상급자에게 그가 맡은 팀이 추가 자원을 제공받지 않은 상태로 핵심적으로 수행하는 업무 외에 추가적인 업무를 책임지고 맡으라고 지시했다. 이 문제를 중요한 문제로 만들기 위해 안전에 필요한 자원을 완전히 확보하지 못한 상태에서 이 일이 진행되면 공중 보건이나 안전을 위태롭게 한다고 가정하자. 팀은 이 문제를 논의하면서 명령을 성공적으로 실행할 여러 방법을 모색해 보지만, 결국 이 일을 하게 되면 팀이 져야 할 핵심적인 책임에 심각한 문제가 발생할 것이라고 결론을 내린다. 이들은 자기 직속 상사에게 이런 사실을 알리지만, 그 상사는 용기 있는 추종자가 아니기에 이들 팀에게 실패할 게 분명하지만 그럼에도 할 수 있는 최선을 다하라고 지시한다. 이 팀은 어떻게 해야 할까?

수업에서는 네 명에서 다섯 명으로 집단을 구성해서 이 상황에 대한 대응책을 개발한다. 많은 경우, 자기 일을 해내려는 이들의 시도는 아주 기발하거나 영웅적이지만, 이 명령이 자원 부족으로 애당초 잘못된 것이어서 성공적으로 실행될 수 없다는 것이 이 연습의 조건이다.

일부는 직속 상사에게 가서 관리자에게 어떤 결과가 벌어질지를 알리라고 제안해야 한다는 결론을 내린다. 하지만 이런 접근방식에서 문제는 해당 상사가 관리자를 두려워한 나머지 그렇게 하지 못한다는 점이다. 경험이 많은 관료 수백 명을 대상으로 이 연습을 진행해 봤지만, 자기보다 상위 관리자에게 직접 가보겠다고 제안한 사람은 거의 없다시피 했다. 이게 바로 관료제 문화가 지닌 힘이다.

그러고 나서 나는 또 다른 질문을 던진다. 만약 당신이 고위직 관리자라면, 당신은 그 명령이 생각했던 목표를 이룰 수 없고 성공할 만한 다른 대안을 찾을 기회가 아직 남아 있을 때 그 명령을 수정할 수 있다면 이런 사실을 알고 싶어 할 것인가? 거의 전원이 그렇다고, 알고 싶어 할 것이라고 대답한다. 그렇다면, 이들보다 두 단계 위의 관리자 역시 그런 사실을 알고 싶어 하지 않을까? 이 시점에 이들은 내면화된 문화적 규칙과 자기 책임 사이의 모순을 깨닫게 된다.

지휘 체계를 계속 존중하는 해법 찾기

이 연습은 이제 상사를 뛰어넘어 윗선에 직접 보고하되 이런 행동으로 상사와의 관계에 가해질 수 있는 피해를 최소화할 수 있도록 이런 행동을 어떤 언어로 표현할 것인지 하는 문제로 탈바꿈한다. 일단 문화적 금기를 옆으로 제쳐두면, 답은 놀라울 정도로 간단해진다. 상사에게는 그런 행동의 취지를 이렇게 전할 수 있다.

독재자를 막을 것인가 만들 것인가

"당신을 존중하기 때문에 당신 몰래 일을 진행하고 싶지 않습니다. 당신이 선호하는 방식이 있다면 그렇게 해도 좋습니다. 우리와 함께해도 괜찮고, 우리에게 위험을 감수하고 스스로 진행해 보라고 허락할 수도 있습니다. 우리가 하는 일이 적절치 않다고 생각되면 우리가 하는 일에서 거리를 둬도 괜찮습니다. 다만 우리가 할 수 없는 유일한 일이라면 뻔히 실패하리라는 사실을 우리는 알고 있으면서, 이 사실을 관리자만 모른 채로 놔두는 일입니다."

이것은 허락해 달라고 요청하는 것이 아니다. 허락은 거부될 수 있기 때문이다. 이는 관리자에게 어떤 결과가 벌어질 가능성이 높은지를 알고 조정함으로써 임무가 실패하는 사태를 방지할 권리가 있다는 가치에 따라 행동하는 것이다. 상사는 자신의 안정감이나 불안정감이 어떤 수준인지에 따라 지휘 체계를 건너뛴 사람에게 그런 행동을 문제 삼을 수도 있고 그렇지 않을 수도 있다. 놀랍게도, 일부 연구에 따르면 약 4분의 1의 경우에서 차상위 관리자에게 직접 보고하면 해당 문제를 상사의 손에서 덜어준 것을 비롯해 여러 이유로 상사와의 관계가 개선된다고 한다.

추종자 개인이나 팀이 상위 관리자에게 보고할 때는, 그 정보를 어떤 식으로 전달할지가 중요하다. 이들은 자기 직속 상사를 얕보지 않는다. 데이터와 그런 데이터가 임무에 미칠 것이라고 예상되는 영향에 집중한다. 대부분, 관리자는 이런 행동에 어떤 숨은 정치적 의도가 없는 한 이른 경고를 고맙게 여긴다. 다음에 그 관리자가 직속 상사를 만났을 때, 심지어 얼마나 빠릿빠릿한 팀이냐며 칭찬할지도 모를 노릇이다.

하지만 관리자를 훌쩍 넘어서는 고위급 관계자를 불편하게 만들 메시지를 전달하는 경우라면 어떨까? 이제 판돈이 더 커졌다.

고위 관계자와의
소통

첫 번째 계층의 추종자, 즉 정치 지도자의 측근은 그 동기가 매우 다양하다. 그래서 두 번째와 세 번째 계층에 속한 추종자는 의제 중심적이면서 자신의 미래가 독재적 지도자와 떼려야 뗄 수 없는 방식으로 연결된 강력한 첫 번째 계층의 추종자에게 어떤 정보를 제공할지를 놓고 특히 전략적으로 접근해야 한다. 만약 이 첫 번째 계층의 추종자에게 중요할 수 있는 정보를 숨기고 있다가 발각되면, 자기 지위를 잃을 수도 있다. 서투른 방식으로 정보를 전달하다가는 배제되거나 희생양이 될 수도 있다.

가능하다면, 관료 계층에 속한 추종자는 정보를 지도자의 정당한 자기 이익^{예컨대, 그 직책에서의 성공}과 임무 수행을 강화하는 방식으로 구성해야 한다. 또한, 긍정적인 업무 문화를 조성하는 방식으로 정보를 제시해야 한다. 이는 어떻게 보일까? 여기서 중요한 것은 정보를 과장하거나 그 부정적인 측면을 부추김으로써 첫 번째 계층에게 환심을 사는 식으로 정보를 가공하려는 유혹을 피하는 일이다. 이런 정보를 전달받는 최고위직 인사는 자신이 받은 정보를 세세히 검토하거나 확인할 시간이 거의 없다. 따라서 이들은 선동적인 부분에 집착할 수 있고 이후 연설이나 정책에서 이런 부분이 표출됨으로써 상황을 더 악화시킬 수 있다. 이런 일이 어떻게 작동할 수 있는지 살펴보자.

미국의 정부 체계에서 내각 구성원은 대통령이 지명하고 상원이 승인한다. 이들에게 직접 보고하는 고위급 참모 대부분은 공무원이 아니라 정무직으로 분류되며, 이들의 임기는 새로운 행정부와 함께 시작하고 끝난다. 새로운 행정부 출범과 함께 들어오는 정무직 인사는 직업 공무원에 대해 매우 비판적인 경우가 많고 주변의 정부 공무원에 대해 부정적인 고정관념을 그대로 받아들인다. 이 때문에 결국 업무에 정통하고 유능한 고위 공무원이 일정 기간 새로운 행정부에서 신뢰받지 못하는 사태로 이어지며 이런 일은 이들 공무원이 자신의 진정한 가치를 입증할 때까지 계속된다. 보통 이런 일은 해당 공무원이 정무직 인사가 대중적인 위기를 헤쳐 나갈 수 있도록 도와줌으로써 이들의 체면을 살려주고 난 후에 일어난다. 다음은 이런 냉소주의가 자기보다 위에 있는 첫 번째와 두 번째 계층에 퍼져 있을 때, 직업 관료가 이런 상황에 어떻게 대처했는지를 보여주는 사례다.

새로 임명된 장관은 대통령의 측근이었으나 연방 공무원을 매우 냉소적으로 봤다. 이 장관에게 연방 공무원에 관해 보고하는 정무직 공무원 중 한 사람이 이런 냉소주의를 부추겼다. 부서 내 사기는 바닥이었고 이 정무직 공무원이 사기를 올리겠다며 "사기가 오를 때까지 계속 매질하겠다."는 식의 접근 방법을 택했다. 그는 공무원 집단이 신임 대통령이 실패하도록 만들려 한다고 가정을 바탕으로, 이를 반영해서 성과 평가 기준을 설계했고 이것이 장관의 냉소적 관점에 잘 맞아떨어지리라고 생각했다. 하지만 당연히 이런 방식은 사기를 더욱 악화시키기만 했다.

　　이전 행정부에서 높은 평가를 받았던 내 의뢰인은 이 기간에 자세를 낮추고 어려움을 꿋꿋이 헤쳐 나가며 자기가 맡은 일을 처리해 나갔다. 몇 달 후, 그녀는 탁월한 업무 능력과 정치적 식견 덕분에 장관에게 믿을 만한 인물로 주목을 받게 되었다. 연방 공무원에 대해서는 매년 사기 조사가 실시된다. 이 장관의 부서는 다른 부서에 비해 좋은 평가를 받지 못했다. 따라서 장관 역시 좋은 평가를 받지 못했다.

　　내 의뢰인은 이 기회를 틈타 부서 직원이 자기 업무에 대해 얼마나 자부심을 느끼고 있는지 장관에게 설명했다. 그녀의 도움을 받아, 장관은 부서 직원과의 내부 소통에서 이 사실을 인정하기 시작했고, 이런 사기 수준의 상승을 반영한 조사 결과가 보고되었다. 이제는 나쁜 소식도 어떤 냉소도 받지 않고

> 보고될 수 있었고, 그 덕에 복잡한 문제를 생산적으로 해결하
> 기 위한 선택지에 집중할 수 있었다. 이를 통해 정치적 추종자
> 가 조작한 정보에 기반해서 성급히 정책을 결정하는 사태를
> 피할 수 있었다.

　유능하고 윤리적인 추종자는 자신이 고위 지도자에게 전달하는
정보를 되도록 간결하고 이해하기 쉽게 만든다. 이들은 자기 상사
가 그 정보가 임무뿐만 아니라 자신의 평판이나 자기 최상급자의
정치적 자산에도 중요하다고 인식할 수 있도록 정보를 구성한다.
또한 주어진 현재 조건에서 달성할 수 있는 결정을 내리도록 고위
지도자 대부분을 설득하거나 아니면 왜 잘못 판단된 입장을 재고
해야 하는지를 이들이 이해할 수 있도록 돕는 데 이 정보를 어떻게
활용할지를 강조한다.
　임무를 우선하면서도 더 나은 결과를 얻기 위해 조직 구성원의
관점을 조율할 지렛대의 받침점을 찾는 것, 이것이 모범적인 추종
자가 해야 할 역할이다.

용기

　　　　　　　이렇게 세심하게 고안된 접근방
법이 권위주의적 충동을 누그러트리려고 시도하는 과정에서 늘 성

공을 보장하지는 않는다. 하지만 성공하지 못했다고 불난 집에 부채질하듯 사태를 악화시키는 것도 아니다. 용기 있는 추종자가 빈틈없는 조언을 건네고 상급자가 그런 조언을 받아들여 이익을 얻는다면, 조정자의 목소리를 낼 수 있는 더 나은 위치에 설 수 있다. 적어도 한 사람은 올바른 일을 하려고 애쓰고 있으며, 계속 시도하면서 "또 다른 하루를 살아내고" 있다.

관료가 조직 내에서 승진하면 내부 핵심 계층에서 단 두 단계 정도 떨어진 위치에 놓일 수 있다. 용기와 능력이 있다면, 결정적인 순간에 행정부가 권력을 올바르게 사용하거나 남용하려는 행보에 실제로 변화를 일으킬 수 있다. 훨씬 낮은 수준에서도 원칙을 따르는 용기 있는 행동은 변화를 만들어 낸다.

흐르는 물과 달리, 용기는 필요하다면 위쪽으로 흐를 수 있다. 아래에서 본보기가 될 만한 용기는 위에서 본보기가 될 만한 용기만큼이나 강하다.

내 워크숍에서는 참가자에게 자신에게 용기를 주는 원천이 무엇인지 찾아보라고 요청한다. 그런 원천은 과거의 역사적 인물이든 현재의 인물이든 용기 있게 삶을 살았던 개인인 경우가 많다. 이런 개인적 역할 모델은 이들의 삶 모든 영역에서 나오며 강력한 시금석이다. 원칙을 따를 용기를 보여준다면, 당신도 이런 역할 모델에 포함될 수 있다.

물론, 위계질서에서 자기 상사나 그런 상사의 상급자에게 올바른 결정을 내리도록 영향력을 행사하는 일과 정부 수반이 국정 운영의 방향을 바꾸도록 전략적인 영향력을 행사하는 일은 완전히 다른 문제다. 잘 봐줘도 가망 없는 일이며, 아마도 지도자와 가까운 사람 몇몇을 거치는 간접적인 방식, 즉 두세 단계 정도 떨어져 있는 문제다.

관료 계층에 속한 추종자는 전략적 영향력을 발휘하는 기술을 개발하고 활용해야 한다. 이들이 쓸 수 있는 연습장은 통치 체제에서 이들 자신의 직급과 자기보다 두세 단계 위의 직급이다. 의식적으로 연습하고 경험을 쌓음으로써 관료제 내 추종자는 자신이 참여한 태스크포스나 조사단의 일원으로 그렇게 할 기회가 주어졌을 때, 그런 가망 없는 일을 실행에 옮길 준비를 갖출 수 있다. 이런 역할을 보여주는 고전적 사례로는 베트남 연구 태스크포스Vietnam Study Task Force가 있었다. 이 태스크포스에 대해서는 추종자의 연합을 다루는 14장에서 살펴보려 한다. 이 태스크포스는 베트남 전쟁이 많은 사상자를 내면서 진행되던 중에 수많은 정부 관료를 활용해 베트남에서 미국의 위상과 전망과 정책을 평가했다.

때때로 물이 위로 "흐르는" 운하를 운영하는 것과 비슷하게, 여기에는 영향력이라는 배를 지형상의 장애물 너머로 들어올리기 위해 전략적 위치에 설치된 "갑문"을 여닫는 일이 필요하다. 다음 장에서는 이런 상승을 만들어 낼 수 있는 긍정적인 관료제의 영향력을 발휘하는 기술을 살펴보려 한다.

독재자를 막을 것인가 만들 것인가

8장

관료 계층

정치적 감각의
개발

"정치적 감각 또는 통찰력:
자신이 맡고 있는 공적 임무를 더 효과적으로 달성하기
위하여, 특정 조직체 내에서 그리고 더 광범위한 지역 사회
내에서 다양한 이해관계 집단과 권력 기반, 그리고 이들 간의
역학 관계를 이해하는 능력을 보여주는 것."

— 영국 국민보건서비스NHS 연구소

관료제 구성원이 정치적 감각이라는 기술을 발휘하지 못한다면, 예비 독재자의 명령과 계획을 저지하는 과정에서 변화를 만들어 내기란 거의 불가능하다. 주의를 기울이고 가능하다면 숙달해야 할 요소는 무엇일까?

너무 정치적이다라고 하는건 어느정도를 말하는 걸까?

어떤 개인의 행동이 "너무 정치적"이라면, 그 사람을 신뢰하기란 좀처럼 쉽지 않다. 우리는 그런 행동을 보면서 자기 잇속만 차리는 행동이자 무언가를 꾸미려는 행동이라고 여긴다. 이런 맥락에서는 정치적이라는 말을 집단이나 그 집단의 의무가 아니라 어떤 개인의 이득이나 자기 이익을 위해 일하는 것으로 정의하기 쉽다. 삶에서 벌어지는 일이 대부분 그렇듯, 이는 정도의 문제다. 집단의 이익과 균형을 유지하는 한, 자기 이익을 추구한다고 해서 문제가 될 일은 없다.

조직 생활에서는 집단의 복리를 증진하기 위해 정치적 기술도 필요하다. 개인이 어떤 체제 내에서 인식하고 행동하는 방식에는 일정한 범위가 있다. 이를 보통 정치적 통찰력이나 정치적 감각이라고 여긴다.

정치적 감각의 스펙트럼 한쪽 끝에는 오로지 원칙에만 따라 행동하는 사람이 있다. 이들은 자신이 맡은 업무와 관련된 데이터가 얼마나 정확한지 그리고 아무 편견 없이 그런 데이터를 분석하는 일에 집중한다. 이들에게 정치는 아무래도 좋은 것이다. 이렇게 접근한 결과, 이들은 종종 지도자나 시스템이 자신이 힘들게 얻은 작업 결과를 제대로 활용하지 못하는 모습을 보고 좌절감을 느끼기도 한다.

스펙트럼의 다른 한쪽 끝에는 시스템 내의 권력관계에 주의를 기울이는 사람이 있다. 이들은 어떤 계획안을 지지하거나 저지할 권력을 가진 사람이, 자신이 알아낸 사실에 관심을 가지도록 하고 그런 권력자가 자기 편이 되어 자신이 권고한 사항을 지지하도록 정보를 구성한다. 이들은 정치적 감각을 발휘하며 어떤 일이 이루어지도록 하는 데 유능하다.

관료제에서 점점 고위직에 오를수록, 유능하게 여겨지기 위해서든 아니면 그저 살아남기 위해서든 정치적 감각을 발휘해야 할 일이 더 많아진다. 하지만 정치적 감각에 진실성이 없으면, 이는 해로운 결과를 초래할 수 있고 종종 그렇게 되기도 한다. 따라서 이런 연속선의 양극단 사이에는 바람직한 균형이 존재하며, 이런 균형점에서 개인은 진실한 데이터에 근거해 행동하면서 필요한 일을 이루기 위해 정치 현실을 고려한다.

관료제를 악용하는 독재자를 막아서는 일은 어렵고도 위험하지만, 이런 시도라도 해보려면 그 바탕에 정치적 감각이 놓여 있어야 한다.

정치적 감각이란?

정치적 감각을 운동선수에 빗대어 생각해 볼 수 있다. 이 선수는 자기 팀과 상대 팀 선수의 위치를 알고 그들이 수비 중인지 공격 중인지를 파악한다. 다른 선수가 어느 방향으로 움직이고 몇 초 후에 어디 있을지 예측하며 공이나 퍽_{아이스하키에서 공 대신 사용되는 단단한 고무 원반—옮긴이}이나 프리스비_{둥글고 납작한 원반을 던지고 받는 놀이 또는 그 원반—옮긴이}가 그 몇 초 사이에 어디 있을지 예측한다. 또한, 자신이 움직이면서 따라야 할 규칙이 무엇이고, 상대적인 장점과 기술을 고려했을 때 자신이 사용할 수 있는 전략이 무엇인지 알고 있다. 정치적 감각은 거의 종합적인 "경기 중의 상황 인식"을 요구하는 하나의 기술이다.

이것만으로도 충분히 도전적으로 보이는데, 만약 목표가 새롭게 부상하는 독재자를 저지하는 것이라면, 자신의 안전, 이용할 수 있는 보호 수단, 실패했을 경우의 비상 계획, 심지어 탈출 계획에 이르기까지 추가로 고려해야 할 사항이 더 많아진다. 이를 통해 왜 용기와 감각이 둘 다 중요한지 알 수 있다.

사태가 일반적인 방식으로 흘러간다면, 정부 하위 계층에서 정치적 감각을 발휘해 봤자 새롭게 부상하는 독재자를 막지 못한다. 하지만 하위 계층에서 이러한 기술을 익혀두면, 관료가 뜻밖에 더 높은 수준에서 변화를 만들어 낼 만한 직위에 있는 상황에서 이 기술을 활용할 수 있다.

조직은 대개 프랙털^{fractal} 구조를 따르는 경향이 있다. 프랙털이란 시스템에는 규모의 수준이 다르더라도 시스템이 자기복제를 하는 경향이 있음을 뜻한다. 관료제에서 하위 계층의 조직 문화는 상위 계층의 조직 문화와 유사한 특성을 보이는 경향이 있다. 따라서 지금 있는 자리에서 어떤 정치적 감각이 필요한지 검토하고 이를 적용하는 일은, 현재 직책에서 더 효과적으로 업무를 처리할 수 있게 해 주는 동시에 나아가 자기 분야의 먹이 사슬에서 정점에 가까운 위치에서 영향력을 발휘할 수 있는, 일생에 한 번 있을 법한 기회에 더 제대로 대비할 수 있게 해 준다. 이는 정치적 감각에 더 자세히 살펴볼 만한 가치가 있음을 보여준다. 이후 예비 독재자의 행보를 저지하는 데 이런 정치적 감각이 어떻게 작동하는지 다시 살펴보도록 하자.

정치적 인식과
감각 가르치기

　　　　　　　　　　한때, 나는 미국 연방 정부의 고
위직 관리자와 함께 일했던 적이 있다. 연방 정부의 직급 체계는
일반 직급의 경우 3급에서 시작해서 고위 관리자와 국장급인 15급
까지로 구성된다. 그 위로는 고위공무원단^{Senior Executive Service, SES}이
있으며, 200만 명에 이르는 전체 연방 공무원 중 약 7천 명만 여기
포함될 정도로 매우 까다롭게 선별된다. 나와 함께 일했던 관리자
는 3급에서 시작해서 고위공무원단까지 올랐으니, 아주 드문 사례
였다. 이 관리자는 석사나 박사 같은 학위를 소지하고 있지 않았지
만, 그녀에게 보고하는 사람 중에는 박사학위 소지자가 상당수 있
었다. 그녀와 가깝게 일하면서 알게 된 사실은 그녀가 다른 사람들
을 밟고 관료제라는 사다리를 오른 냉혹한 사람이 아니라는 점이
었다. 오히려 동료와 부하 직원 모두가 그녀를 매우 존경했다. 그
녀는 자기 직급보다 두세 직급 아래에서 일하는 인재를 길러내는
데 헌신했으며, 이 일에 도움을 얻으려고 내가 속한 그룹을 고용했
다.

그녀의 비결은
무엇이었을까?

그녀가 우리에게 요청했던 사항 중 한 가지는 정치적 감각을 가르치는 프로그램을 만들어달라는 것이었다. 그녀는 정치적 감각이 얼마나 중요한지를 절실히 깨닫고 있었지만, 조직 내부에서는 이를 가르칠 만한 자원을 찾을 수 없었다. 이 과제를 수락하고 나서, 나는 그녀에게 인터뷰를 요청했다. 분명히, 그녀 자신이 현재 자리에 오르기까지 상당한 수준의 정치적 감각을 발휘했을 것이고, 결국 8천 명의 직원을 거느린 기관의 수장이 되었으니 말이다.

정치적 감각은 주로 집단 환경과 일대일 관계라는 두 가지 상황에서 드러난다. 어떻게 보면 일대일 관계는 상대적으로 더 쉬운 역학 관계다. 상대방이 무엇에 관심을 두고 있는지, 즉 이들이 공식적인 역할 범위 안에서 무엇을 이루려고 애쓰는지, 그리고 이들이 자기 삶과 경력에서 무엇이 자신에게 이익이 된다고 생각하는지에 주목하면 된다.

나는 이 의뢰인에게 한 시간만 시간을 내달라고 부탁했다. 우리가 한자리에 앉게 되었을 때, 나는 큰 종이 한 장을 펼쳐놓고 그녀에게 간단한 질문을 하나 던졌다. "회의에 들어갈 때 무엇에 주목하시나요?" 우리는 그녀가 알고 있는 영역에 속하는 수많은 요소로 앞에 놓인 종이를 채웠다. 45분쯤 지났을까, 그녀는 뒤로 기대며 놀란 표정을 지었다. 그녀는 자신이 다양한 관점과 이해관계를 성공적으로 조율할 수 있었던 환경에서 직관적으로 얼마나 많은 요소에 주목했었는지 전혀 알지 못했다! 그녀는 실제로 살아 움직이고 있는 정치적 감각의 수많은 요소를 우리 눈앞에서 풀어 보여 준 셈이었다.

나는 주목해야 할 요소를 따로 골라내기 위해서 이 복잡한 자료를 조금 더 이해하기 쉬운 범주로 정리했다. 그리고 이런 틀이 세 가지 방식으로 적용될 수 있다는 사실을 알아냈다. 첫째는 자기 조직의 회의 참석자에게, 둘째는 목표를 달성하려면 설득하거나 최소한 방해는 하지 않도록 할 필요가 있는 다른 조직의 참가자에게, 그리고 끝으로 가장 놀랍게도 정치적 행위자로서 그녀 자신에게 적용할 수 있었다.

이런 도표의 핵심 내용을 뽑아내 여기에 담았다. 이 도표는 정치적 감각을 개발하면서 더 많은 주의를 기울일 필요가 있는 내용을 따로 떼어 파악하는 데 유용하다. 첫 번째 도표는 자신이 속한 기관이나 기관 간 환경에 적용될 수 있다. 도표 아래에서는 각 범주를 간략히 설명한다. 관료조직에서 일하지 않더라도, 어떤 집단 환경에서든 새로운 아이디어나 계획에 대한 지지를 얻는 데 이런 인식이 매우 중요한 상황이 있는데 그것이 어떤 상황인지를 알게 될 것이다. 이런 의미에서, 우리는 모두 정치적 행위자다.

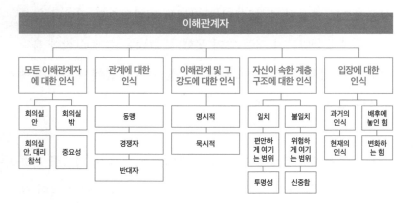

이해관계자에
대한 인식

이해관계자라는 말은 비교적 현대적인 표현으로, 모든 조직을 둘러싸고 있는 체계의 복잡성을 인정하는 말이다. 이해관계자는 어떤 과정과 그 과정의 결과에 이해관계가 있는 모든 개인이나 집단을 가리킨다. 이해관계자는 자신이 속한 집단의 구성원일 수 있고, 같은 조직 내 다른 부서 혹은 외부 조직이나 그런 외부 조직의 부서나 조직 구성원 누구라도 될 수 있다. 이들은 모두 자연스럽게 동맹이나 경쟁자나 반대자가 될 가능성을 가지고 있다.

회의에 누가 참석했는지를 보면, 각 이해관계자 집단이 해당 사안을 얼마나 중요하게 여기고 있는지를 알 수 있다. 참석한 대표자의 직급이 높거나 전문성이 높을수록, 해당 사안이 그 집단에 중요한 문제일 가능성이 높다. 권위주의적 문화에서는 회의 과정을 감시하고 강압을 통해 그 과정을 미리 정해둔 방향으로 이끌어 가기 위해 어느 정도의 "강경파"가 파견되었는지 알 수 있다.

회의에 참석하지 않은 사람이 누구인지를 분석하려면 훨씬 더 높은 정치적 인식이 필요하다. 회의에 참석하지 않았다면 그들에게 해당 사안이 중요하지 않다는 의미일까? 아니면 회의에 참석해 달라는 요청을 받지 못했거나 아니면 그저 일정이 겹친 탓일까? 특정 이해관계자가 참석하지 않았다는 사실은 명시적이거나 암묵적인 편견이 있다거나 아니면 예비 독재자의 입김이 들어갔다는 점을 암시하는 것은 아닐까?

관계에 대한 인식

해당 사안을 논의하려고 회의장에 모인 사람 간의 관계는 어떠한가? 정치적 동맹은 자기 이익을 어떻게 인식하는지에 따라 바뀐다. 해당 사안에서 자연스러운 동맹은 누구인가? 누가 영역이나 예산이나 공적을 두고 자신을 경쟁자로 인식하는가? 누가 이해관계나 좋지 않았던 과거의 일로 적대적인 관계를 맺고 있는가? 권위주의적 문화라면, 적대적 경쟁 관계를 신중히 이용함으로써 정책 결정의 부정적 결과를 완화할 수 있는가?

이해관계와
그 강도에 대한 인식

정치혹은 전쟁에서는 사람과 자원이 가장 많다고 해서 항상 승리하는 것은 아니다. 때로는 잃을 게 가장 많아서 모든 수단을 동원해서라도 전멸을 피하려는 집단이 이기기도 한다. 이들 이해관계자 중에서 누가 해당 사안을 생존과 직결된 실존의 문제로 여기는가? 누가 해당 사안을 부차적인 문제로 여기고, 누가 핵심적 이해관계에서 동떨어진 주변적 문제로 여기는가? 이를 평가하면 어떤 동맹을 형성할지 판단하고 지배적인 지도자나 집단이 주장하는 것과 다른 결과를 만들어 낼 가능성을 판단하는 데 도움이 될 수 있다.

자신이 속한 계층 구조에
대한 인식

이는 회의에 참석했든 하지 않았

든 지휘 체계상 자기 위에 있으면서 그 직위상의 권력을 가진 모든 사람을 말한다. 이들 상급자의 관점을 염두에 두면 위험 요소를 피하면서 기대 목표를 달성하는 "재량의 여지"를 극대화할 수 있다. 도표의 이 열에서 다음과 같은 요소에 주목해야 한다.

1. 일치 대 불일치

정치는 조직의 모든 수준에서 작동한다. 비교적 자유로운 문화에서라면 어느 정도의 정치는 자연스러운 일이며, 독재자의 억압이 있을 때라도 여전히 은밀한 방식으로 작동한다. 이를 파악할 수 있는 정도까지, 고위 지도부는 해당 사안에 대해 얼마나 의견을 같이하고 있는가? 자신의 수준에서 움직일 여지를 줄 수 있을 만큼 고위층에 의견 불일치가 있는가?

2. 입장에 대한 인식

다른 사람, 특히 계층 구조에서 자기보다 위에 있는 사람이 편안하게 여기는 범위를 파악하는 것이 중요하다. 이들은 협상이나 논의를 위해 받아들일 수 있는 대상의 경계가 어디까지라고 보고 있는가? 이들이 민감하다거나 기밀이라거나 자기 자리나 권력에 위협이 될 수 있어서 지나치게 위험하다고 여기는 것은 무엇인가? 이런 물음에 예민하게 대응하면 자기 영향력을 약화시킬 실책을 저지르는 것을 피할 수 있다.

3. 투명성 대 신중함

이 사안을 이런 환경에서 얼마나 투명하게 다룰 수 있는가? 회의에서 자유롭게 모든 데이터를 제시하고 의도를 드러낼 수 있는가, 아니면 순진한 행동으로 여겨져 자신에 대한 지도자의 신뢰를 약화시키거나 무너뜨릴 수 있는가? 권위주의적 문화에서 투명성은 너무 "유약"하거나 충성스럽지 못한 것으로 여겨지거나 보복을 견딜 만큼 충분히 강력한 입지를 구축하기 전까지는 보복에 취약해질 수 있다.

입장에 대한 인식

다양한 파벌은 자신이 옹호하거나 원하는 결과라고 생각하는 입장을 가지고 회의에 참석한다. 이들의 입장은 당신의 입장과 크게 다를 수도 있다. 이를 이해하면 자신의 전략을 세우면서 그런 입장을 고려하고 어쩌면 가까운 장래의 목표를 수정하는 데 도움이 될 수 있다.

1. 과거의 이해와 새로운 이해

해당 사안을 두고 모든 당사자가 과거에는 어떤 입장이었는가? 시간이 흐르고 사람이 바뀌면서 이런 역사와 복잡성은 종종 잊히기도 한다. 해당 사안을 깊이 있게 이해하고 있어야 당신이 영향을 미치려고 노력하는 지도자가 당신을 아는 게 없다고 무시하지 못한다. 이런 입장의 미묘함과 복잡성을 이해함으로써 지도자가 기본 요소를 새로운 시각으로 바라보게 도울 수 있다.

2. 배후에 놓인 힘과 그 변화 양상

과거에 그런 입장을 갖게 하였던 요인은 무엇인가? 정치, 경제, 사회, 기술, 환경 측면에서 일어나는 큰 흐름은 무엇이고, 기존 입장과 지도자의 충동에 깊이 관련되어 있으나 작은 흐름은 무엇인가? 이런 요인은 어떻게 변화했으며 앞으로도 계속 변화할 가능성이 있는가? 이런 변화는 어떻게 지도자가 현재 지향하고 있는 방식보다 위태롭지 않은 방식으로 해당 사안을 해결하기 위해 받아들일 만한 대안을 제시할 수 있는가?

다른 계층 구조에
대한 인식

해당 사안에 다른 기관이나 구성원 집단이 관여할 경우, 도표의 또 다른 열을 차지한다. 의뢰인과 인터뷰하면서 나는 그녀가 자기 기관 내부의 역학 관계에 주의를 기울이면서 다른 한편으로 업무 관할권이나 이해관계가 서로 중첩하는 다른 기관이나 집단에도 똑같은 질문을 했다는 사실을 찾아냈다.

중요한 차이점이라면 자기 조직에 대해서 얻을 수 있는 정보만큼 다른 기관에 대한 정보를 얻을 수 있는 위치에 있지 않았다는 점이다. 우리는 이 요인을 다른 이해관계자의 계층 구조 열에 추가했다.

정보에 대한 인식

1. 알지 못하는 정보

당면 주제를 고려해서, 다른 이해관계자의 활동에 기반이 되는 정보 중에서 이미 알려졌다고 생각되는 정보는 무엇이며, 아직 알려지지 않았으나 관련성이 큰 정보는 무엇인가?

2. 반드시 알아야 할 정보

제대로 준비하려면 반드시 알아두어야 할 사항이 있는가? 그 정보를 어떻게 얻을 수 있는가? 공개된 문서를 통해 무엇을 알아낼 수 있는가? 비공개 정보를 알고 있거나 접근할 수 있는 동맹은 누구인가?

3. 알 수 없는 정보

단순히 알 수 없는 정보란 무엇을 말하는가? 회의에서 놀라움을 안겨줄 만한 시나리오 중 실현 가능성이 가장 높은 시나리오는 무엇인가? 이런 시나리오에 대응하기 위해서는 어떻게 준비할 수 있는가?

자신의 정치적 상황에
대한 인식

좋은 관료는 전문적이며 자신의 개인적인 정치적 호불호보다 공식적인 책임을 위에 두겠지만, 그럼에도 조직 내에서는 여전히 정치적 행위자다. 같은 회의에서 내 의뢰인은 어떤 정치적 상황에서든 자신이 가지는 자기 인식을 체계적으로 정리했다. 그녀의 판단은 특히 예리했다. 우리가 파악한 요소는 다음과 같다.

정치적 인식의 장—자신

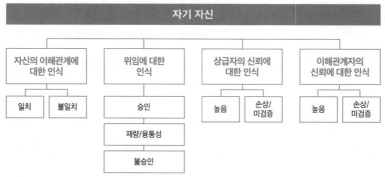

자신의 이해관계에
대한 인식

　　　　　　　　　　　　　살아있는 한, 우리는 이해관계를
가진다. 이상적인 경우라면, 전문가는 조직의 사명을 주요 관심사
로 유지하기 위해서 이해관계를 관리한다. 그렇지만 조직이 변화
하면 우리가 열정을 가지고 추진하는 계획에 영향을 미칠 뿐만 아
니라 우리 경력에도 영향을 미친다. 어떻게 하면 우리 이해관계가
지도자의 우선순위와 일치하고 어떻게 하면 그렇지 않은지를 계속
생각해 보는 것이 바람직하다.

　밀고 당기는 일이 일상인 관료제 생활에서, 전문성에 대한 의식
과 개인적인 윤리 의식을 발휘함으로써 개인의 이해관계, 지도자
의 이해관계, 조직의 이해관계 사이에서 균형을 잡는다. 독재 체제
가 폭정으로 방향을 돌린 상황에서는 일치와 불일치 모두가 문제
가 될 수 있으며 신중히 고려할 필요가 있다.

　만약 우리가 인지하고 있는 자기 이익이 독재적 행보와 일치한
다면, 개인의 가치를 검토해 볼 필요가 있다. 나중에 후회할 방식
으로 매수되고 있지 않은가?

　만약 임무에 기반한 우리 이해관계가 독재자의 목표에는 일치
하지만, 그 목표를 달성하는 방법과는 일치하지 않는다면, 어떻게
우리가 소중히 여기는 가치를 침해하지 않으면서 독재자의 권력을
최대한 활용할 수 있을까?

만약 우리의 이해관계와 가치가 독재자의 그것과 다르다면, 우리는 매우 신중하게 이런 불일치를 관리할 필요가 있다. 왜냐하면 우리가 잠재적으로 되돌릴 수 없는 결과를 낳을 수 있는 변곡점에 서 있기 때문이다. 이러한 험난한 물길을 헤쳐 나갈 방법을 살펴보기에 앞서, 다른 요소를 계속 평가해 보자.

위임에 대한 인식

관료는 관례와 역할에 따라 정치 지도자의 대리인 구실을 한다. 이들에게는 목표와 우선순위를 달리 정할 아무 재량권도 없다. 무엇을 제시하고 협상하고 승인할 권한이 있는지 혹은 없는지 명확히 인식할 필요가 있다. 이를 명확히 구분하지 못하면 결국 지도자의 신뢰를 잃게 된다. 독재 체제에서라면 이는 상당히 큰 윤리적 부담을 안길 수 있다. 우리는 이런 역학 관계를 살펴보면서 이런 문제를 다룰 수 있는 선택지를 검토하려고 한다.

상급자의 신뢰에 대한
인식

만약 신뢰가 높다면, 관료는 자기에게 주어진 일반 지침 내에서 결정을 내릴 여유를 얻게 된다. 그 직책에 있었던 전임자 아래에서 높은 신뢰를 누렸던 덕에 이런 신뢰가 저절로 이어지리라고 착각할 수도 있다. 하지만 새로운 관계에서는 신뢰를 다시 구축해야 한다. 혹은 최근 일어난 사건으로 신뢰가 약해졌을 수도 있고 이 때문에 신뢰를 다시 구축해야 할 필요도 있다. 독재 체제에서는 독재자가 사용하는 방법이나 독재자가 내리는 결정의 영향을 최소한으로 줄이는 데 전력을 다하면 이런 신뢰 회복이 특히 어려울 수 있다.

이해관계자의 신뢰

유사한 역학 관계가 상호 작용하는 이해관계자에게도 적용된다. 결정에 영향을 받을 사람과의 신뢰가 아직 형성되지 않았거나 손상되었다면, 이 문제에 신경을 써서 그 결정이 공정한 것처럼 보이도록 해야 한다. 독재적 분위기에서는 이해관계자를 배신하거나 배신당하지 않으면서 이 문제를 해결하기가 특히 어렵다. 권력 남용을 억제하기 위해서는 고도의 경계심과 아슬아슬한 줄타기를 할 수 있는 능력이 필요하다.

협력적 실천으로서의
정치적 감각

"정치적"이라는 말을 들으면 이 말이 함축한 불쾌한 속내를 떠올리는 사람이 많지만, 정치는 일을 처리하는 매우 협력적인 방식이다. 왜냐하면 정치는 그 과정에 관여하고 그런 과정의 결과에 영향을 받는 타인이 문제를 어떤 관점에서 바라보고 이들이 필요하다고 생각하는 것이 무엇인지를 고려하기 때문이다.

정치적 감각이 뭔가를 조작하는 방식으로도 사용될 수 있다는 건 맞는 말이다. 하지만 정치적 감각은 또한 누군가의 이해관계에 필요 이상으로 불이익을 주지 않으면서도 가능한 한 많은 이해관계를 충족시키는 데 쓰일 수 있다. 이런 의미에서 정치적 감각은 실효성이 있다는 사실뿐만 아니라 생산적 관계를 구축할 수 있는 잠재력이 있다는 점 때문에라도 우리가 길러야 할 인식이자 기술이다. 이런 정치적 감각은 그 자체로도 좋은 것이지만, 정치 지도자가 독재자로 나아가는 행보를 저지하려는 우리의 관심과도 무관하지 않다. 개입이 성공하려면 항상 연합이 필요하다. 가능한 한 많은 당사자의 이해관계에 주의를 기울임으로써 신뢰가 구축된 곳에서는 필요할 때 연합을 형성할 수 있는 더욱 강력한 기반이 마련된다.

　정치적 인식을 구성하는 모든 요소를 활용해서 영향력을 발휘할 수 있는 정치적 공간과 그렇지 않은 공간을 파악해야 한다. 이는 관료가 자신의 윤리와 전문성의 가치를 지키면서도 정치적 감각의 수준을 높이는 데 큰 도움이 된다.

　한 가지 주의할 점이라면, 그 누구라도 기술을 개발하면서 동시에 정치적 인식의 모든 요소를 의식적으로 염두에 두기는 불가능하다는 점이다. 한 번에 하나 혹은 두 가지 요소 정도에 집중하고 이를 통합한 다음에 다른 요소로 넘어가는 편이 더 낫다. 예컨대, 먼저 회의실에 누가 있는지, 그리고 그것이 어떤 의미인지에 주의를 기울이는 일에서부터 시작하라. 이런 일이 중요 주제를 다루는 회의에 자신이 참여하는 방식으로 자리 잡으면 다음 기술로 넘어가 그 기술을 갈고 닦아야 한다. 물론, 매우 중대한 회의가 잡혀 있다면 이 도표를 꺼내놓고 그 회의에 해당하는 요소를 하나씩 생각해 보면서 회의를 준비할 수 있다.

동맹을 파악하고
포섭하기

궁극적으로, 예비 독재자의 행보를 틀거나 저지하려면 연합이 필요하다. 연성 권력soft power을 만들어 내는 자질을 발휘하면 아직 예비 독재자에게 굴복하지 않았거나 그에게 충성하지 않는 세력을 연합할 수 있다.

스펙트럼에서 비정치적 영역에 있는 이들은 데이터와 합리성과 원칙을 최우선으로 생각하지만, 자신이 가치와 목적에 헌신해 왔다는 흠 하나 없는 경력과 자신의 주장이 합리적이어서 다른 사람을 설득할 수 있으리라는 믿음에 기대는 실수를 범하기도 한다. 이들은 이런 접근방식이 실패했을 때 실망하며 당황하는 모습을 보인다. 정치적 역학을 인식하고 이를 활용하는 일은 부동층이 권력 남용의 싹을 억제하는 행동을 지지하도록 설득하는 데 꼭 필요하다.

이는 매우 높고 가파른 절벽을 오르는 일이나 마찬가지다. 우리가 살펴봤듯이, 관료에게는 몸을 사리고 계층 구조를 따라 내려오는 정책과 명령에 따르며 나쁜 결과에 대해서는 자기에게 책임이 없다는 식으로 정당화하려는 유인이 존재한다. 전체 판세를 머릿속에 그리고 겉보기에는 열세 같아도 승리할 수 있는 전략을 찾는 체스 선수의 상황 인식이 필요하다. 이렇게 능숙한 추종자가 동료 사이에서 자연스럽게 지도자 구실을 하고 다른 사람이 그를 지지할 용기를 내준다면, 성공 가능성은 크게 높아진다.

상황을 읽는 법

대통령 권력 현대화를 위한 대통령 자문위원회의 초안 작성 위원회가 백서를 표결하기 위해 회의를 진행하고 있었다. 초안을 작성하는 일은 클라라가 맡았다. 이 백서에는 구속력이 없지만 다양한 패널이 가장 우려하고 있는 사항이 무엇인지를 대중에게 알리는 역할을 할 것이었다. 클라라는 회의실에 누가 있는지 살펴보았다. 회의석 주변에 있는 11명 중에서 최소한 5명이 지지해 줘야 대통령에게 중대한 권력 집중을 억제하라는 권고안을 통과시킬 수 있었다. 클라라는 자신의 권고안을 지지해 줄 몇몇 후보를 확인했다.

2성 장군인 알폰소 블랙먼Alfonso Blackmon은 사회적 소외 계층을 지키는 일에 큰 자부심을 가진 인물이었다. 클라라는 그의 정의감에 호소할 수 있을 것이다.

전 상원의원 마이클 말코빅스Michael Malkovics는 이제 오랜 공직 생활의 황혼기에 접어들었다. 그의 관심은 자신이 남길 정치적 유산에 있었고, 이번 사안에 대해 어떤 결정을 내리는지에 따라 그 유산이 긍정적인지 아니면 부정적인지 판가름 날 수 있다.

판사 마야 로빈슨Maya Robinson은 떠오르는 스타로, 자신을 규정하고 잠재적인 지지층을 확장할 기회를 늘 찾고 있었다. 그녀는 이번 사안의 중요성을 이해하고 있었다.

온 국민의 존경을 받는 우즈 주교Bishop Woods는 위원회를 구성할 당시 병에 걸려 있었다. 그는 현재 사안을 마무리하고 집으로 돌아가 가족과 함께 휴식을 취하고 싶어 했다.

국토안보부 장관 셰일라 맥도날드Sheilagh MacDonald는 혁신적인 의제를 가지고 있었다. 그녀는 자기 아이디어와 비전을 시험해 볼, 더 참여적인 정치적 분위기가 필요했다.

킹슬리 원부시 경Hon. Kingsley Winbush의 가족은 예비 독재자와 오랜 적대 관계를 유지해 왔고, 이는 활용할 만한 요소였다.

클라라는 위원회 권고안 초안에 대한 승인 동의안을 지지하는 자신의 논거를 신중하게 작성했다. 논거를 구성하면서 건강한 민주주의를 지키는 데 이 권고안이 핵심적 역할을 하리라는 점을 강조하면서, 이 안을 통과시키는 데 필요한 잠재적 다수 투표자가 생각하고 있는 자기 이익에 잘 들어맞을 관점을 함께 집어넣었다. 클라라는 자기 논거가 그 내용 면이나 위원회 개별 위원이 매력적이라고 느낄 만한 요소를 예리하게 고려하고 있다는 점에서 더 이상 강력할 수 없다고 확신하면서 자신의 주장을 발표했다.

정치적 감각을 아무리 잘 다듬었더라도, 관료가 점점 더 우려스

러워지는 행동에 제동을 걸려고 시도할 때, 상당한 장애물과 마주하게 된다. 다음 장에서는 이런 장애물을 극복하려고 할 때 취할 수 있는 전략 몇 가지를 살펴보려고 한다.

9장

관료 계층

딜레마를
헤쳐 나가기

"당신에게 자리를 내 주지 않는다면,
접이식 의자를 가져가세요."

— 셜리 치솜Shirley Chisholm, 최초의 아프리카계 미국인 여성
하원의원

당신은 테이블에
앉을 수 있는가?

예비 독재자의 정책이 자기 기관을 통해 진행되는 것을 저지하는 변화를 끌어내고 싶다면, 우선 "테이블에 앉을 자리"가 있는 편이 유리하다. 즉 전략적 결정을 논의하는 중요 회의에 참석하고 그 회의에서 목소리를 낼 수 있으면 유리하다는 말이다.

관료제는 이런 기관의 문화에 깊이 뿌리내리고 있다. 규모가 작은 몇몇 기관이야 비교적 비공식적이고 모든 계층에서 제시하는 의견을 환영하고 이를 장려하기도 한다. 하지만 대규모 관료제는 대체로 그렇지 않다. 절차, 지위, 계급, 그리고 격식이 모두 중요한 역할을 하며 이를 어기려면 위험을 각오해야 한다.

최고위급에서는 주요 정치 인사만 회의석에 앉는 경우가 흔하다. 이들의 참모진, 즉 관료는 보통 회의실의 가장자리에 둘러앉는다. 관례에 따라 이들은 요청받았을 때만 발언할 수 있다. 정치 지도자와 아주 긴밀한 관계에 있는 이들은 자신이 모시는 인물이 제대로 된 보고를 받지 못하거나 나중에 후회할 만한 실언을 내뱉고 관료가 이를 나중에 수습하는 사태를 방지하려고 쪽지를 건네는 등 적절한 방법을 마련한다.

클럽 데마드리드 The Club de Madrid

클럽 데마드리드는 아주 특별한 모임이다. 100여 명 남짓한 이 클럽의 회원은 모두 민주주의 국가의 전직 국가 원수이거나 정부 수반이다. 클럽의 헌장은 회원 중 80퍼센트가 1975년 이후 민주화된 국가 출신이어야 한다고 규정하고 있다. 나는 프라하에서 열린 전략적 계획 수립 워크숍을 구상하고 진행하는 일을 도와달라는 요청을 받았다. 이 워크숍에는 전직 국가 원수나 정부 수반 24명이 참석했다.

클럽 데마드리드의 사무총장은 캐나다의 총리를 역임한 여성으로, 직원을 이끌고 관리하며, 그 직원이 신흥 민주주의 국가의 정부 수반과 국가 원수에게 조언하고 지원을 제공하는 일을 뒷받침할 만한 역량을 갖출 수 있도록 할 책임을 맡고 있었다. 사무총장은 나를 비롯한 자기 직원과 함께 긴 시간을 들여 이번 워크숍의 형식과 과정을 구상했다.

클럽 회원은 커다란 회의 테이블 주변에 둘러앉았다. 유리 칸막이 뒤에는 동시 통역사가 앉아 있었다. 클럽의 회장은 큰 존경을 받는 전직 브라질 대통령으로 사무총장 옆자리에 앉아 있었다. 십수 명의 직원과 함께 나는 벽을 따라 놓인 의자에 앉았다.

한 중남미 국가의 전직 대통령이 전략 문제를 두고 사무총장과 견해가 엇갈렸다. 클럽의 회장은 대화가 계속 진행되도

독재자를 막을 것인가 만들 것인가

록 놔두지 않았다. 대화를 중단시키고선 특별 위원회를 구성해 이 문제를 검토해달라고 요청했다. 이 상황은 회의에서 고위직 여성의 발언이 무시되는, 너무나도 흔히 접하게 되는 경험을 떠올리게 했다.

짧은 휴회가 요청되었다. 내 의뢰인인 사무총장은 자신의 권위가 여러 남자 동료에 의해 깎여나갔다고 해석하면서 불같이 화를 내고 있었다. 나는 사무총장 곁으로 다가가 그녀가 편히 감정을 쏟아내도록 하고선 15분 후 회의가 재개되었을 때 쓸 수 있는 전략을 짜내도록 도왔다. 마치 내가 다음 라운드가 시작되기 전에 피투성이가 된 선수의 코에 냄새 맡는 약을 들이대 정신을 차리게 하고선 선수를 격려하는 트레이너처럼 느껴졌다. 우리는 의제를 다시 제 궤도로 돌려놓는 데 집중했다. 때로는 테이블에 자리가 없는 사람이 테이블에 앉은 사람과 협력하거나 이들을 통해 일할 수 있도록 자신이 사용 가능한 공간을 활용할 필요가 있다.

비록 지금 테이블에 자리가 있더라도, 상급자가 자신이 내놓은 데이터가 공개적으로 반박당하는 것에 불쾌함을 느끼거나 당신이 제안한 아이디어가 그들이 보기엔 지지 기반을 약화하는 것이라면, 앞으로 있을 회의에서 쉽게 배제될 수 있다. 그렇다고 아무 말도 하지 않고 있으면, 부정확하거나 불완전한 데이터를 근거로 결정이 내려지고 이를 뒤집기가 어렵거나 아예 불가능해질 수도 있다.

회의에 참석해 테이블에 앉았다면, 이런 상황에서 발언하고 데이터나 관점을 제시하는 데는 기술이 필요하다. 특히 고위급 인사나 회의에 참석한 다른 사람을 곤란하게 만들지 않는 식이어야 한다. 이렇게 하는 한 가지 방법을 예로 들자면, 데이터를 회의 시작 직전에 받은 탓에 미리 알릴 수 없었다고 상황을 만드는 것이다. 이는 지도자의 체면을 살려준다.

도덕적으로 정당할 때 쓸 수 있는 또 다른 전술도 있다. 이 전술은 회의에 참석한 고위급 지도자가 달성하고 싶어 하는 목표가 있고 이를 지지하는 것으로 생각되는 사람의 관점을 제시하되, 전반적인 맥락에서는 지지하나 고위급 지도자를 곤란하게 만들 부정적인 측면을 경고하는 방법이다. 통찰력 있는 지도자라면 이를 충성심 넘치는 행위로 받아들일 수 있으며, 동시에 관료는 능숙한 방식으로 치명적인 오류를 피하거나 파괴적인 과잉 조치를 완화할 수 있다.

정말 마음에 드는 책인 『헤어볼: 당신의 창의력을 집어삼키는 거대한 머리카락 뭉치』Orbiting the Giant Hairball에서 저자인 고든 매켄지Gordon MacKenzie는 우리가 조직 문화와 너무 동떨어진 관점을 드러내는 것처럼 보이면, 조직에 쓸모없는 존재로 여겨질 것이라고 경고한다.[1] 이 경우, 우리는 외부 위협으로 인식될 수 있고, 그러면 시스템이 우리를 무력화하기 위해 항체를 내보낼 수 있다. 따라

독재자를 막을 것인가 만들 것인가

서 우리는 핵심이 되는 인간적 가치를 지지하는 더 유익한 방향으로 대화를 이끌어가면서도 조직의 언어와 문화 안에서 영리하게 사안을 구성함으로써 자신이 "우리 가운데 하나"로 인식될 수 있도록 해야 한다.

알다시피, 우리가 알고 있는 그대로 진실을 말하는 것의 이점과 테이블에서 쫓겨나지 않는 방식으로 그런 진실을 말하는 것 사이에 아슬아슬한 줄타기가 필요하다. 우리는 어느 쪽이든 실수를 저지를 수 있다. 너무 강하게 말하면 테이블에서 쫓겨날 수 있고, 아무 말도 하지 않으면 의문을 가져야 할 정책에 동조하는 사람이 될 수 있다.

만약 상당한 시간 동안 테이블에 앉아 있었으면서도 아무 변화도 만들어 내지 못했다면, 한목소리를 내줄 동맹을 구해야 한다. 워싱턴 DC의 백악관에서 일하는 고위 여성 보좌관 세 명은 자신이 제기한 의견이 진지하게 고려되지 않은 채 거부될 때는 서로를 적극적으로 지지해 주기로 뜻을 모았다. 성별과 무관하게 이런 양상이 지속된다면, 우리가 부당하거나 현명하지 못하거나 불법적이라고 생각하는 정책과 관행의 영향에 맞설 수 있는 다른 테이블을 찾아라.

공모하는 추종자에게 맞서기

낮은 단계에서 높은 단계까지 정치적 감각의 스펙트럼을 살펴보았다. 이를 통해, 특히 정치 체제처럼 복잡한 체제에서 효과적으로 행동하려면 권력관계에 주의를 기울여야 한다는 사실을 알 수 있다. 하지만 이런 일은 신뢰할 만한 데이터와 원칙이라는 기반에서 너무 멀리 벗어나지 않은 상태에서 이루어져야 한다. 이는 용기 있는 관료에게 어려운 문제를 안겨준다.

독재적 분위기에서, 독재자에게 신뢰를 얻게 되는 이들은 대체로 원칙은 가장 지키지 않으면서 독재자의 명령을 수행하려는 의지는 가장 강한 사람이다. 민주주의 제도에 악영향을 미칠 결정을 내리는 회의에서는 양심이 없고 독재자의 신뢰를 얻은 자에게 권력이 있는 것처럼 보인다. 이렇게 지나치게 정치적인 참여자를 가능한 한 적대하지 않는 게 매우 현명한 처사이기는 하지만, 그렇다고 이들에게 동조하는 행위는 도덕적으로 지탄받을 만한 일이다. 하지만 지도자의 총애를 받는 사람에게 동조하지 않는다면, 정치적 감각 모델을 어떻게 적용할 수 있을까? 여기서 우리는 이렇게 위험한 정치 지형을 헤쳐 나가면서 반드시 권력이 나오는 대안적 원천을 살펴봐야 한다.

사회과학자는 이른바 합법적 권력, 강압적 권력, 보상적 권력,

전문적 권력, 그리고 카리스마적 권력을 비롯해 다양한 형태의 권력을 설명하는 데 능하다. 여기에 나는 반사적 권력을 추가하고 싶다. 이는 어떤 개인이 독재자와 가깝다고 인식될 때 그 개인이 누리는 권력을 말한다. 반사적 권력은 무시무시할 수 있지만, 아직 개입할 수 있는 시점이라면 그렇게까지 압도적인 것은 아니다. 또한 균형을 잡아주는 다른 권력의 원천도 있지만, 받아야 할 만큼 충분한 인정을 받지는 못하고 있다. 그중에서 청렴하다거나 신뢰할 만하다는 평판의 힘이 높이 평가받는다. 여기에는 용기와 진실을 말하는 힘도 포함된다. 봉사하고 위험을 감수하고 핵심 가치에 충성한 대가로 개인적인 희생을 치른 이력은 전부 존경받으며, 따라서 영향력을 행사할 힘을 얻게 된다.

이것이 바로 관료제 버전의 연성 권력이다. 관료제 버전의 경성 권력은 규제를 통과시키거나 계약을 맺거나 임명하는 방식으로 예비 독재자의 권력 장악에 견제 장치 구실을 할 개인과 집단에 보상을 제공함으로써 체제를 작동시키는 능력이다. 우리는 연성 권력을 과대평가할 수도 있고 과소평가할 수도 있다. 일반적으로는 과소평가하는 경향이 있으며, 따라서 굳이 위험을 감수하지 않고 "더 안전한" 길을 택하려는 태도를 지지한다. 바로 여기서 현재 우리가 가진 힘과 변화를 만들려면 필요한 힘 사이의 틈새를 메우기 위해서는 용기가 필요하다. 상황이 이토록 위험해도 변화를 만들 기회가 있다면 용기 있는 추종자는 그 기회를 잡는다.

정치 세계에서는 현실주의자여야 한다. 하지만 원칙 없는 현실주의는 폭정의 전조다. 정치적 감각이 있는 관료는 원칙과 현실주의를 적절히 결합해 예비 독재자를 미리 저지하는 데 필요한 추종자다.

카리스마적 독재자를 상대할 때
관료가 처하는 딜레마

관료가 독재 권력자를 상대할 때 직면할 수 있는 딜레마가 있다. 지도자와 추종자는 항상 특정한 상황에서 상호 작용한다. 민주주의 사회에서는 대중이 사회적 불안이나 경제의 불확실성이나 외부의 위협을 경험하는 시기에 강력한 지도자나 독재 권력자가 등장해 권좌에 오르는 일이 일반적이다. 대중은 어려운 문제를 쉽게 해결하겠노라 약속하면서 기존 정부를 무능의 원인으로 지목하는 카리스마적 독재 권력자의 메시지를 기꺼이 받아들인다.

카리스마 넘치는 포퓰리스트가 기존의 불안을 이용하고 부풀리는 동안, 이들이 하는 말에는 어느 정도 진실이 담겨 있다. 대중은 정부가 왜 자신이 겪는 불안이나 결핍을 완화하지 못하는지 불만을 가지고 있을 수 있다. 사실 정부는 그런 불안이나 결핍을 완화할 수 있지만, 좀처럼 신속하고 극적인 방식으로 움직이지 않는다.

일부는 법으로 규정되어 있고 일부는 규칙이나 규정으로 정해져 있고 다른 나머지는 관행으로 정해진 기존의 확립된 과정에는 종종 수많은 유권자의 의견 수렴과 다양한 기관과 정부 계층 사이의 조율이 필요하다. 여기에는 회의와 청문회와 의견 수렴 기간을 거쳐 협력하고 타협해서 문서로 만드는 과정이 필요하며, 이런 과정에는 모두 시간이 걸리는 데다가 그 결과는 불확실하다.

단기적으로, 포퓰리스트 성향의 독재자에게 장점이 있다면, 이렇게 시간이 오래 걸리는 과정에 발목이 잡히지 않는다는 점이다. 다양한 관점이나 기존의 규범을 존중하지 않고 장애물 가득한 미로를 뚫고 나가 해결책을 강행하려고 한다. 이는 양날의 칼이나 마찬가지다. 한쪽 칼날은 복잡하고 느린 과정을 간소화하고 억압적 상황에 대해 강경한 대응을 더욱 강하게 밀어붙여 대중의 지지를 얻는다. 하지만 다른 쪽 칼날은 해결책을 강행함으로써 공평하게 배분하도록 설계된 제도를 유명무실하게 만든다. 이는 기록으로 남기기 힘든 대규모 부패로 이어지는 과정을 열어주기도 한다.

원칙에 충실한 관료는 온 힘을 다해 제도가 붕괴되는 사태를 막으려 하지만, 그러기 위해서는 동시에 정치적 통찰력을 갖추고 있어야 한다. 대중이 지지하는 행동이 필요함에도 이를 좌절시키는 것은 실수가 될 수 있다. 이는 원칙주의자에게는 적절치 않은 행동이다. 관료가 대중의 부담을 신속히 덜어주는 조치를 지지하면서도 제도의 청렴성을 유지하려면, 양자 간의 균형을 잘 유지해야 한다. 이를 달성하기 위해서는 기술과 판단력과 유연성이 필요하다.

인권 침해적 명령의
거부

　　　　　　　　　　　정치 지도자를 올바르게 추종할
가장 큰 책임은 관료제 추종자 중에서도 특별한 집단, 즉 군대와
법 집행 기관과 정보기관에 있다. 여기에는 난제가 하나 있다. 국
가 권력을 공식적으로 집행하는 이런 기관에 복무하는 이들은 정
당한 정치 지도자의 명령에 따라 물리력, 때로는 치명적이기까지
한 물리력을 사용할 의지가 있어야 하지만, 이런 명령이 부당할 때
는 가장 먼저 불복종할 의지 또한 있어야 한다.
　자유민주주의에서 선서의 목적은 내부의 적이든 외부의 적이든
헌법의 모든 적으로부터 헌법을 수호하는 데 있다. 하지만 사실상
의 쿠데타나 실제 쿠데타가 벌어지면, 객관적인 현실이 어떻든 간
에, 양측 모두 자신이 정당하다고 주장한다. 군인을 비롯한 정보기
관이나 법 집행 기관에 소속된 요원은 진정으로 헌법을 수호하려
는 자와 권력을 찬탈하는 자를 어떻게 구별할 수 있을까?

　정치권력을 찬탈하려는 자는 개인의 자유와 집단적 의사 결정
을 보호한다는 본질적 가치를 침해한다. 이들은 국가 방위라는 명

목으로 이런 가치를 침해하면서 나라의 근간을 훼손한다. 자유주의적 가치라는 말의 고전적 의미를 제대로 이해하려면, 그 의미를 왜곡하고 훼손하려는 시도와 구별해야 한다. 고전적 자유주의의 가치는 생각하고, 말하고, 글을 쓰고, 결사를 꾸리고, 모여서 집회하고, 자의적인 정부의 강압을 받지 않고 자유롭게 살아갈, 신성불가침한 개인의 자유를 수호하는 것이다. 이런 권리를 제한할 수 있는 유일하고도 정당한 경우는 그런 권리의 사용이 다른 사람의 똑같은 권리를 부정하거나 침해하는 경우뿐이다.

흥미롭게도, 사회 속에서 살아가는 인간 누구에게나 부여된 이런 권리가 관료나 법 집행을 담당하는 무장 요원이나 국가 방위를 맡은 이들에게는 완전하게 주어지지 않는다. 이런 직책에서는 개인의 권리가, 이들이 복무하는 역할에 따른 제한 사항과 책임에 종속된다. 만약 정부 기관에 속한 모든 사람이 언론을 상대로 자기가 생각하기에 이것이 사건과 정책과 선호하는 전략에 대한 올바른 해석이라고 자유롭게 말한다면 끔찍한 혼란이 뒤따를 것이다. 법규를 자기 나름대로 해석해서 집행하는 때도 마찬가지다. 따라서 정부가 정책을 두고 자기 견해를 내놓을 때는 이를 체계적인 방식으로 개발해서 전달하고 실행해야 한다는 규범과 규칙에는 타당성이 있다.

동시에, 공직에 있지 않은 평범한 사람도 정부가 선호하는 견해와 일치하든 그렇지 않든 자기 견해를 완전히 자유롭게 표현할 수 있어야 한다. 관료는 자신에게 직업상의 제약이 있다는 점과 대중은 아무 제한도 받지 않고 권리를 행사할 수 있다는 점을 반드시 구분해야 한다. 이 구별을 유지하다 보면 관료는 도덕적으로 중대한 갈림길에 서게 된다. 관료가 억압적인 정책이나 명령에 반대한다고 분명하게 선을 긋게 되면, 자신의 지위나 직업이나 경력, 그리고 극단적인 경우라면 목숨을 잃을 각오까지 해야 한다. 그렇지만 언제나 도덕적 선택의 여지는 있다. 우리 목표는 이런 선택을 내릴 필요가 없는 상황을 만드는 것이다. 그러기 위해서는 독재적 충동으로 나아가지 않는지 경계하면서 국가 권력의 통제가 공고해지기 훨씬 전에 빠르게 개입해서 이를 막아내야 한다.

이상적이라면 이러한 역할 수행을 다루는 전문적인 훈련에는 자유주의를 침해하려는 세력이 혼란을 조성해서 권력을 찬탈하려고 시도하는 상황이 포함되어야 한다. 공무원은 정보전이 불러온 혼란을 꿰뚫어 볼 수 있어야 한다. 자유로운 체제의 진정한 수호자가 누구이고, 항상 자신이 체제를 지켜내고 있다고 주장하는 찬탈자가 누구인지를 구별할 수 있어야 한다. 자유로운 사회에서는 이런 구별 능력을 키우는 일이 예방적인 역할을 한다. 일단 권위주의자가 관료제를 장악하게 되면 이런 훈련이나 대화는 틀림없이 강제로 금지될 것이다. 다음에 제시되는 사례는 이런 방향으로 나아가는 중요한 출발점을 보여준다.

독재자를 막을 것인가 만들 것인가

샌드허스트 왕립 육군사관학교

2017년에 나는 샌드허스트 소재 왕립 육군사관학교Royal Military Academy Sandhurst에서 용기 있는 추종자와 현명한 불복종을 주제로 강연해달라는 초청을 받았다. 샌드허스트 왕립 육군사관학교는 학위를 수여하지는 않지만, 직업 군인을 양성하는 미국의 웨스트포인트 육군사관학교와 대체로 동등한 위상을 지니며 최소한 그 정도의 명성을 누리고 있다. 5년 후, 영국 육군은 용기 있는 추종과 현명한 불복종에서 찾아낸 원칙을 영국 육군 교리에 통합하여 "영국 육군 추종 교리 노트"A British Army Followership Doctrine Note라는 제목으로 발표했다.

2023년 11월, 이 교리는 런던에 있는 국립 육군 박물관 National Army Museum에서 하루 동안 진행된 심포지엄을 통해 발표되었다. 이 행사에는 현장과 온라인을 통해 약 5천 명이 참가했고, 대부분 영국을 비롯한 나토NATO 소속 군 관계자였다.

이 교리 노트는 추종자 역할을 할 때 지켜야 가치를 훌륭하게 정의하고 설명하는 내용으로 가득 차 있다. 22쪽 분량의 이 문서에서 제47항은 현명한 불복종을 다음과 같이 설명하고 있다.

"제47항. 현명한 불복종에는 직접적인 명령이나 지시를 위반할 강력한 필요성과 함께 그에 합당한 자유가 있어야 한다. 현명한 불복종은 추종자가 새로운 정보나 상충하는 정보를 접하거나, 상관이 알지 못하거나 상관에게 알릴 수 없는 도덕적 딜레마를 접했을 때 필요할 수 있다. 극단적인 경우, 이는 명령이 비도덕적이거나 비윤리적 또는 불법적이라고 판단될 때 추종자가 취할 행동과 관련된다. 이런 상황에서 추종자는 그 명령에 이의를 제기할 의무가 있다."[2]

추종자는 불법적이거나 비도덕적인 명령에 불복종할 권리를 가질 뿐만 아니라 그렇게 해야 할 의무 또한 진다는 점에 주목하라.

이와 같은 공식 정책은 군대라는 관료제적 기구의 무장 구성원이 민주적 규범을 무력화하기 위해 악용되는 사태에 저항해야 한다는 태도를 명확히 하는 동시에 강화한다.

관료가 방아쇠를 당기는 자가 아닐 때

주로 일반적인 행정 업무나 프로그램 관련 업무를 수행한다고 생각되는 관료 사이에서도 예상치 못한 딜레마가 발생할 수 있다. 이런 시나리오를 떠올려 보라.

당신은 미국 국토안보부Department of Homeland Security에 소속된 분석가다. 당신에게 내려진 업무는 단순히 통신 트래픽을 분석해서 의심스러운 패턴이 있으면 보고하는 일이다. 이런 업무는 안보를 담당하는 조직에서는 매우 평범한 일이다. 당신은 테러리스트의 공격에서 국민을 안전하게 지키는 역할을 담당하는 것이다.

새로운 정권이 집권했다. 이 정권은 같은 방법으로 통신 패턴을 식별하고 있지만, 이제는 그 방법을 활용해 헌법이 보호하고 있는 정치적 반대 활동을 탐지하고 있다. 당신이 일하는 부서에는 불안감이 감돈다. 반체제 언론사 소속 기자가 "실종"되거나 호텔 발코니에서 떨어지는 "사고"를 당하는 일이 벌어진다. 당신이 길거리에서 누군가를 납치한다거나 누군가를 창문 밖으로 밀어버리는 일에 관여하지 않는다는 점은 분명하다. 당신은 그저 분석가일 뿐이다. 당신은 결백하다. 늘 해오던 일을 하고 있으며 그 덕에 가족이 편안한 삶을 누릴 수 있다. 이것이 도덕적으로 문제가 되는 일일까?

우리가 앞서 살펴봤던 스탠리 밀그램Stanley Milgram의 유명한 "전기 충격 기계" 복종 연구를 변형한 실험을 기억하라. 이런 변형 실험에서 실험 참가자에게는 단순히 질문을 읽는 역할만 맡겨졌다. "전기 충격"을 가하는 일은 다른 사람이 맡았다. 이 변형 실험에서 실험 참가자의 90퍼센트가 450볼트까지 모든 단계의 전기 충격에 복종했다. 어쨌든 자신은 치명적일 수도 있는 충격을 직접 가하지는 않았다. 이 덕에 이들은 심리적 부담감을 덜었고, 자신은 공범이 아니라 그저 옆에서 지켜본 사람이라는 태도를 보여주었다.[3] 수많은 관료가 이와 흡사한 상황에 놓여 있음을 생각해 보라. 이들은 추정이지만 적으로 의심되는 차량에 직접 살상 드론을 발사하지는 않지만, 좌표를 제공하거나 발사 준비 대상 목록을 확인한다. 이민자 어머니로부터 아이를 떼어놓지 않지만, 구금 시설의 수용자 명단을 관리하고 있을지도 모른다. 시민 시위대를 향해 최루탄을 쏘지는 않지만, 최루탄을 발사하는 장갑차를 조달하는 일을 하고 있을지도 모른다.

이처럼 자기 업무를 수행하면서 받는 심리적 부담이 최소 수준으로 유지되면, 이런 상황은 프로그램을 실행하거나 명령을 수행할 때 얻게 되는 업무상의 보상과 맞물린다. 따라서 우리는 정상적인 인간적 공감이, 그 결과가 자신의 책임이 아닌 규약을 따르는 일에 종속되는 조건을 만들어 낸다. 아니면 적어도 그렇게 보인다. 따라서 우리는 역사적 사건을 되돌아보면 이렇게 묻는다. "어떻게 그런 일을 저지를 수 있었지?" 하지만 우리 자신도 비슷한 상황이었다면 그렇게 행동했을지도 모른다. 이후에는 수동적으로 공모하는 삶을 살아야 했을 테고 말이다.

관료의 이견을
지지하는 문화

당연히, 관료가 원칙에 따른 이

견을 일부나마 지지하는 문화에서 활동한다면 이런 일은 더 쉬워진다. 하지만 그런 문화가 있다고 해서 이견을 제시하는 일이 쉬워지지는 않는다. 비공식적인 집단적 압력이 여전히 작용하기 때문이다. 그렇지만 이견을 제시할 수 있는 정책적 기반을 갖추게 되면 상황이 반대 목소리를 보장할 때 그런 목소리를 내려는 의지를 강화할 수 있다. 이런 사례는 다양한 기관에서 찾아볼 수 있다.

영국 육군 추종 교리 노트와 비슷하게, 미군 행동 강령US Military Code of Conduct 또한 군인은 적법한 명령에 복종해야 한다고 규정하고 있다. 이는 만약 군인이 위법한 명령을 받았을 때는 그 명령을 따를 필요가 없으며, 그런 명령이 불법적인 것으로 판단되면 그 명령을 따랐다는 이유로 유죄 판결을 받을 수 있다는 의미로 해석된다. 이는 스트레스가 극심할 것으로 추정되는 상황에서 개별 군인에게 막중한 책임 부담을 안긴다. 그러나 최소한 원칙에 따른 행동을 지원하는 법적인 틀이 존재한다. 일부 군사 이론가는 이와 똑같은 원칙이 비도덕적 명령에도 적용된다고 주장한다. 법적으로 기반이 확고하지 않더라도 도덕에 기반해 행동하는 추종자야말로 진정한 영웅일 수 있다.

싱가포르군은 과거 〈어둠의 심연으로 떠나는 여정〉A Journey Into The Heart of Darkness이라는 제목의 영상을 제작한 적이 있다. 이 영상에는 세계 각지에서 발생한, 전쟁 범죄라고 널리 인정되고 있는 사건의 여러 유명 이미지가 사용되었다. 이 영상은 군인 각자에게 그런 전쟁 범죄로 이어질 불법적이거나 비도덕적인 명령을 따르지 말라고 경고하고 있다.

전 세계 각국의 여러 용감한 외교관은 자기 경력이 위험에 처할 상황에서도 어떤 국가 내에서 박해받는 소수 민족의 생명을 구하려고 승인되지 않은 행동을 감행했다는 이유로 존경을 받는다. 이들 중 상당수는 이스라엘의 홀로코스트 추모 기념관의 국제 의인 The Righteous Among the Nations 명부에 등재되어 있다.

이견을 지지하는 흥미로운 사례 중 하나는 미국 국무부 산하의 미국 외교부에서 찾아볼 수 있다. 지난 반세기 동안, 미국 외교관 협회는 네 가지 외교관 직급별로 "건설적 이견"을 보여준 인사에게 상을 수여해 왔다. 상의 목적은 위험을 감수하고 "체제 내에서 이견을 제시할 용기"를 장려하는 데 있다.[4] 이 상은 국무부에서 매년 열리는 행사에서 수여된다. 이런 이견 제시가 일반적으로 체제 외부에서 이루어지는 "내부 고발"과 어떤 점에서 차이가 있는지 주목하라.

이런 노력을 비롯한 여러 노력의 미덕이라면, 가학적인 독재적 행동이 거의 대응 불가능한 수준까지 이르기 전에 위험을 무릅쓰고 그런 행동에 개입하도록 민감한 자리에 있는 관료를 지원하는 데 있다.

독재자를 막을 것인가 만들 것인가

미국 외교관 협회의 이견상 Dissent Awards

이 상은 "주도력, 성실성, 지적 용기 및 건설적 이견을 포함하여 비범한 성취를 보여준" 외교관에게 수여된다.

이 상은 내부에서 체제에 대해 이견을 제시하고, 현 상태에 의문을 표하며, 단호하게 대처하는 지적 용기를 보여준 개인을, 사안의 민감성이나 이들이 한 행동의 결과와 관계없이, 공개적으로 인정하는 상이다.

해당 사안이 반드시 외교 정책과 관련된 문제일 필요는 없다. 여기에는 관리상의 문제나 영사 정책을 비롯해 전문 외교관이 인기가 없는 태도를 택하거나 위험을 감수하거나 위험을 자초하는 대담한 행동을 하려는 의지가 포함될 수 있다. 후보자는 공식적인 이견 제기 절차를 사용했을 수도 있고 그렇지 않았을 수도 있다.

하지만 조직으로부터 이런 유형의 지원을 경험하지 못하는 관료에게는 자신의 성실함과 정치적 감각을 활용해 폭정으로 이어지는 위험한 진행 과정을 저지하는 것이 훨씬 더 중요하다. 국제 의인과 같은 문화적 명예는 바로 이런 관료를 위한 것으로, 이 호칭은 단호한 태도를 보인 탓에 개인적으로나 직업적으로 상당한 대가를 치른 용기 있는 개인의 행동을 인정하고 보상한다는 목적에 이바지한다.

용기 있는 태도를 지원하는 공식 절차가 없는 관료제 구성원에게 무엇보다 가치 있는 조치는 그런 절차를 마련하기 위해 노력하는 것이다. 일상의 적절한 순간에 용기 있는 도덕적 자세를 취하면 용기라는 근육이 발달하기 시작하며, 잠재적인 정치 독재자의 권력 장악 시도를 저지하려면 이런 용기가 필요하다.

저지할 것인가, 지지할 것인가?

관료는 정책 변경이나 실행을 저지하는 데 사용할 수 있는 다양한 수단이 있음을 알고 있다. 도덕적으로, 이는 또다시 양날의 칼과 같다. 명백히 비도덕적인 정책을 지연하거나 차단하는 데 사용된다면 이런 전술이 정당하다고 주장할 수 있다. 하지만 자유민주주의에서는 이 또한 문제가 된다. 정부는 정책을 수립하기 위한 목적으로 선출된다. 만약 그런 일이 상당히 공정하고 투명하며 합법적인 방식으로 이루어진다면, 그런 정책을 저지하는 건 관료가 맡을 역할이 아니다.

하지만 선출된 정부가 기만적이고 은밀하며 불법적인 방식으로 운영된다면, 마치 예비 독재자가 통치하는 정부처럼 운영된다면 어떨까? 관료에게는 어떤 책임이 있을까?

정치가 여전히 대체로 민주적이라면, 문제를 일으키는 정부는 다음 선거 후에 자리에서 쫓겨날 수 있다. 이를 알고 있는 관료는 정책 승인이나 실행을 천천히 하거나 지연시키거나 미룸으로써 피해를 줄이려 할 수도 있다. 이런 행동이 윤리적인지를 두고 논란이 있을 수 있지만, 절차적 권력을 사용하는 일은 정치적으로 꺼낼 쓸 수 있는 노련한 수단 중 하나다. 만약 정부가 공정한 선거에서 권력을 지켜내는 데 성공한다면, 관료는 순응하거나 아니면 아주 심각한 상황에서는 원칙에 따라 자리에서 물러나는 선택과 마주하게 된다. 정부를 상대로 계속해서 태업을 벌이는 것은 자신이 지키고자 하는 대의 정부를 약화시키는 결과를 낳는다.

만약 민주적인 정치 과정이 독재 정권에 의해 무력화되어 단순히 허울만 남은 상태로 전락했다면, 윤리적 방정식은 어떻게 변할까? 관료 문화의 외형적 규범은 자체적인 허울로 유지될 필요가 있을지 몰라도 도덕적 책임이 최우선 과제로 떠오른다. 바로 이런 상황에서 "그저 명령에 따랐을 뿐"이라는 변명은 그 자체로 범죄이며 추종자 역할의 도덕적 핵심이 시험대에 놓이게 된다.

1945년에 나치 독일이 패망하자 그 뒤를 이어 대중에게 뉘른베르크 재판으로 알려진 군사재판이 열렸다. 이 재판은 국제 군사 재판소 헌장에 정해진 원칙에 따라 진행되었다. 국제 군사 재판소 헌장 제8조는 이렇게 명시하고 있다. "피고가 정부나 상급자의 명령에 따라 행동했다는 사실로 피고는 책임

> 을 면하지 아니한다. 다만, 재판소가 그렇게 하는 것이 정의
> 에 부합한다고 판단할 경우, 형량 감경의 사유로 고려할 수 있
> 다."

관료가 최고 지도자와 그의 측근이 저지르는 횡포로부터 대중을 보호하려는 전략을 사용할 때는 매우 신중해야 한다. 더 근본적으로는, 용기가 개인적으로 위험에 처할 수 있다는 현실을 넘어서야 하며, 국가에 대한 충성심이 권력 남용을 무시하는 대가로 얻게 되는 물질적 유혹을 넘어서야 한다. 정치적 감각은 생존 전술과 결합해야 하며, 전략은 민주주의적 정부 형태를 충실히 지키려는 이들로 구성된 연합이 개발하고 실행해야 한다.

권력 남용이 분명히 드러나고 보고되었으나 아직 권력이 공고해지지 않은 시점이 바로 관료가 행동해야 할 시기다. 일단 권력이 공고해지면, 고위직은 측근으로 채워지고, 사법 절차는 무력화되거나 말 잘 듣는 수하로 채워지며, 언로言路는 장악되거나 폐쇄되고, 정치적 반대는 침묵하게 된다. 관료는 내부에서 독재로 이행해가는 과정을 볼 수 있는 가장 좋은 위치에서 경고음을 낼 수 있다.

이런 경고가 완전히 "백일"白日하에 이루어질수록 예비 독재자가 원칙을 따르는 관료를 무력화하기는 더욱 어려워진다. 감독 기관에 경고하기 위해 표준적인 절차를 따르더라도, 이제 우리는 내부 고발의 영역에 들어섰다. 자유민주주의의 수호자로 행동하는 관료

는 자유주의에 반대하는 독재 체제를 위협한다. 관료는 보복에 대비해야 한다. 이는 최소한 가족을 부양할 재정적 자원을 마련하고 자신을 비방하거나 입 다물게 하려는 시도에 맞설 법적 자원을 마련해 둬야 한다는 의미이다. 또한 개인의 신변 안전을 위해 훨씬 더 큰 주의를 기울여야 한다는 의미일 수도 있다.

아리스토텔레스는 용기가 가장 중요한 미덕 가운데 하나라고 주장하면서도, 어떤 결과가 벌어질지 전혀 두려워하지 않고 행동하는 것은 무모하고 신중함이 부족한 만용이라고 경고한다. 관료는 무엇이 용기 있는 행동이고 무엇이 무모한 행동인지를 구별하기 위해 특정한 질문을 던져야 할 갈림길에 서 있다.

- 제도적 경로가 아직 제 기능을 온전히 수행할 수 있어서 권력 남용에 대한 심각한 우려를 알리는 데 사용될 수 있는가?
- 만약 그러한 경로를 여전히 신뢰할 수 있다고 판단되면, 추가적인 선택지를 고려하기 전에 이 경로를 사용하는 것은 신중한 행동인가?
- 만약 그러한 경로를 더 이상 신뢰할 수 없거나 사용했으나 아무 효과도 없었다면, 예비 독재자의 진행 과정을 견제하기 위해 남아 있는 권력은 무엇인가?
- 당신이 알고 있는 범위에서 이런 위험을 저지하는 데 도움을 줄 가장 적합한 위치에 있는 사람은 누구인가?
- 이들에게 접근할 가장 좋은 방법은 무엇이며, 이들이 행동에

나서도록 할 가능성이 가장 높은 증거와 논거는 무엇인가?

폭정으로 진행되는 최악의 경우, 관료는 대중에게 미치는 영향을 누그러뜨릴 수 있을 뿐이지 예비 독재자를 스스로 변화시키거나 대체하지는 못한다. 그렇게 하려면 연합이 필요하고, 이상적이라면 이런 연합에는 모든 추종자 계층이 포함되어야 할 뿐만 아니라 최소한 대중에게 위험이 바로 눈앞에 닥쳐왔음을 깨닫게 해 줄 영향력 있는 엘리트와 활동가가 포함되어야 한다.

이후, 이런 중요한 활동에 한 개의 장을 할애해서 이런 협력의 본질을 살펴보려 한다. 한편, 경력 내내 안전한 역할만을 맡아왔던 관료는 갑자기 더 이상 안전하지 않은 도덕적 역할을 맡아야 하는 처지에 놓이게 된다. 이들이 당당히 고개를 치켜세우고 예비 독재자가 깔아 놓은 지뢰밭을 헤쳐 나가려면 자신의 핵심 원칙이 정치적 의식과 긴밀히 얽혀 있을 필요가 있다.

위대한 극작가이자 반체제 인사이면서 체코 공화국의 전 대통령이었던 바츨라프 하벨의 말은 여전히 매우 중요하게 들린다.

> "어떤 개인이 치러야 할 진정한 시험은 자신이 스스로 만들어 낸 역할을 얼마나 잘 수행하는지가 아니라 운명이 이들에게 부여한 역할을 얼마나 잘 수행하는지에 달려 있다."
>
> — 바츨라프 하벨

독재자를 막을 것인가 만들 것인가

관료	요약	
이용 가능한 정보	정치적 임명자의 브리핑, 정보기관의 수집 정보	
추종의 유인 요소	조직의 관성, 직업 유지, 영향력을 행사할 기회	
취약점	도덕적 책임감의 상실	
위험	강등, 따돌림, 해고	
소통 경로	공식 채널과 전문가 의견	
필요한 용기	소통 경로 안팎에서의 진솔한 태도	
영향을 행사할 힘	공식적 평가, 브리핑, 익명의 정보 유출	

독재자를 막을 것인가 만들 것인가

10장

엘리트 계층

유력자와
특권적 접근 권한

"무릇 많이 받은 자에게는 많이 요구할 것이요…"

— 누가복음 12장 48절

제5계층 대중
제4계층 활동가
제3계층 관료
제2계층 엘리트
제1계층 측근

지도자

내부 핵심 계층
준準 내부 핵심 계층
중간 계층
준準 외곽 계층
외곽 계층

  엘리트란 누구일까? 어떤 사회든 엘리트가 있다. 이들은 부유층에서부터 문화의 흐름을 주도하는 사람, 국회의원과 사법부 재판관, 유력 언론인, 전직 공직자, 그리고 각 분야의 사상적 지도자에 이르기까지 다양하다.

  우리는 엘리트라는 말을 높은 지위에 있는 사람으로서 현재의 권력 구조가 움직이는 행보와 대체로 일치하는 방식으로 사건의 경과에 영향력을 행사할 수 있는 사람 모두를 포괄하는 의미로 사용한다. 이런 정의에 따라, 우리는 사건의 경과에 영향력을 행사할 수 있으나 일반적으로 현재의 권력 구조와 결별하거나 이를 바로잡는 식으로 영향력을 행사하려는 활동가와 구분한다.

엘리트는 전국 단위 노동조합의 지도자일 수도 있고, 글로벌 다국적 기업의 최고경영자일 수도 있다. 국제 금융 기관의 수장 자리까지 오른 공무원이나 이들 기관을 담당하는 규제 기관의 장일 수도 있다. 이들은 세계에서 가장 영향력 있는 사람을 끌어들이는 글로벌 행사의 주최자이거나 그런 행사에 참석하는 유력자일 수도 있다. 어떤 이는 고위급 행사에 초대받은 저명한 과학자이거나 의료 전문가일 수도 있고, 또 어떤 이는 수백만 독자의 상상력을 사로잡은 책을 쓴 작가일 수도 있다. 경기장을 관객으로 가득 채우는 공연자이거나 어려운 처지에 있는 사람 편에서 이들을 대변해 전 세계로부터 인정받은 자선사업가일 수도 있다. 대중의 환심을 사고 싶은, 떠오르는 정치 기대주일 수도 있다.

이들의 공통점이라면, 정치 지도부의 정점에 있는 사람은 이들을 자신에게 가치가 있다고 인식하든지 아니면 자신과 함께하지 않을 때는 잠재적 경쟁자나 위험 요소가 될 수 있다고 인식한다는 점이다. 시민 대부분과 달리, 이들은 딱 한 단계만 넘어가면 최고위 정치 지도자에게 다가갈 수 있다.

현재의 사회 경제 체제는 엘리트에게 매우 우호적으로 움직이며, 그 덕분에 이들은 고도의 특권을 누리며 삶을 살아간다. 이런 삶은 이들에게 있는 힘을 다해 방어하고 지켜낼 만한 가치가 있는 것이다. 이런 삶을 지키는 일은 자신이 맡은 역할과 문화에 따라 현 체제를 철학적으로 옹호하거나 거액의 정치 기부금을 내거나 고위직 인사를 공개적으로 지지하거나 시장 조작이나 정치 지도자에게 이익이 되는 부패나 심지어 사적인 정보 지원과 준군사적 지원을 하는 식으로 이루어질 수 있다.

엘리트 계층을 우대하는 어떤 체제든 그 체제 내에서 소외된 계층이 일으킬 수 있는 반란의 씨앗을 품고 있다. 소외 계층은 자신을 대변할 옹호자나 정치적 도전자를 찾거나 만들어 낸다. 이런 행위는 기존 질서를 근본적으로 위협하는 것으로 인식될 수 있으며, 이 때문에 엘리트는 자신이 누리는 특권을 지켜줄 보루로서 예비 독재자의 품으로 몰려든다.

정치 공동체의 모든 구성원이 각자 자기 이익을 추구하고 보호하려는 것은 지극히 당연한 일이다. 극단으로 치닫지만 않는다면, 그 실망스러운 역사가 있는데도 유토피아적 비전에 사로잡힌 이들만 아니라면 이런 행동 자체를 잘못이라고 탓하기는 힘들다.

엘리트는 현 체제의 작동에 상당한 이해관계가 있으며 자신이 뜻에 맞게 영향력을 지렛대로 사용한다. 활동가 계층은 최고 권력층의 관심을 끌기 위해 온갖 창의적인 방식을 동원해야 하지만, 엘리트는 회의장이나 클럽이나 언론 채널에 쉽게 접근해 정치 지도자나 제1계층에 속해 있는 수행원, 즉 지도자 측근의 이목을 잡아끌 수 있다.

하지만 앞으로 보게 되겠지만, 상황이 이렇다 하더라도 엘리트가 이미 예비 독재자의 전형적 특징을 내보이고 있는 정치인과 기꺼이 공모해서 그에게 상당한 자원을 지원하는 것은 매우 위험천

만한 일이다.

엘리트의 다양성

　　　　　　　　　나는 엘리트와 활동가를 달리 취급하고 있는데, 이는 엘리트가 기존 체제 내에서 활동하면서 그 체제를 근본적으로 바꾸려 들지 않기 때문이다. 하지만 그렇다고 엘리트가 모두 공통의 이해관계나 관점을 공유한다는 말은 아니다. 엘리트 중에도 대중 가운데 소외되고 아무 힘도 이들을 충실히 그리고 실질적으로 대변함으로써 체제 내에서 없는 이들을 여건을 개선하려는 사람이 있다. 이들이 엘리트인 이유는 내부 집단과 핵심부의 정치 지도자에게 접근할 수 있기 때문이다.

　실제로 크게 성공을 거둔 활동가가 내부 핵심 계층으로 이어진 문을 열고 그 집단에 접근할 수 있는 능력을 얻게 되면 종종 이런 엘리트 계층의 일원이 되기도 한다. 이는 개인적으로나 정치적으로 상당한 도전일 수 있는데, 다른 활동가가 그런 행위가 정당한 것인지 의심할 수 있기 때문이다. 그렇지만 이들은 복잡하고 이질적인 체제 내에서 끊임없이 변화하는 정치적 역학의 중요한 부분을 차지한다.

　1960년대 미국의 민권 운동을 이끌면서, 마틴 루터킹 주니어

Martin Luther King, Jr. 목사는 활동가와 엘리트라는 역할 사이에서 심각한 갈등을 겪었다. 그는 투표권을 쟁취하고 국가가 승인한 인종 차별을 철폐하기 위해 싸우면서도 자신이 헌신했던 비폭력적 접근법을 끝까지 지킴으로써 큰 지지를 얻었고, 활동가와 엘리트 내부자라는 역할을 동시에 떠맡아야 하는 상황에 놓이게 되었다. 그는 미국 대통령과 자주 만날 수 있었고 이런 만남을 정의라는 대의를 진전시키는 기회로 삼았다.

당시 미국 대통령이었던 린든 존슨Lyndon Johnson이 킹 목사에게 보낸 편지의 한 대목을 보면, 외부자이면서 동시에 내부자라는 이중적 역할을 넌지시 암시하고 있다. 존슨 대통령은 예비 독재자는 아니었지만, 다른 사람을 힘으로 밀어붙여 자기 뜻에 따르도록 만드는 행동으로 유명했다. 이 편지에서 존슨 대통령은 거의 눈치채지 못할 정도로 미묘하게 암시하기를, 킹 목사가 지지자를 평화 시위 노선으로 계속 이끌 수 있다면 자신은 킹 목사를 계속 지지할 것이라고 적었다. 킹 목사는 참을성이 부족한 젊은 활동가 집단이 그의 유화적인 태도에 불만을 품는 동안에도 이런 평화 시위를 이어 나갔다.

> 친애하는 킹 박사께
>
> 저는 박사께서 얼마나 큰 압박과 긴장을 겪고 계실지 충분히 이해하고 있으며, 박사께서 보편적 참정권이라는 목표를 향해 나아갈 수 있도록 우리를 이끌어 줄 지도력을 앞으로도 계속 발휘해 주시리라 확신합니다.
>
> 진심을 담아, 린든 B. 존슨
> 1965년 3월 18일자 편지에서 발췌[1]

정치적으로 이끌고 따르는 지도와 추종의 상황이 바뀌면, 권력 균형도 그에 따라 끊임없이 바뀌기 마련이다. 이런 변화는 인구 통계, 이주, 종교적 믿음의 부상과 확산, 지적 패러다임, 권력을 바꾸는 통신 기술, 경제 체제 등 매우 다양하다.

사회적·정치적 통치라는 복잡한 과제를 수행하기 위해 대중은 자신을 다양한 집단으로 조직한다. 이 생태계 안에는 권력 집중을 목표로 하는 세력과 권력 분립을 지지하는 세력 사이에 역동적 긴장이 존재한다. 다양한 관점과 이해관계는 복잡한 사회 체제를 재조정하고 다시 균형을 찾도록 하는 힘이 된다. 이는 정치권력이 공고해져 독재나 폭정으로 이어지는 행보를 저지하는 데 꼭 필요한 해독제다.

따라서 엘리트 측에서는 자신의 관점과 이해관계를 옹호하면서 다른 집단이 정치 영역에서 활동할 권리를 유지하도록 하는 것이 이득이다. 엘리트는 자신의 문제와 이해관계에 반대하는 집단의 권리를 축소하려는 예비 독재자의 충동을 지지하고 싶다는 유혹에 끌릴 수 있지만, 그랬다가는 큰 실수가 될 수도 있다. 그런 공모는 결국 자신이 소중히 여기는 권리에 반대하는 선례를 지지하는 행동이 될 수도 있다. 가장 요령 있고 용감한 엘리트라면 예비 독재자에게 과도한 지지를 보내는 행동을 경계하며 동시에 할 이런 유혹에 굴복한 동료 엘리트를 비판할 것이다.

> 1994년 4월, 오랜 인종 갈등을 끝내고 남아프리카 공화국은 국민 전체가 참여하는 최초의 전국 선거를 치렀다. 그 결과, 넬슨 만델라Nelson Mandela가 이끄는 아프리카민족회의ANC가 전체 국회 의석 가운데 252석을 차지했으며, 백인 소수 집단을 대표하는 국민당National Party이 82석을, 아프리카민족회의의 주요 정치적 경쟁자로 부텔레지 추장Chief Buthelezi이 이끄는 잉카타 자유당Inkatha Freedom Party이 43석을, 그리고 나머지 의석은 군소 정당이 나눠 가졌다.
>
> 호전적인 ANC 구성원이 ANC가 흑인 표를 모두 얻지 못했다는 사실에 좌절감을 드러내자, 만델라는 현명하게 이렇게 말했다. 이제 모두가 정치 과정에서 제 목소리를 낼 수 있게 되었으니 좋은 일 아니겠냐고 말이다.[2]

분명히, 엘리트가 정치 지도자를 뒤에서 움직여 자기 이익에 반대하는 이들을 침묵시키기는 더 쉽다. 하지만 더 안전하다고 하기는 어렵다. 엘리트 자신과 예비 독재자가 권력을 공고히 하면, 이는 부패를 키우는 온상이 된다. 경쟁이 없으면 침체와 경화硬化가 뒤따른다. 경쟁할 수 있는 합법적 경로가 없으면 다양한 관점과 힘이 지하로 숨어들었다가 결국 반란으로 폭발한다. 특권에 접근할 수 있는 엘리트가 자기 권한을 활용해서 권력 분립을 유지하는 것이, 길게 봤을 때 엘리트의 이익에 부합한다.

추종자로서의
엘리트

엘리트는 살면서 자신을 "유력자"로 경험해 왔기 때문에, 자신을 추종자라고 생각할 가능성이 작다. 약간의 예외가 있을 수 있는데, 가령 최고위 성직자는 신이나 지상에서 신의 대리자를 따르는 추종자라고 생각할 수 있다. 또한 의회에 명목상의 지도자가 있는 구조라면, 비록 그런 말을 직접 쓰지는 않더라도 자기 역할을 추종자로 이해할 수도 있다.

엘리트는 자기네 역시 자기 일이나 사회 계층에서 정점에 있다 보니, 자신이 최고 정치 지도자와 동등한 위치에 있다고 생각하는 경우가 허다하다. 일부는 자신이 왕을 따르는 신하가 아니라 왕을 만드는 사람이라고 생각할 수도 있다. 이런 인식에는 어느 정도 진실이 담겨 있기도 하다.

그렇지만 체계적인 정치 체제에서 최고위 권력자로서 지도자에 대해 이야기하는 경우라면, 일반적으로 이 둘 사이에는 실질적인 권력 격차가 존재한다. 여기서 우리는 바버라 켈러먼의 정의를 활용할 수 있다. 켈러먼은 추종자를 직위상의 상관이나 지도자보다 공식적 권한이 적은 개인으로 정의한다. 이런 정의는 고위 정치 책임자가 경찰과 검찰뿐만 아니라 지역 민병대와 재정을 통제할 수 있는 주나 지방 수준에서 잘 들어맞을 수 있다. 이는 국가 수준에서 더 확실히 들어맞는다. 지도자는 행정부 권력을 개인적으로 체현하고 있는 주권 권력의 실행자로서 국가 정보 기관, 연방 경찰 조직, 군대, 조폐국, 재무부를 지휘한다. 여기에는 상당한 "경성 권력"의 우위가 존재한다. 통제를 꾀하는 예비 독재자는 자신을 불쾌하게 만든 특정 엘리트나 엘리트 집단의 이익이 반하는 방식으로 이런 권력 장치를 동원하겠다고 마음먹을 수도 있다.

따라서 엘리트는 자기 능력을 과장되게 인식하는 데서 벗어나 복수심으로 가득한 정치 지도자의 눈 밖에 나면 자기 권력과 지위를 잃을 가능성이 있다는 사실을 고려하는 편이 자기 이익에 부합한다. 이는 독재 권력자가 권력을 집중시키고 독재 체제나 폭정으로 이행하는 행보를 보이고 있을 때는 특히 그렇다.

엘리트가 최고위 정치 지도자로부터 거리를 두거나 그에 반대하는 선택을 하지 않는다면, 정의상 이들은 추종자다. 이들이 지지를 어떻게 보여주는지가 매우 중요하다. 이들은 아무 망설임 없이 지지를 보내는가? 자신의 가치를 지도자의 가치와 일치시키는가? 상황을 모면하려고 그저 형식적으로만 지지를 보내는 건 아닌가? 아니면 권력자에게 진실을 말하고 독재자의 지나친 행동을 문제 삼는 태도를 유지하는가?

엘리트의 심리

한 집단이나 계층에 속한 개인 전체에 일관된 심리가 있다고 주장하는 것은 어리석은 일이다. 하지만 다수를 차지하는 심리는 있을 수 있다.

사회에서 한 개인이 엘리트가 되는 길은 여러 가지다. 계급과 혈통과 부와 인종적 특권이라는 기존의 권력 구조 안에서 태어나는 사람도 있고, 먹고 살기 힘든 궁핍한 배경에서 태어났으나 기를 쓰고 노력해서 자기 분야의 정점에 오른 사람도 있다.

엘리트 대부분에게 공통된 것이라면 이들이 특권의 상당한 혜택을 누리고 있다는 점이다. 자기 의견이 존중받고 진지하게 여겨질 특권, 영향력 있는 모임에 참석할 수 있는 특권을 비롯해 이들은 미래를 결정짓는 대화에 참여하고 최고 수준의 언론 매체에 보도되며 비공개로 면담하고 자기가 좋아하는 대의에 자금을 지원하고 최고 수준의 인맥과 교류한다.

이들은 종종 사회의 불우한 계층에서 발견되는 사람들로 학습된 무기력을 보이는 개인과 대조된다. 여러 실험에 따르면, 노력과 무관하게 누군가를 실패자로 정하면 기회가 주어져도 이내 시도조차 포기하게 된다. 반면 엘리트는 설령 처음에 성공하지 못했더라도 언제나 자신이 갈 수 있는 또 다른 길이 열려 있다는 사실을 배워 익혔다. 자신이 누구인지 그리고 자신을 누구라고 인식하는지, 바로 이 사실만으로도 엘리트는 자신의 의지를 실행할 수 있다.

개인의 주체성이 공동체에 대한 책임감과 균형을 이룰 때, 균형 잡힌 이런 자세는 삶을 살아가는 건강한 태도다. 문화가 사회의 모든 수준에서 이런 태도를 촉진하는 조건을 조성할 수 있다면 가장 이상적일 것이다. 하지만 장점이라고 해서 무턱대고 받아들이다가는 약점으로 변모할 수도 있다.

엘리트는 자신에게 특권이 있다는 바로 그 사실로, 어떤 상황에서든 상황을 관리하고 영향을 미치고 성공할 수 있다고 확신하게 된다. 이 때문에 결국 이들은 치명적인 저류가 흐르는 정치적 물살에 발을 들여놓았다는 경고 신호를 무시하거나 간과하고 만다. 이런 행동은 어떻게 문제가 될까?

중대한 실수

인권이라는 관점에서 볼 때, 이른바 좌파든 우파든 독재자라면 아무 차이도 없다. 어느 쪽이든 모두 개인의 자유와 존엄성을 비롯해 집단적 자결권의 가치를 짓밟는다.

엘리트가 저지르는 첫 번째 실수는 자신이 공모해서 세운 독재자를 자신이 통제할 수 있으리라고 믿는다는 것이다. 이들은 독재자를 만들어 내는 과정에서 광범위한 대중이 느끼는 절박한 욕망, 즉 자기 삶에서 느끼는 박탈감과 모욕감에서 자신을 구해줄 지도자를 바라는 욕망을 알아채지 못한다. 독재자가 권력을 공고히 한 후, 대중이 엘리트가 아니라 자신을 지지하리라는 합리적 확신이 들면 엘리트에게서 등을 돌릴 수 있다.

> 미하일 호도르콥스키Mikhail Khodorkovsky는 구소련이 붕괴한 이후 국영 산업을 민영화하는 과정에서 큰 이득을 얻었다. 이른바 올리가르히는 실제 가치보다 훨씬 싼 가격에 자산을 취득할 수 있었고, 그중에서도 호도르콥스키는 가장 큰 부자가 되었다.
>
> 새롭지만 혼란스러운 경제에서 제자리를 잡기 위해 고군분투하고 있던 평범한 러시아인 사이에는 이런 신흥 재벌 집단을 향한 반감이 널리 퍼져 있었다. 이런 분위기에서, 미하일

호도르콥스키가 정부 최고위층에 부패가 있다는 투로 넌지시 암시하자, 당시 빠르게 권력을 공고히 하면서 부를 축적하고 있던 예비 독재자 블라디미르 푸틴Vladimir Putin은 그에 대한 법적 혐의를 조작해 그의 사업을 몰수한 뒤 14년 징역형을 선고할 수 있었다. 푸틴은 호도르콥스키가 러시아를 떠나 러시아 정치에 관여하지 않겠다고 약속하고 나서야 그를 사면했다. 8년 만의 일이었다.[4]

메시지는 잔인하면서도 명확했다. "너희가 누구든, 얼마를 가졌든 상관없다. 이제 내가 이 땅의 최고 권력자다. 그러니 조금이라도 내 앞을 막지 마라."

엘리트가 처음에는 자기 특권을 지지하는 것처럼 보이는 잠재적 독재 권력자를 부각하는 행동은 위험하다. 엘리트에게는 자신의 특권을 위협하는 좌파의 행동을 막는 일이 곧바로 이익이 될지도 모른다. 그래서 엘리트가 우파 출신 포퓰리스트 지도자를 지지하는 행동은 일견 합리적일 수 있다.

하지만 이는 중대한 실수이며, 종종 치명적이기까지 하다. 엘리트가 강력한 특정 인물을 부각하는 게 자기 이익에 부합한다고 판단하면 동시에 그의 권력을 견제할 제도적 장치를 마련해야 한다. 이와 관련해 우리가 찾아볼 수 있는 고전적 사례라면 로마 원로원이 위기 상황에서 특정 개인에게 독재 권력을 부여하되 그 기간을 제한했던 일을 들 수 있다. 이와 비슷하게 미국 의회도 대통령이 국제적 사태에 유연하게 대응할 수 있도록 전쟁 권한법^{War Powers} Resolution을 통과시키면서 그런 권한에 기간 제한을 두려고 시도한 적이 있다. 하지만 로마 원로원과 마찬가지로, 미국 의회 또한 이런 권한을 부여하기도 쉽지 않지만 이를 철회하는 일 또한 항상 쉽지만은 않다는 사실을 깨달았다.

비록 엘리트의 본성에 반하는 일일지라도 엘리트가 자기 특권을 지키기 위해 택할 수 있는 전략 가운데 실행 가능성이 더 큰 전략이라면 예비 독재자에게 그 일을 맡겨 두기보다는 자신의 특권이 과도하지는 않은지 평가하고 이를 눈에 띄게 줄이는 방법을 찾으면서 자신이 가장 소중하게 여기는 요소를 유지하는 것이 될 수 있다. 이는 자발적인 개혁 방안으로, 찾아보기 쉽지는 않지만, 대중이 주도해서 엘리트의 지위를 위협하는 사태에 맞서겠다고 독재자를 세울 필요성을 줄일 수 있다. 미국 대통령으로는 부유한 상류층 출신인 프랭클린 델러노 루스벨트^{Franklin Delano Roosevelt}가 이런 전략을 적용했다고 말할 수 있다. 루스벨트는 자신이 속한 엘리트 계층 내에서 적대감을 불러일으켰음에도 이런 전략을 강행했다. 하지만 역사는, 세계 여러 지역에서 극좌와 극우의 위협이 등장하는 가운데 루스벨트의 정책이 자신이 속한 엘리트 계층을 지켜냈음은 물론 어쩌면 모두 사실로 드러난 국제 공산주의와 잔혹한 파시즘의 공포에서 세계를 구했을지도 모른다는 사실을 보여주는 듯하다.

부차적 실수

엘리트는 자신이 물려받거나 획득한 지위와 권력을 중시한다. 여기에는 대부분 야망과 경쟁심이 따른다. 이런 오만에서 벗어난 엘리트는 극소수에 불과하다.

경쟁심이 강한 엘리트라면 예비 독재자와 협력할 기회를 잡을 수 있다. 이들은 동료 엘리트를 제치고 더 많은 호의와 혜택을 얻기 위한 전술이라는 차원에서 예비 독재자의 부상을 선택할 수 있다. 이런 전술은 단기적으로 이익이 될 수 있다. 하지만 장기적인 전략을 고려하는 편이 훨씬 더 나을지 모른다.

예비 독재자는 자신이 엘리트를 서로 반목하는 상태에 묶어둘 수 있다면, 이들이 권력을 공고히 하려는 자신의 움직임을 의심하는 데 크게 관심이나 힘을 기울이지 않을 것이라는 점을 알고 있다. 엘리트는 이런 술책에 걸려들지 않을 만큼 영리하게 행동해야 한다. 하지만 이들은 너무 자주 그런 술책에 속아 넘어간다.

불완전하지만 체스에 비유해 보자면, 엘리트는 기사knight나 주교bishop나 성castle을 쓰러뜨리는 데 집중하기보다 최종적으로 왕king에 집중하는 편이 현명할 것이다. 물론, 이런 비유를 확장해서 상대편 왕뿐만 아니라 자기편 왕의 행마와 의도에 초점을 맞춰야 한다. 하지만 체스판의 왕은 언제나 자신의 행마를 제한하는 규칙을 따라야 하므로 이런 비유로는 여전히 충분치 않다. 권력을 공고히 한 예비 독재자는 더 이상 규칙에 얽매이지 않으며 자기 동맹이든 적이든 쉽게 등을 돌릴 것이다. 체스판 위에 놓인 자기 말 중 하나를 제거할 필요가 있다면, 설령 그런 행동으로 체스판 위의 다른 말의 위치에 혼란이 벌어지더라도, 이들의 그런 행동은 그 무엇으로도 막지 못한다.

동료 엘리트가 핵심 가치를 희생해 가면서까지 예비 독재자의 환심을 사려한다는 사실을 알게 되면, 자원을 결집해 그런 행동을 저지하는 것이 엘리트에게 이익이 된다. 엘리트에게는 서로가 필요하다. 경쟁하더라도 서로의 명예를 실추시키거나 파괴하려 해서는 안 된다. 엘리트의 집단적 힘은 예비 독재자의 자리가 가진 무게와 균형을 맞추는, 비공식적이지만 필수적인 균형추 구실을 한다. 이런 집단적 힘이야말로 현대 헌법의 원형이나 다름없는 마그나 카르타Magna Carta를 끌어낸 원동력이었다. 마그나 카르타는 잉글랜드 왕의 권력을 제한하기 위해 사분오열되어 있던 귀족이 힘을 합쳐 만들어 낸 것이었다.

독자 대부분은 마그나 카르타가 먼 옛날인 1215년에 서명되었다는 사실을 익히 알고 있다. 이 문서는 민주주의 원칙이 점차 구축되어 가는 과정에서 그 토대가 된 문서라고 소개되기도 한다. 어느 정도는 맞는 말이지만, 이 문서의 63개 조항을 읽어보면, 관습과 법률에 따라 자기 영지에 묶여 있는 "자유민"에 대해 국왕이 간섭하지 못하도록 제한할 권리를 비롯해 대체로 거의 모든 조항이 귀족의 권리를 보호하는 데 초점을 맞추고 있음을 알 수 있다. 이

독재자를 막을 것인가 만들 것인가

문서는 분명히 민주적이라기보다는 봉건적이었다.

마그나 카르타에는 남작 25명이 서명했다. 이번 장과 관련해서 눈여겨볼 점은 엘리트 계층으로 함께 묶었을 토지 소유 귀족이 가까스로 왕으로부터 권력을 제한하고 귀족을 과도한 폭정에서 되돌려 놓으려는 합의를 얻어냈다는 점이다. 여러 남작 귀족은 자기 영지와 승계받을 권리를 보호하거나 확장하기 위해 서로 전쟁을 벌였다. 그렇지만 주권 권력의 폭압적 사용을 막아내기 위해 하나로 뭉치는 편이 자기네 서로에게 이익이 된다는 점은 분명했다. 이 문서 자체로 권력 남용을 완전히 종식하지는 못했다. 하지만, 이 문서는 비록 거의 가공의 것에 가깝기는 하지만 그 이후로 왕의 특권을 제한하려는 싸움에서 개념상의 기준선이 되었다.

엘리트는 서로 간에 그리고 정치 지도자와 협력하거나 경쟁하는 과정에서 균형점을 찾을 때, 마그나 카르타의 중요성과 힘을 마음에 새겨두는 편이 좋다. 독불장군처럼 굴면, 예비 독재자는 엘리트를 권력을 공고히 하는 방향으로 나아가는 자기 행보에 걸림돌로 여겨 하나씩 골라내 제거할 수 있다. 하지만 엘리트가 함께 행동하면서 기회를 잘 활용한다면, 권력의 공고화를 저지할 수 있고 권력을 충분히 분산시킴으로써 권력의 남용을 억제할 수 있다.

독재자를 막을 것인가 만들 것인가

11장

엘리트 계층

엘리트의 유형과 이들의
진정한 자기 이익

개인이 여러 방식으로 엘리트의 위치에 오를 수 있음을 이미 밝힌 바 있다. 이번 장에서는 주요 엘리트 유형을 비롯해 이들이 따르거나 따르지 않겠다고 선택하는 경우, 이들 유형 각각에 어떤 권력과 취약점이 있는지 더 깊이 살펴본다.

부유층 엘리트

머릿속에 가장 먼저 떠오르는 유형의 엘리트는 최상위 부유층이다. 이들은 자기 부를 지렛대로 활용해서 어떤 정치 지도자를 지지하거나 반대할 수 있다. 아무것도 하지 않겠다고 선택할 수도 있지만, 두드러진 존재감 덕분에 아무것도 하지 않으면 떠오르는 예비 독재자를 수동적으로 지지하는 형태로 비친다.

부유함은 선거 캠페인, 취임식 축하연, 민관 협력 사업 지원에 직접 자금을 기부하는 형식으로 직접 사용될 수도 있고, 투명하지 않은 사회에서라면 정치 지도자의 사생활을 재정적으로 지원하거나 이들의 은밀하고 불법적인 재산 축적 행위를 돕는 데 사용될 수도 있다. 여기에는 선택적 전쟁 wars of choice. 특정한 목적이나 상황에 따라 필요한 경우에만 선택적으로 수행하는 전쟁으로서 전통적인 전면전과 달리 제한된 목표와 유연한 전략 사용이 그 특징이다.―옮긴이에 대한 지원도 포함되며 그런 전쟁으로 야기된, 겪지 않았어도 될 고통은 자금을 제공한 사람도 함께 나눠 지게 된다.

이런 권력을 통해 엘리트는 어느 정도까지 보호받고 안전을 보장받는다. 하지만 이런 권력을 지나치게 사용하면 자신의 취약점이 커진다. 흔히 알려진 바에 따르면, 주권자가 자신의 과도한 욕망을 충족시키려고 재정적으로 특정 자금원에 지나치게 의존하게 되면 채무를 갚기보다 채권자의 신용을 떨어뜨려 제거하는 편이 더 쉽다.

또한 예비 독재자 편에서는 합법적인 다양한 세원에서 세금을 거둬 세입을 다각화하는 대신, 부유층에게 이익을 안겨주고 지켜주겠다고 넌지시 비추면서 이들에게서 반복해서 지원받는 일이 너무 쉬워진다. 결국, 마지못해 자금을 제공하던 후원자의 분노가 협력으로 얻는 이익보다 커지는 임계점에 이르게 된다. 이때 이들은 자신의 부를 강탈당하는 고통을 느끼며 예비 독재자가 국가 기구를 동원해 이들이 누렸던 모든 권력의 바탕이 되었던 자산을 의심하고 샅샅이 조사한 후 이들이 자산에 접근하지 못하게 막고 몰수하려고 할 위험에 직면하게 된다.

부유층은 "계속 살아남고" 자기 이익을 보호하며 호의와 영향력을 얻으려면 상당한 대가를 치러야 한다는 점을 안다. 하지만 모든 일이 그렇듯 좋은 것도 너무 지나치면 안 좋다. 의심스러운 것이라면 특히 그렇다. 권력을 공고히 하려는 예비 독재자의 시도를 견제할 수 있는 다른 개인이나 집단에 힘을 실어주되 어느 한 개인이나 집단에 힘이 쏠리지 않도록 하는 것이 더욱 실효성 있는 전략일 수

독재자를 막을 것인가 만들 것인가

있다. 위험할까? 그렇다. 하지만 독재자가 되려는 야망을 품은 정치 지도자를 무조건 지지하는 것도 위험하긴 마찬가지다.

가장 용기 있는 태도라면, 더 큰 권력을 얻게 되면 완전한 독재자가 될 수 있는 예비 독재자의 징후를 알아차리고 자신의 부를 사용해서 초기에 그런 행보에서 벗어나도록 만드는 일일 것이다. 만약 실패한다면, 독재자는 그런 사실을 쉽게 잊지 못할 테고, 성공한다면 예비 독재자가 자신의 해악을 완전히 드러낼 기회를 얻지 못했기에 세상은 어떤 해악을 피할 수 있었는지 완전히 알아차리지 못할 것이다. 하지만 부유층은 자신이 세상에 도움이 되는 일을 했다는 사실을 알고 있으니 더 편히 잠들 수 있을 것이다.

부유층에게 추종자라는 말을 쓰기에는 썩 어울리지 않지만, 조력자라는 말은 무척 잘 어울린다. 조력이란 지도자가 제대로 하지 못하는 일을 지원하는 행위다. 이는 어쩌면 가장 위험한 형태의 추종일 수도 있다.

정치 엘리트

"민주주의의 붕괴를 주도하는 수많은 주류 정치인은 체제를 전복하려는 권위주의자가 아니다. 이들은 그저 출세하려고 애쓰는 출세 지상주의자일 뿐이다. … 출세 지상주의는 정치에서 늘 벌어지는 일이다. 그러나 민주주의가 위기에 처했을 때 민주주의를 지키는 일보다 정치적 야망을 앞세우는 선택은 치명적일 수 있다."

— 스티븐 레비츠키Steven Levitsky와 데니얼 지블랫Daniel Ziblatt
『어떻게 극단적 소수가 다수를 지배하는가』The Tyranny of the Minority의 저자

정치 엘리트는 독자적인 계층에 속한다. 전반적으로, 정치 엘리트는 예비 독재자와 마찬가지로 국가의 통치 체제를 자기 의도대로 만들어 자기 발자취를 남기겠다는 욕망을 품고 있다. 정치적 존재로서 이들은 다양한 권력의 중심을 저울질하고 이에 동조할지 아니면 경쟁할지 결정을 내린다. 이는 정치 엘리트에게 원칙이나 봉사하려는 열망이 없다는 말이 아니라, 자신이 어떤 체스판 위에서 움직이고 있는지, 그리고 어떤 수가 전략적으로 유리할지를 한시라도 잊지 않는다는 말이다.

이는 예비 독재자와 결탁할 위험성을 드러낸다. 그는 관직에서 승승장구하고 있다. 보상하거나 처벌할 수 있고, 포함하거나 배제할 수 있으며, 성공하거나 실패하게 만들 수 있다. 적어도 그렇게 보인다. 정치 엘리트는 우리가 앞서 살펴봤던 중대한 오류와 부차적 오류를 범한다는 면에서 다르지 않다. 이들은 독일의 정치 이론가 카를 슈미트Carl Schmitt가 말했던 정치의 핵심은 적과 동지를 구분하는 것이라는 원칙을 직관적으로 이해한다. 어느 한쪽에 실제

독재자를 막을 것인가 만들 것인가

로 동조하거나 동조하는 것처럼 보일 필요가 있다. 이렇게 하지 못
하면, 텍사스에서 경멸의 의미로 쓰이는 속담처럼 "길 한복판에서
발견되는 건 오직 죽은 아르마딜로뿐"여기서 '죽은 아르마딜로'는 정치적 중립을
지키려다 양쪽에서 공격받고 고립된 사람을 뜻한다.—옮긴이이라는 말을 자초하는 신
세가 된다.

하지만 예비 독재자에게 동조할 때도 그 나름의 위험이 따른다.
이들이 독재 권력자에서 독재자로 변모하는 경계선에 점점 다가갈
수록 이들과 밀접한 관계로 밝혀진 사람은 자기 미래에 오점을 남
기게 될 것이다. 예비 독재자의 표적이 되지 않을 정도로 충분히
지지를 보내는 것처럼 보이면서도 동시에 자신이 그 영향력을 누
그러트리는 역할을 했다고 주장할 만큼 예비 독재자와 거리를 두
는 것은, 도덕적으로야 의심스러워도 전략적으로 더 안전하다.

정치 공동체의 삶을 개선하는 일에 쓰일 수 있는 동력이, 어떻
게 하면 살아남아 계속 영향력 있는 존재로 남아 있을 수 있는지를
알아내는 데 얼마나 많이 쓰이는지 보라. 하지만 현실 정치 세계에
서는 이런 행동이 필요해 보인다. 다만, 달리 선택하는 경우를 제
외하고 말이다. 원칙과 전략 측면에서의 차별성을 적절히 조합해
서 예비 독재자와 전혀 다른 길을 개척하거나 심지어 그에 반대되
는 길을 선택한 정치 엘리트도 있다. 여기에도 상당한 기술과 노력
이 필요하지만, 권력을 공고히 하려는 예비 독재자의 시도에 결탁
해 궁극적으로 자멸의 길에 들어선 동료를 그 길에서 끄집어낼 잠

재력을 가지고 있다.

스페인은 지난 세기 동안 독재자와 예비 독재자와 관련해 흥미로운 역할을 해왔다. 내가 한참 성장하던 시절에, 교육받고 정치적 의식이 있던 친척 여럿은, 1939년부터 1979년까지 파시스트 독재자 프란시스코 프랑코Francisco Franco가 통치하며 40년이라는 절망적인 치세를 이어가고 있는 동안에는 스페인으로 여행을 가지 않았다. 프랑코가 사망하자 스페인은 입헌 군주제 아래에서 민주주의를 복원했다. 그 전환기는 경제 위기와 분리주의 테러로 얼룩졌고, 이는 잠재적으로 독재적 야망을 지닌 또 다른 지도자가 등장할 수 있는 비옥한 토양이었다.

1981년, 새 총리를 선출하는 와중에 시민 경비대가 자신이 지지하는 보수 성향의 장군을 총리로 세우려는 의도를 품고 무력으로 의사당을 급습했다. 당시 입헌군주였던 후앙 카를로스Juan Carlos 국왕이 민주적 절차를 지지하며 개입했다. 하지만 이념적 스펙트럼 전반에 걸쳐 여러 정치 지도자가 쿠데타를 소리 높여 강력히 규탄하지 않았더라면 국왕의 중재만으로 충분했을지는 의문이었다.

민주주의를 지키겠다고 나선 이런 엘리트 추종자를 지지하며 백만 명이 넘는 시민이 거리로 쏟아져 나와 행진에 참여했다. 정치적 지형의 모든 정파가 여전히 취약해도 민주주의를

> 지키는 편이 서로에게 이익이 된다는 사실을 깨달았다. 쿠데
> 타 주모자, 즉 예비 독재자 일당은 체포되어 재판받고 모두 중
> 형을 선고받았다. 이로써 추가적인 쿠데타의 망령은 종식되
> 었다.[1]
>
> 그로부터 10년이 조금 지난 후, 나는 신생 민주주의 국가와
> 발전 중인 민주주의 국가를 지원하는 세계적 조직인 클럽 데
> 마드리드의 자문가 자격으로 스페인을 방문했다. 내가 스페
> 인에서 자문가로 일할 수 있었던 이유는 바로 용기 있는 추종
> 자가 올바른 시점에 올바른 방식으로 잠재적 독재자의 부상
> 을 저지했기 때문이었다.

정치 엘리트의 머리를 복잡하게 만드는 요인은 자신이 독재적 지도자와 같은 정당이나 파벌에 속해 있는지 아니면 반대편 정당이나 파벌에 속해 있는가이다. 반대편이라면 동료 당원의 수로 어느 정도 안전을 확보할 수 있으며 예비 독재자의 출현을 막아야 한다는 강력한 유인 요소가 작동한다. 그러나 가장 큰 딜레마에 직면하는 사람은 바로 독재자와 같은 정당이나 파벌에 속한 정치 엘리트다. 정치 규범에 따르면 이들은 자신의 지도자를 충성스럽게 지지해야 한다. 이런 지지는 비공식적이든 공식적이든 고통스러운 여러 가지 방식으로 강요된다. 하지만 예비 독재자의 충동을 견제할 가장 유리한 위치에 있는 사람 역시 바로 지도자의 정당에 소속된 책임감 있는 구성원이다. 이런 중요한 역할을 하려면 용기와 정

치적 감각과 설득력 있는 소통 능력이 모두 필요하다.

이런 정치 엘리트 중에서 가장 뛰어난 이들은 자신만의 측근 집단을 만들고 이들의 도움을 받아 예비 독재자 진영이 자신을 불평분자나 배신자로 규정하지 못하도록 서사를 만들어 낸다. 이들은 이렇게 필요한 선제적 조치나 우회 조치에 관여하면서도 자신이 정치권력을 추구하는 이유인 친사회적 목표를 잊지 않는다.

이 삼차원 체스 게임에서 추종은 어떻게 표현될까? 우선, 예비 독재자와의 관계에서 정치 엘리트의 추종은 상황에 따라 매우 달라진다. 독재자가 정치 공동체 전체에 이익이 될 행동을 할 의지를 보인다면 지지를 보내며, 유일 권력의 사용을 건전하게 견제하는 제도를 약화하려는 모든 행동에 대해서는 지지를 거둬들인다.

추종은 또한 정치 엘리트 계층 내에서도 표현된다. 이들 주변에도 다섯 개의 추종자 계층이 있다. 이 계층은 예비 독재자에게 받지 못한 존중과 배려를 받아야 한다. 결국 바로 이런 계층에 속한 추종자가 정치 엘리트의 성패를 가르게 된다.

정치적 감각이 뛰어난 엘리트는 추종자 계층에 무조건 순응하고 무조건 복종하라고 요구하지 않는다. 물론 어느 정도 규율은 필요하다. 하지만 맹목적인 동의는 아니다. 이렇게 다양하고 진정성 있는 의견은 이들이 연성 권력이라는 측면에서 예비 독재자보다 우위에 서게 만든다. 이들이 권력을 공고히 하고 남용하려는 예비 독재자의 충동을 누그러트리는 동안, 이들을 따르는 용기 있는 추종자는 이들이 똑같은 병폐에 감염되지 않도록 막아준다. 이들은 다양한 시각의 의견을 듣는다. 아부를 요구하다가 정보 거품에 갇혀 버린 예비 독재자는 이런 의견을 듣지 못한다. 이들은 변화하는 대중의 요구와 정서라는 현실을 바탕으로 전략을 세울 수 있지만, 예비 독재자는 점점 현실에서 동떨어지게 된다.

하지만 주의할 점이 하나 있다. 이들의 추종자, 즉 유권자와 잠재적 지지자가 예비 독재자의 독설에 감염되어 자기를 대표하는 사람에게 당신도 동조하라고 강한 압력을 행사할 수도 있다는 점이다. 바로 이때 선출된 대표자의 이중적 역할이 작동하기 시작한다. 이들 역시 지도자인 동시에 추종자다. 계속 선출되어 그 직을 유지하려면 자기 지역구에 널리 퍼져 있는 정서를 따라야 한다. 하지만 취임 당시 자신이 했던 선서를 따르려면 내부자의 관점에서 얻은 내용을 지역구민에게 알리고 교육해야 한다. 이 과정에서 활동가 계층에 속한 추종자와 거리가 생길 수도 있는 만큼 용기가 필요한 일이기도 하다. 언제 따르고 언제 이끌어야 할지를 아는 것, 이것이야말로 책임감 있는 민주주의의 영원한 춤사위다.

언론 엘리트

정치는 시골의 시장통에서 대통령 궁에 이르기까지 다양한 수준에서 이루어진다. 마찬가지로, 언론 매체에도 지방의 지역지에서 황금 시간대를 틀어쥔 방송사와 주요 신문사와 영향력 있는 소셜 미디어 논객까지 다양한 계층이 있다. 시청자나 청취자를 더 많이 확보할수록 영향력을 발휘할 가능성이 더 커진다. 이들이 언론 엘리트다.

사실만을 그대로 전달하는 뉴스 보도는 정치와 무관한 행위처럼 보일 수 있지만, 이는 착각이다. 자기 뜻대로 어떤 이야기를 다룰지, 그리고 그 이야기를 얼마나 중요하게 다룰지를 결정하는 일에는 정치적 차원과 영향력이 있다. 심지어 어떤 이야기를 다루지 않는 일조차 예비 독재자나 그 반대자가 그 보도를 기대하고 있을 때는 정치적 행위가 된다.

어떤 언론 플랫폼이나 언론인이 정치 주변부에 자리 잡고 있다면, 추종자 중에서 활동가 계층에 더 잘 어울릴 수 있다. 주변부라는 위치 덕분에 이들은 예비 독재자가 충성스럽지 않다거나 선동적이라고 여길 수 있는 표현에 크게 걱정하지 않으면서 더 직접적으로 이야기를 다룰 수 있다. 이들은 폐간되거나 더 심한 일을 겪을 수도 있지만, 활용할 수 있는 최고의 데이터에 근거해 보도가 이루어지는 한, 이들의 도덕적 위상은 훼손되지 않는다.

엘리트 계층에 속한 언론은 약간 다르다. 우리는 지도자와 그의 내부 핵심 계층에 접근할 수 있는 능력으로 엘리트를 정의하고 있다. 이런 지위를 얻고 유지하려면 그 나름의 노력이 필요하다. 대규모의 청중을 확보하고 유지할 수 있을 만큼 매력적이어야 하고

독재자를 막을 것인가 만들 것인가

기득권층의 눈 밖에 나지 않을 만큼 순응적이어야 한다. 청중이 민감하게 여기는 문제를 회피하는 것처럼 보이면 신뢰를 잃는다. 정치 지도자와 너무 날카롭게 대립각을 세운다고 여겨지면 예전에 비해 더 많은 정보에 접근하지 못하게 될뿐더러 급속히 진행되는 독재 체제에서는 언론 플랫폼 자체가 차단될 수도 있다. 자기 이익과 공적 의무, 이 두 극 사이에서 줄타기가 필요한 것으로 보인다. 이들에게는 정보에 대한 접근성이 화폐나 다름없다. 이런 줄타기는 언제 적절한 경계선을 침해하는 일이 빈번해지는 정권에게 정당성이라는 외피를 덮어씌우면서 공모로 변질될까?

앞서 살펴봤듯, 어떤 정권이든 자기 공약을 이행하려면 충분한 권력이 필요하고 이런 필요성은 정당하다. 하지만 그 적정 지점이 어디인지는 과학으로도 알기 힘든 문제일 수 있다. 어떤 정권이든 자신을 위해 권력을 확보하려 한다. 하지만 권력을 공고히 하는 행동이 쌓이게 되면 이는 폭풍이 다가오고 있음을 경고하는 지표다. 언론은 이런 경고 신호에 충분히 주목하지 않을 수도 있다. 이들이 속한 뉴스 조직은 일반적으로 특정한 정치 성향으로 기울어져 있다. 만약 이들이 대체로 특정 정당과 정치 지도자를 지지한다면 권력을 모으는 행위에 문제를 제기하는 일을 암묵적으로 억제할 수 있다. 자신이 속한 뉴스 조직이 반대편으로 기울어져 있다면 문화적 규범 안에서 벌어지는 권력 정치를 너무 성급하게 비난할 수도 있다. 진지한 언론이라면 정치 공동체에 위험한 행동을 보도해야 한다는 책임을 다하면서도 독재 정권이 사회에 도움이 될 행동을 하면 그런 행동을 지지할 수 있다.

그러나, 때로는 선정적인 내용에 집중하는 편이 더 쉽기도 하다. 이런 내용은 시청자를 끌어들이면서도 예비 독재자나 자기 청중에게 불쾌감을 주지 않기 때문이다. 사소한 스캔들이나 인위적으로 꾸며낸 갈등은 마치 마약과도 같아서 사람을 사로잡지만, 실상은 독재가 폭정으로 나아가는 과정을 가리는, 부차적이며 본질을 흐리는 일에 불과하다. 예비 독재자는 카리스마 넘치는 포퓰리스트로서 전통적인 행동 규범을 깨뜨리면서 대중을 열광에 빠뜨리는 경향이 있다. 따라서 엘리트 언론은 종종 이런 터무니없는 행동을 얼마나 부각할지, 아니면 얼마나 무시하고 얼마나 고삐를 죄어야 할지 사이에서 고민하게 된다.

흥미 위주의 보도에 지나치게 큰 관심을 기울이는 것은 잘못이다. 이런 보도는 권력이 공고해지는 현상을 가리기 때문이다. 언론이 권력 균형의 한 축을 이루는 체제에서 언론의 역할은 필수적이다. 언론의 초점은 핵심, 즉 사회를 비교적 공정하고 자유로우며 대중의 요구에 바로 호응할 수 있는 상태로 유지할 능력에 맞춰져야 한다.

정권의 독재적 경향이 비판받아 마땅한 경우라면, 엘리트 언론은 자신의 확성기를 동원해 이를 알릴 책임과 정보에 대한 접근이나 심지어 개인의 안전이라는 가치를 저울질할 필요가 있다. 이들에게 주어진 막중한 책임은 현기증 날만큼 혼란스러운 정보와 허위 정보와 본질을 흐리는 정보와 편향된 정보의 불협화음을 더하는 것이 아니라 대중의 관심을 끌고 이목을 집중시키는 데 있다. 이들 언론은 또한 대중과의 관계에서뿐만 아니라 정권과의 관계에서도 지도자 역할과 추종자 역할을 용기 있게 조율해 나가야 한다.

연합의 문제를 다루는 장에서, 우리는 1970년대에 워터게이트 사건 당시, 용기 있는 한 언론사가 리처드 닉슨 대통령 행정부에 심각한 타격을 줄 수 있는 이야기를 추적하면서 정치적·법적 제재를 감수했던, 특히 인상적이었던 사례를 살펴보게 될 것이다.

중개자 엘리트

이 책이 최종 편집 단계에 접어든 지금, 6장에서 활동가 계층을 다루면서 내가 취했던 태도를 바꿔야 할 처지에 놓이게 되었다. 6장에서 나는 끊임없이 변화하는 기술과 소셜 미디어 도구가 폭정으로 나아가는 독재자의 행보를 강화하기도 하고 제한하기도 한다고 하면서, 그런 변화의 흐름에 섣불리 발을 들이지 않겠다고 했었다. 이런 변화가 너무 빠르다 보니 인쇄된 책으로는 그 속도를 도저히 따라잡을 수가 없기 때문이었다. 하지만 세스 라자르Seth Lazar의 인터뷰 「인공지능 시대의 정치 철학」Political Philosophy in the Age of AI을 듣고선 기꺼이 그런 위험을 무릅쓰고서라도 독자에게 그의 생각을 소개하기로 마음먹었다. [2]

라자르는 인공지능이 사회적 관계에 적용될 때 어떤 기회와 위험이 제기될지를 이야기하고 있는데, 여기에서 나는 이 문제에 대한 라자르의 날카로운 통찰력과 문제에 접근하는 방식을 요약하려 들지 않을 것이다. 대신에 그의 용어를 활용해서 새로운 유형의 엘리트를 정의하려 한다. 이런 새로운 엘리트는 전문화된 자신의 권력을 활용해서 예비 독재자가 정치적 권력을 쌓아가는 과정을 돕거나 저지할 수 있다.

중개자 엘리트intermediary elites는 대기업이나 독재 정부의 선전 도구로, 어떤 정보를 게시하고 증폭하고 복제하고 삭제하고 수익화할지를 결정하는 알고리즘을 생성하고 관리한다. 이들은 콘텐츠를 직접 생성하지 않고 오히려 콘텐츠와 그런 콘텐츠에 담긴 정보와 아이디어와 행동 요구를 가능하게 하거나 차단하기에 기술적인 측면에서 언론 엘리트의 하위 집단이 아니다. 잠재적으로 이들은 예비 독재자에게 큰 도움이 될 수도 있고 상당한 위협이 될 수도 있다.

이런 플랫폼은 사회에 유익한 기능을 제공할 수도 있지만, 그 외에도 공적 공간을 왜곡하고 이질적인 사회가 일관된 정체성을 유지할 능력을 약화시키는 개념과 이미지를 증폭시킬 능력 또한 갖추고 있다. 무심한 웹사이트 운영자나 밈 유포자나 숨겨진 대리인이 퍼뜨리는 혐오 발언과 인종적 편견과 음모론과 조작된 이미지는 혼란과 불안, 그리고 사회적 분열을 일으키고 이는 혼란을 부추기려는 예비 독재자의 전술에 이용될 수 있다. 혼란스럽다는 의식을 부추김으로써 자신이 구원자라는 메시지에 정당성을 부여한다.

이렇게 사회를 좀먹는 요소에 맞서, 우리는 인공지능이 사용하는 거대 언어 모델에 내재할 수 있는 편향을 비롯해 정치적 전복 행위가 빚어낼 최악의 결과를 억제하려는 규제와 자율적 조치가 시작되는 현상을 목격해 왔다. IT 대기업을 소유하고 계획하며 관리하는 엘리트뿐만 아니라 혁신적인 소규모 기업도 자신이 온라인에 도입하는 신기술이 어떤 결과를 초래할지를 두고 더욱 책임감 있게 행동할 필요가 있다. 이들은 표현의 자유와 신뢰할 만한 정보를 원하는 사회적 요구 사이에서 균형을 잡아줄 해결책을, 언제나 더 빠르고 민첩하게 모색할 수 있다. 공적·사적 감시 기구는 필요한 변화를 식별하고 이를 요구할 위치에 있지만, 관료적 규제 기관과 상급 법원은 이를 따라잡으려고 애를 쓰고 있다.

정보를 통제하고 비판을 억압하려는 예비 독재적 충동을 내비치기 시작한 독재 권력자는 대중에게 다가갈 수 있는 중개 플랫폼 서비스를 제공하는 엘리트에게 끌린다. 이런 예비 독재자가 권력을 공고히 다져가는 과정에서 어디쯤 있는지에 따라 다르겠지만, 이들은 처음에는 지원해 주면 보상하겠다고 약속했다가 나중에는 순순히 협력하지 않으면 처벌하겠다는 위협한다.

일찌감치 독재 정권을 지원하면 재정적으로 이익을 주겠다는 약속에 저항하기란 힘들 것이다. 하지만 이렇게 이익을 얻을 수 있으리라는 전망은, 플랫폼 브랜드에 손상을 입고 공모에 항의하면서 고객이 이탈하는 사태를 비롯해 독재자에게 힘을 보태줌으로써 발생할 위험에 견주어 신중하게 고려되어야 한다. 아직 권력이 충분히 분산되어 있다면, 활동가와 관료로부터 신뢰할 수 있는 정치적 공간을 명백히 훼손하는 관행을 억제하라는 압박을 받게 되며 또 마땅히 그래야만 한다. 이들 플랫폼이 서비스를 제공하는 사회가 그 정책이 빚어낸 결과에 대해 책임을 묻는 것은 합당한 일이다.

이런 외부적 제약 외에도, 객관적으로 양질의 정보를 얻을 자격이 있는 대중, 그리고 권력을 중심에 둔 의제를 기준으로 좋은 정보인지를 정의하는 예비 독재자라는 두 주인을 섬기면서 중개자 엘리트가 겪는 부담감은 이들이 엘리트라는 자신의 지위를 누리기에는 매우 비참한 조건을 만들어 낼 것이다. 중개자로서, 이들은 격동적이고 중대한 정치적 역학의 한복판에 서게 된다. 이런 격랑을 헤쳐 나가려면 정치적 기술을 발휘할 필요가 있다. 다른 중개자 엘리트와 연합을 형성해 나쁜 일보다는 올바른 일을 더 많이 하는 것만이 한층 심각해지는 예비 독재자의 권력 독점과 남용에 맞서 균형추 구실을 해 줄 것이다. 다만, 너무 늦지 않아야 한다.

문화계 스타

　　　　　　　　모든 문화는 스타를 만들어 낸
다. 이들은 경이로운 재능을 소유했거나 우리의 문화적 환상을 이
상적으로 재현하는 인물이다. 이들은 홍보 대행사와 소셜 미디어
전문가로 꾸려진 측근의 도움을 받아 우리의 집단의식 속에 스며
들어 일상의 대화에서 누구나 알 만한 유명 인사가 된다.

　백만 명 중 하나꼴로 나올 법한 이런 인물 대부분은, 정치적으로
거세 상태를 유지해 통치 핵심 집단의 그 누구에게도 위해가 되지
않는 편이 개인적으로나 직업적으로 자신의 이익에 부합한다. 하
지만 여기에는 몇 가지 문제가 있다.

　첫째는 점점 억압적으로 변모해 가는 정권 앞에서 침묵으로 일
관하는 행동은 암묵적으로 그 정권을 돕는 것이나 마찬가지라는
점은 자명한 이치다. 둘째는 이들의 명성이 정권이 구애할 만한 목
표가 되어 날조된 정당성이라는 목걸이에 달린 화려한 장식품 노
릇을 하기 쉽다는 점이다. 이들은 대통령 궁에 초대받아 독재자
를 비롯해 권력과 가깝다는 자랑거리로 서로 비슷하게 묶여 있는
200명의 다른 엘리트 앞에서 공연한다. 거액의 공연료가 제시되
면, 이 기회는 더욱 매력적으로 변하며 이런 초대의 도덕적 문제점
이 더욱 가중된다.

　역사의 이 순간에 내부 핵심 계층의 일원으로 이 초대를 받아들
이고 그 물결에 편승하고 싶은 유혹이 있다. 하지만 일단 그 물결

에 올라타고 나면 어떻게 대통령 전용기 탑승을 거부할 것이며 어떻게 축하연에서 웃고 있는 예비 독재자와 그의 가족을 포옹하고 사진 찍는 행위를 거부할 수 있을까? 대놓고 지지하는 추종자가 될 마음은 없었겠지만, 당신은 그렇게 보이는 역할을 하도록 이용당한 것이다.

"제니퍼 로페즈Jennifer Lopez가 이번 주 투르크메니스탄의 권위주의적 통치자에게 '생일 축하 노래'를 불러준 일로 곤혹스러운 상황에 놓였다. 이 구소련 국가는, 대통령의 낙마 영상이 퍼지는 것을 막기 위해 나라 전체의 인터넷을 차단한 적이 있을 정도로 '전 세계에서 가장 억압적인 국가 중 하나'로 여겨진다.

제니퍼 로페즈는 구글 검색도 한번 해보지 않고 공연한 최초의 팝스타는 아니다. 의도한 일은 아니었겠지만, 국제적 인권 침해 사례가 《유에스 위클리》US Weekly 독자의 관심을 끌었다. 스팅Sting. 영국 출신의 세계적인 싱어송라이터—옮긴이에서부터 50센트 50 Cent. 2000년대 초반 미국 힙합 음악계를 대표하는 미국의 유명 래퍼이자 배우—옮긴이에 이르기까지 음악 산업에서 표현의 자유에 수혜를 입고 있는 여러 스타는, 돈이 넘쳐나는 전 세계 독재자가 좋아하는 미국과 영국의 수출품으로 자리 잡고 있다."[3]

이제 유명 스타의 추종자는 딜레마에 빠졌다. 자유를 제한하고 반대 의견을 탄압하는 예비 독재자의 분명한 조치를 미심쩍게 바라보는 이들은 이제 그 유명 스타를 계속 지지할지 아니면 그 스타의 예술적 결과물에 대해 2차 불매운동을 벌일지 결정해야 한다. 당신은 빠르게 무언가를 얻었지만 동시에 무언가를 잃었다. 뒤로 한 발 물러설 것인가, 아니면 강하게 밀고 나갈 것인가? 어느 쪽을 선택하든 결과가 따른다.

어떻게 해야 이 위험한 기로를 피할 수 있을까? 첫째, 충분한 사전 조사를 해서 과도한 공연료나 새로운 홍보 기회에 현혹되지 않도록 하라. 비틀스는 페르디난드 마르코스 독재 정권 시절에 공연차 필리핀을 방문한 적이 있는데, 그 당시 이런 원칙을 지켰던 것으로 보인다. 비틀스의 매니저는 대사관이나 공식 행사 초청을 받지 않는다는 방침을 유지했고, 이런 방침 덕분에 문제가 있어 보이는 초대를 더 쉽게 거절할 수 있었다. 정치적 수완이 남달랐던 이멜다 마르코스 영부인은 이들이 필리핀을 떠나지 못하도록 공항을 폐쇄하는 등 상당한 압박을 가했다. 하지만 비틀스는 자신의 소신을 지키면서 독재자가 주최하는 공연에 들러리로 나서길 거부한 덕분에 이들 독재자 부부와 함께 사진에 담기는 상황을 모면할 수 있었다.

여기에는 무의식적 요인도 작용할 수 있다. 팬들이 유명 스타의 명성에 매료되듯, 유명 스타 또한 권력의 정점에서나 느낄 수 있는 드문 분위기에 매료될 수 있다. 역설적이지만, 자신이 유명인으로서 키워온 명성과 영향력의 매력이, 인권과 인간의 존엄성을 무시하고 쌓아 올린 정치권력의 무대에서 악용되지 않도록 저항해야 한다.

처음에는 누구나 눈치챌 수 있지만 소란스럽지 않게 고위급 행사에 불참하는 식으로 대응할 수 있다. 하지만 곧 돌아올 수 없는 지점이 가까워지고 있음을 깨닫게 되고 권력 남용에서 공개적으로 거리를 두어야 하는 상황에 직면한다. 이제 높이 떠오른 스타는 그 빛으로 다가오는 위험을 밝혀야 한다. 스타의 유명세가 미치는 넓은 영역에 속한 사람은 예비 독재자의 행보에 무관심하거나 이들을 따르는 일이 얼마나 위험한지 깨닫게 될 수도 있다. 거의 마법이나 다름없이, 대중을 사로잡는 그들의 카리스마에 스타의 카리스마로 맞서는 것이다.

이렇게 할 수 있는 시기는 예비 독재자가 권력을 공고히 하기 전이라는 사실을 명심하라. 이후에는 널리 알려진 스타의 목소리조차 독재자의 뜻에 따라 움직이는 막대한 법 집행 기구에 맞서기에는 역부족일 가능성이 크며, 그 유명 스타는 침묵시키려는 표적이 될 것이다.

> 정치나 문화 분야의 엘리트가 아닌 우리는 대부분 어떤 분야의 스타를 만났을 때 경외감을 느끼기도 한다. 나는 미국 하원의 사무실 건물 중 한 곳에서 배우 리처드 기어와 마주쳤을 때, 그를 알아보고 흥분에 휩싸여 행동하려는 충동을 억누르

려고 애써야 했다. 또한 내 아내는 미국 대통령 취임 축하연에서 몇 걸음 떨어지지 않은 거리에서 가수 폴 사이먼을 보자 인파를 막으려 쳐놓은 줄을 넘어갈 뻔했다. 유명인은 자신의 존재가 다른 사람에게 불러일으키는 이런 반응에 익숙해지는 법을 배워야 한다.

아이러니한 일이지만, 우리는 영화나 음악 그리고 스포츠 분야의 유명인이 스타라고 해도 좋을 만한 위상의 정치인을 만났을 때도 이와 비슷한 반응을 보이는 모습을 볼 수 있다. 나는 감사하게도 저명한 민권 운동 지도자인 존 루이스John Lewis. 1960년대 미국 민권 운동의 핵심 인물 중 한 명으로, 2020년 사망할 때까지 30년 이상 하원의원으로 활동했으며 '미국 의회의 양심'으로 불렸다.—옮긴이를 비롯한 그의 의회 보좌진을 대상으로 연수회를 진행한 적이 있다. 사무실 벽에는 바닥부터 천장까지, 전설로 불리는 이 사람과 만난 사회 각계각층 인사의 사진이 빼곡히 걸려 있었다. 연예계 유명인이 존 루이스나 그 밖의 다른 정치 영웅과 만났던 일화를 읽을 때면 나는 웃음이 나왔다. 이들 역시 스타에게 푹 빠진 팬처럼 보였으니 말이다. 하물며 같이 사진 찍어주면 기뻐할 카리스마 있는 독재자가 아니라 존 루이스 같은 인물을 존경의 대상으로 삼는 편이 훨씬 낫지 않은가.

사법부 엘리트

어떤 면에서는 사법부를 추종자로 분류하기에는 무리가 있다. 그 구상과 의도라는 면에서 사법부의 본질은 정부의 행정 기능으로부터 독립성을 유지하며 행동하는 데 있기 때문이다. 사법부는 오직 법률과 그에 대한 공정한 해석에 따라 사건을 판결하는 독립적인 기관이다.

물론, 이론상 그렇다는 말이다. 어떤 통치 체제에서든 판사로 선출되거나 중요한 직위에 오르는 방식은 암묵적으로 행정부에 유리하거나 불리한 편향을 만들어 낼 가능성이 있다. 판사가 자신이 복무 선서를 한 대로 직무를 수행하려면, 권력을 탐하는 독재자에게 유리하게 판결하라는 압박을 받더라도 공정하게 자기 직무를 수행할 강인한 성품을 갖춰야 한다. 이런 점에서, 판사는 모든 추종자 중에서 법률과 그런 법률이 기반해야 할 정의의 원칙을 가장 충실하게 따르는 추종자여야 한다. 하지만 법이 항상 정의로운 건 아니다. 20세기 들어, 이들은 나치 치하의 독일에서, 아파르트헤이트 시기의 남아프리카 공화국에서, 그리고 인종 분리 시대의 미국에서 혐오스러운 인종차별적 법률과 마주했다.

독재자가 무자비한 방식으로 권력을 공고히 하기 시작한 국가에서는 판사가 그 누구보다도 더 심각한 걸림돌이 될 수 있으며, 따라서 자리에서 물러나라는 초법적 압력의 표적이 되기도 한다. 최고의 판사라면 법률이 바탕이 되는 도덕성을 지킨다는 신성한 의무를 수행할 용기를 찾아내고 자신에게 주어진 역할의 한계와 재량 안에서 그런 의무를 수행할 것이다.

우리가 독재자의 파괴적 힘을 멈출 "제동장치"에 대해 이야기할 때, 사법부의 역할이 중요하다. 사법부는 일반적으로 자신이 내린 판결을 강제할 수 있는 강력한 권한을 가지고 있지 않다. 대신, 행정부에 판결을 준수하라고 요구하려면 대중으로부터 얻은 도덕적 권위에 의존해야 한다. 따라서 사법부는 자신의 도덕적 지위를 신중히 지키고 계속 유지해야만 한다.

정부 행정 조직의 규모에 비하면 판사의 수는 극히 적다. 하지만 사법 체계에는 변호사를 비롯해 법을 준수하겠다고 선서한 그 밖의 법원 관료가 포함된다. 이 엘리트 집단 역시 자신이, 과도하고 또 초헌법적일 게 분명한 예비 독재자의 권력 축적을 저지할 보루임을 깨달아야 한다. 다시 현대의 사례를 살펴보면, 이스라엘 총리가 사법부의 독립성을 약화하려고 시도하자 이스라엘 변호사 수백 명이 거리로 나와 사법권을 침해하려는 시도에 항의하며 시위를 벌였다.

정치가 정상적으로 작동하는 시기라면, 사법 체계에 속한 엘리트는 자기 지위에서 오는 특권과 혜택을 누린다. 그러나 국가의 정치적 자유가 위험에 처하게 되면, 바로 이런 엘리트가 나서서 권력 균형과 권력의 정당한 사용을 보호하는 역할을 떠맡아야 한다.

종교 엘리트

어떤 사회에서는 종교 엘리트와 정치 엘리트 사이에 구분이 없고, 또 어떤 사회에서는 이들 사이에 강력한 장벽이 존재하기도 한다. 어느 쪽이든, 이들은 광범위한 대중에게 직접 다가가 영향력을 행사하기 쉽다. 이런 이유로 이들은 예비 독재자가 구애하거나 무력화하려는 유혹을 느낄 법한 표적이 된다.

많은 경우, 영악한 독재자라면 주요 종교 집단과 가까운 사이인 척하거나 아니면 최소한 그들에게 어떤 피해도 줄 생각이 없는 것처럼 보이도록 꾸민다. 이런 종교 집단의 지도자에게는 예비 독재자를 공개적으로 지지하거나 아니면 최소한 그 정권에 대한 비판을 애써 삼가려는 유혹이 매우 강하다. 이는 자신의 세속적 권력과 자기 교인 집단을 계속 섬길 능력이라는 면에서 얻을 것이 많거나 아니면 적어도 잃을 것은 적기 때문이다.

종교 지도자에게 "영혼을 판 대가로 무엇을 얻을 것인가?"라고 묻는 일은 너무도 모순적이지만, 예비 독재자에게 순응하거나 더 나아가 그와 손을 잡기로 마음먹었다면 스스로 이 질문을 던져봐야만 한다. 군복을 입든 법복을 입든 성직자의 옷을 걸치든, 권력은 권력이다. 권력을 잃는다는 위험을 감수하기란 쉽지 않다. 하지만 그런 권력에는 선한 일에 권력을 사용하라는 책임이 따른다.

종교 엘리트를 따르는 교인, 즉 이런 엘리트의 추종자가 대중의 중요 부분을 차지하며 정치권력의 궁극적인 원천이다. 만약 종교 엘리트가 예비 독재자에게 지지를 표시한다면 이들은 완전한 독재로 이어지는 행보를 가능하게 하며 그 길을 닦는 것이다. 이들이 지켜야 할 최소한의 의무는 자기 역할에 따른 권위를 이용해서 예비 독재자를 신앙의 수호자요 메시아가 보낸 사자라는 환상을 지지하지 않는 것이다. 또한 이런 환상을 근거 삼아 선택을 내려서도 안 된다.

이런 최소한의 의무를 넘어가면, 종교 엘리트의 역할은 더욱 미묘해진다. 예배 공간에서는 정치적 문제를 배제해야 한다는 주장은 정당하다. 예배에 참석한 모든 이는 신앙의 품에 머물 자격이 있다. 필연적으로, 정치적 견해는 스펙트럼 전반에 걸쳐 다양할 것이다. 설교단을 이용해 예비 독재자를 지지하거나 반대하도록 설득하면, 예배 공간의 신성함을 침해한다. 이런 정치적 설교가 계속 반복되면 말 그대로 이미 생각이 같은 사람을 상대로 설교하는 꼴이 된다. 견해가 다른 교인은 떠나거나 자신의 정치적 견해와 더 잘 맞는 교인을 찾게 된다.

이런 태도는 도덕적 의무를 저버리는 행위라고 주장하는 사람도 있을 것이다. 사회적으로 취약한 소수자에 반대하는 광범위한 운동에 직면했을 때 영적 지도자라면 목소리를 내지 못하는 이들을 대신해 목소리를 내고 인간 생명의 신성함을 지켜야 할 의무가 있지 않은가? 이는 매우 강력한 논거다.

상충하는 의무에 대한 답은 설교단의 힘을 이용해 부도덕한 특정 정책을 비판하되, 정권 자체를 겨냥하지 않는 데 있다. 사소한 일에 지나치게 신경 쓰는 것처럼 보일 수도 있겠지만 바로 그 점이 핵심이다. 합법적으로 구성된 정권을 따르면서도 터무니없는 정책을 공개적으로 문제 삼을 수 있다. 이것이야말로 용기 있는 추종의 핵심이다.

교인을 책임지지 않는 사람이 보기에, 이런 대응은 점점 더 심각해지는 권력 남용에 맞서기에는 너무 허약해 보일 수 있다. 하지만 기득권을 가진 종교 지도자에게는 적절한 대응일 수 있다. 이는 여전히 용기 있는 행동이자, 최선의 경우라면 독재자가 통치 권력을 쌓고 남용하는 데 대한 "면죄부"에도 한계가 있음을 깨닫게 하는 교정 수단이 된다.

예비 독재자가 설교단에서 대중에게 가르치는 교훈을 받아들이지 못하고 폭정으로 향하는 길을 계속 걸어간다면, 종교 엘리트는 도덕적 지침의 근원을 따라 활동가가 되는 길을 택할 수 있다. 이것이 바로 엘리트의 특권에 숨겨진 절제된 힘이다.

문제는 시기다. 너무 이르면 신도를 잃고, 너무 늦으면 기회를 잃는다. 실제로 지도력과 판단력 그리고 용기가 필요한 때다.

이익집단 엘리트

조직적인 이익집단 구성원이야
말로 정치 생활의 바탕이다.

정부가 법률, 규칙, 국방과 공공질서, 사회 복지 프로그램, 그 재
원이 되는 세금, 그런 사업을 실행할 예산의 주체가 되면, 이익집
단은 자신의 공통 이익을 중심으로 자연스럽게 결집하게 된다. 이
익집단은 다른 의제와 경쟁하고 있는 자신의 의제를 지지하고 유
리하게 만들기 위해서 정부의 여러 부처에 영향력을 행사하려 든
다.

산업 협의회, 중소기업 협회, 전국적인 민족 권익 연합, 지역과
인구 통계에 기반한 이익집단, 노동조합, 교육 단체 등은 모두 정
부와의 관계를 효과적으로 관리하는 조직을 갖추게 된다. 이런 이
익집단 중 가장 큰 조직의 대표 자리에 오른 사람은 엘리트 계층에
속한다. 자신이 대표하는 정치적 권력 덕에 회의에 참석하고 때로
는 발언할 수 있는 권한을 얻게 된다. 하지만 이런 권한은 얻은 것
이니만큼 잃을 수도 있다. 이 때문에 이익집단 엘리트는 새롭게 부
상하는 예비 독재자와 그 정권을 어떻게 대해야 할지에 큰 부담을
느끼게 된다.

이익집단 엘리트가 지금껏 자기 역할을 잘 해냈다면, 그 이익집
단은 지원받으면 자기 조직의 대의에 도움이 될 모든 수준의 정

부 기관이나 접촉 창구에 자기 이야기를 효과적으로 전달했을 것이다. 또한 이들은 홍보 전략을 잘 활용해서 그간 광범위한 대중의 마음속에 가치 있는 이미지를 심어주었다. 이런 성과를 통해 이익집단은 자신의 이해관계가 체제 내 여러 지점에서 보호받을 수 있게 되어, 살아남으려고 새롭게 부상하는 예비 독재자에게 의존하는 정도를 줄일 수 있다.

하지만 떠오르는 독재 권력자의 환심을 사려는 유혹은 강력하다. 독재 권력자의 집무실에서 나온 말 몇 마디면 이익집단의 목적이 쉽게 추진될 수도 있고 아니면 더 복잡하게 꼬일 수도 있다. 특히 지지를 저버린 행위에 앙심을 품은 독재 권력자의 말이라면 더욱 그렇다. 따라서 장기적인 관점에서 상황을 평가하고 계획을 세워 이익집단 구성원을 설득해야 한다. 이익집단 엘리트는 단기적인 불이익을 감수하더라도 장기적인 이득을 위해 행동할 수 있도록 구성원과 동맹으로부터 계속 신뢰를 얻어내고 유지하는 것이 중요하다.

이익집단이 예비 독재자의 민족주의적 의제에 가까울수록 이런 문제는 더욱 만만치 않아진다. 독재 권력자의 의제에서 얻을 수 있는 손쉬운 결과는 매력적이며, 주변의 간신배는 이런 손쉬운 결과가 장기적으로 얻을 수 있는 결과보다 더 가치 있다고 부추길 것이다. 하지만 이익집단 엘리트는 선량한 관리자로서 그 책임을 다해 의사 결정의 중심을 잡아야 한다. 자기 조직의 대의에 대한 진정한 열정과 그 명성을 지키려는 마음으로 독재 권력자와 그의 유혹에 넘어간 이들의 꼬임에 맞서 싸워야 한다.

역설적으로, 독재 권력자와 그 측근의 내부 핵심 계층이 아무 의심 없이 어떤 집단의 지지를 기대할 수 있다면, 그 집단은 독재 권력자가 신경 써야 할 다른 유사 집단보다 관심을 덜 받게 된다. 이는 이익집단에 자신의 지지를 당연한 것으로 여기지 말라는 신호를 보낼 여지를 준다. 이런 신호가 통하면, 이익집단은 자기 연합 세력을 위해 요구사항을 제시할 기회를 얻게 된다. 이런 요구사항에는 독재 권력자의 권력 공고화를 제한하는 조치가 포함될 수도 있다. 이익집단이 누리는 영향력이 크면 클수록 독재 권력자의 행보에 제동을 걸어야 할 책임 또한 커진다.

이익집단의 지도자는 자신이 독재 권력자와 결별하거나 반대할 정치적 여유가 없다고 생각할 수도 있다. 하지만 이들을 이익집단에서 최고의 자리에 올려놓은 정치적 감각을 발휘해, 독재 권력자와의 관계를 헤쳐 나가고 이들의 예비 독재적 성향을 부추기는 일을 최소화할 수 있다. 용기 있게 행동할 기회가 왔을 때, 준비되어 있어야 한다.

빅토르 오르반과 노동조합

이 글을 쓰고 있는 지금, 헝가리의 현직 총리는 빅토르 오르반Viktor Orbán이다. 그가 걸어온 길이 우리의 이목을 끄는 이유는 아직 완전히 진행된 것은 아니지만 그의 행보가 폭정으로 나아가는 우려스러운 과정을 거의 전형처럼 보여주고 있기 때문이다.

오르반은 구소련이 몰락하기 직전이었던 1989년, 그 운명의 해에 정치에 입문했다. 그는 민주개혁을 지지하는 학생 운동에서 지도자 역할을 맡아 소련군의 헝가리 철수와 새로운 민주적 헌법을 요구하며, 잠재적 개혁가로서 전도유망하게 출발했다.

이듬해에는 국회의원으로 선출되었고, 1998년에는 마침내 총리직에 올랐다. 그의 재임 중 헝가리의 나토 가입을 비롯해 여러 긍정적인 성과를 남긴 것으로 평가받았다. 2002년에는 평화롭고 질서 있는 권력 이양을 통해 야당 지도자가 되었다.

노회한 정치인인 오르반은 2010년에 다시 헝가리 총리직에 올랐으며, 현재 2024년을 기준으로 우려스러운 징후가 없지는 않으나 최장수 총리로 재임하고 있다.

오르반은 2013년에 헌법 개정을 추진해 행정부의 조치에 대한 사법부의 감독을 약화시킨 또 다른 정치 지도자가 되었다. 지난 10년 동안, 점점 독재 성향을 드러내는 그의 행보는 헝가리가 회원국으로 참여하고 있는 나토와 유럽연합 입장에서 큰 골칫거리였다.

우리 관점에서 볼 때, 오르반은 권력 행사 방식이 거의 독

독재자를 막을 것인가 만들 것인가

재에 다다른, 그 경계선에 서 있다. 이미 독재 체제라고 주장할 사람도 있을 것이다. 하지만 여전히 반발의 여지는 남아 있다. 2018년에 오르반 행정부는 너무 지나친 조치 탓에 노동 계층의 분노를 자아냈고, 이 노조 운동을 통해 수천 명의 시민을 거리로 나와 부당한 정책에 반대할 수 있었다. 이런 "민생문제"같은 사안은 점점 더 독재의 길로 나아가는 정권을 더 근본적으로 비판할 여지를 열어주는 경향이 있다.

　　결과는 어땠을까? 큰 변화는 없었고, 이는 매우 조직적인 대중 시위도 흔히 겪는 현실이다. 헝가리가 소련의 잔혹한 탄압을 이런 지도자-추종자 관계라는 상황을 오래도록 기억하고 있다는 점을 생각해 보면, 헝가리 지도자에게 무력 사용은 선택지가 아니었다. 하지만 노동조합은 정권에 권력을 행사하는 데 한계가 있다는 사실을 경고했다. 때로는 이익집단의 반대와 국제적 반응이 결합하면 완전한 독재자로 이행할 가능성을 충분히 차단할 수 있다.[4]

그 밖의 엘리트

　　　　　　다양한 경로를 통해 엘리트 지위에 이르면, 통치를 수행하는 내부 계층이나 심지어 피라미드의 정점에 있는 지도자에게 접근할 수 있게 된다. 이런 경로는 인간 개

개인만큼이나 각양각색이다.

세계적 팬데믹 상황에서는 적절한 위치에 있는 공중 보건 관료가 최고위층에 접근할 수 있었다. 전시에는 전쟁에 대한 관점과 조언을 듣기 위해 전직 장성이 호출되기도 한다. 정치 캠페인이나 중요한 프로그램에 필요한 자금을 대규모로 모금할 수 있는 사람에게도 기회의 문이 열린다. 국가적 비극이나 승리의 영웅은 뜻밖의 기회를 통해 자신의 견해와 정치적 성향을 드러낼 수 있다.

만약 예비 독재자나 그 내부 핵심 계층의 주목을 받을 만한 지위를 얻었다면, 이렇게 질문해 봐야 한다. "이렇게 접근할 수 있는 권한을 어떻게 잘 사용해야 긍정적인 변화를 낳을 수 있을까?"

가장 유효한 방법은 보통 자신의 전문성이나 역할에 충실한 것이다. 자동차 문화가 발달한 국가에서는 이를 흔히 "자기 차선을 지키라"는 말로 표현한다. 이 차선에서 당신은 자격이 있다. 주목을 받으며 어떤 상황에 가장 적합한 정책이 이것이라는 당신의 생각은 고려의 대상이 된다. 예비 독재자의 시책이 합법적으로 형성된 정책을 촉진하거나 방해하면, 유익한 행동을 지지하거나 그 정책으로 부당한 대우를 받은 사람이나 원칙에 해를 끼치는 행동에 반대하는 주장을 펼 수 있다.

엘리트는 위태로운 줄타기를 하고 있다. 만약 이들이 주목받게 되면 떠오르는 정치 지도자는 이들을 자신의 정치적 자산으로 여긴다. 하지만 이들이 대중으로부터 너무 큰 지지를 받으면, 야심 가득한 정치인은 이들을 대중의 관심을 놓고 경쟁하는 잠재적 위협으로 여긴다. 엘리트 지위까지 오른 이에게는 대부분 이런 위태로운 줄타기에서 균형을 잡는 데 도움이 될 내면의 자이로스코프 gyroscope. 물체의 회전운동을 감지하고 측정하는 장치—옮긴이가 있다. 하지만 이들이 가장 흔히 범하는 실수는 자신이 너무 중요한 인물이어서 무시하거나 배제할 수 없으리라 생각하는 것이다. 이런 엘리트의 추종자는 어느 정도 자기 권력의 한계를 객관적으로 인식하는 능력을 이들의 자이로스코프에 심어주어야 한다.

마찬가지로, 이들은 예비 독재자의 권력 장악을 어떻게 돕고 있는지 외면함으로써 잘못된 길에 들어설 수도 있다. 우리는 누구나 자기 이익을 위해서 했던 행동이 모호하게 규정된 윤리적 경계와 충돌할 때, 우리 행동을 합리화하는 우를 범할 수 있다. 하지만 이렇게 행동하는 엘리트는 그보다 낮은 계층에 속한 사람 대부분보다 더 큰 피해를 유발하는 영향력을 행사한다. 따라서 이 지도자를 언제 따라야 하고, 언제 따르기를 멈추고, 언제 반대해야 하는지 스스로 더 엄격히 질문해 봐야 할 책임이 이들에게 있다. 언제나 그렇듯, 이런 결정을 내릴 기회의 창은 무한히 열려 있지 않다.

엘리트	요약
이용 가능한 정보	기밀 브리핑, 시장 조성자의 통찰력
추종의 유인 요소	영향력에 대한 기대, 접근 권한과 특권의 유지
취약점	예비 폭군을 자신이 통제할 수 있다는 믿음
위험	자신의 지지 기반 상실, 독재자에게 접근할 수 있는 권한과 독재자로부터의 지지 상실
소통 경로	비공개 서신과 접견, 최상위 미디어에 대한 접근
필요한 용기	불쾌한 입장에 서는 것
영향을 행사할 힘	막대한 자금 조달, 지지하거나 반대할 수 있는 기관 통제

독재자를 막을 것인가 만들 것인가

12장

측근 계층

이들은 진짜
누구일까?

"아무리 목표가 고귀하고 아무리 도덕성이 강하더라도、
권력이 주는 압박과 즐거움은 우리 모두에게 영향을 미친다。
이로부터 우리를 지켜내고 해독해 주는 건 우리가
자기 주변에 모여든 사람에 더 큰 관심을 기울이는 것이다。"

— 루스 터너 Ruth Turner、
토니 블레어 Tony Blair 전 영국 총리의 선임 고문

내부 핵심 계층

추종자 중에서 제1계층인 내부 핵심 계층은 정치 지도자에게 접근할 수 있는 특별한 권한이 있다. 이들은 사전에 시간 약속을 했는지와 상관없이 지도자의 집무실에 들어갈 수 있는 일종의 "수시 접견" 권한을 가질 수도 있다. 이들은 지도자의 개인 연락처 정보를 알고 있을 수도 있다. 어린 시절을 함께 보낸 친구일 수도 있고 평생 법률 자문을 맡아주었던 인사일 수도 있다. 지도자의 관저에서 함께 식사하거나 지도자의 생일을 축하할 수도 있다. 심지어 밤에 지도자 옆에 나란히 누워 잠을 청하는 사람일 수도 있다.

제5계층 대중
제4계층 활동가
제3계층 관료
제2계층 엘리트
제1계층 측근

지도자

내부 핵심 계층
준準 내부 핵심 계층
중간 계층
준準 외곽 계층
외곽 계층

이렇게 친밀한 측근은 그 역할과 대중에게 내보이는 이미지 이면에 숨겨진 지도자의 본모습을 볼 수 있다. 이들은 지도자가 피곤하거나 아프거나 자신감이 떨어지거나 반대로 너무 자신감이 넘치는 모습을 목격한다. 비정상적이다 싶을 정도로 가까이서 지도자를 살필 수 있기에 특히 이들에게는 지도자에게 파괴적 성향이 나타나는 사태를 눈치채고 이들이 재임 기간을 실패한 채로 보내거나 독재 체제로 이어지는 행보를 보이지 않도록 이를 저지할 결정을 내릴 책임이 있다. 이 계층 내부에는 공모자가 되려는 중력과도 같은 끌림이 있다. 하지만 이런 끌림에 맞서 용기 있는 추종자로 행동할 수 있다면, 이는 자신을 비롯해 지도자나 정치 공동체에 가장 크게 이바지하는 일이 된다.

내부 핵심 계층의 구성

민주주의 체제에서는 두 번째 계층인 정부 기관이나 부처의 수장 자리에 누구를 임명하겠다는 제안을 배제할 방법은 있지만, 지도자의 측근인 첫 번째 계층에 속한 인사를 검증할 수 있는 공식적인 메커니즘은 드물거나 아예 없는 경우가 많다.

하지만 지도자가 권력을 강화하고 독재 체제로 나아가는 길에 확고히 발을 디디려는 유혹을 느끼는 이 실존적 순간에, 바로 이런 최측근 추종자가 지도자와 함께한다. 이들이 누구이며 그런 순간에 무엇을 하는지가 결정적일 수 있다.

지도자가 자기 옆에 가장 가까이 두는 측근은 권력의 정당한 행사나 남용 중 어느 쪽이 유력한 추세인지를 가늠하게 해 주는 지표다. 다양한 민주적 과정을 거쳐 지도자를 선택하는 사회에서, 그런 선출 과정에 참여하는 시민은 지도자만큼이나 그런 지도자의 정치적 내부 핵심 계층에도 관심을 기울여야 한다. 언론 역시 반드시 그래야 한다.

내부 핵심 계층에서 이루어지는 대화나 합의에 대해서는 철저히 비밀이 유지되는 경우가 많다. 그래서 지도자 주변에 누가 포진해 있으며 이 집단에 정말 위험한 인물은 없는지를 확인하는 일이야말로 탐사 보도 매체의 역할이 된다.

이에 못지않게 중요한 것은, 첫 번째 계층에 속한 행위자로서 이 집단에 속한 다른 행위자에게 위험한 성향이 있음을 알게 된 사람은 서로 힘을 합쳐 그 행위자를 제약하거나 필요하다면 그 사람의 퇴출을 적극적으로 지지할 필요가 있다.

사태를 복잡하게 만드는 또 다른 역설도 작용한다. 지도자에게는 자신이 권력을 행사할 자격을 뒷받침하면서도 권력이 남용되는 때는 이를 억제할 수 있는 강력한 추종자가 필요하다. 이런 균형이 이들 각 개인에게서 어떻게 나타나는지를 판단하기란 쉬운 일이 아니다. 누구도 천사가 아니다. 모두가 어느 정도는 자신에게 있는 최악의 면모를 숨기는 기술을 발휘한다.

완벽한 세상에서라면, 자기중심적 개인으로 이루어진 이런 집단을, 이들에게서 미덕을 끌어내고 권력을 남용하는 특성을 최소화하는 데 도움을 줄 자문가와 조정자가 보좌할 테지만, 완벽한 세상은 존재하지 않는다. 우리가 할 수 있는 최선은 이상적 행동에는 이런 속성이 있다고 설명하면서 그런 속성을 가치 있게 여기는 문화를 만들어 나가려고 노력하는 것뿐이다. 여기에는 문화를 만들어 나가고 그런 문화가 세대를 거쳐 이어질 수 있도록 그런 일을 담당하는 다양한 사회 제도가 필요할 것이다.

한편, 이런 측근 중에서 가장 뛰어난 사람이라면 한 걸음 물러서서, 법으로 정해진 임기와 법으로 정해진 임기가 없는 경우에는 예상되는 임기라는 관점에서 지도자의 임기를 고려하면서, 다음 세 가지 사항을 염두에 두고 어떻게 임기를 마무리할지 고민해야 한다.

- 지도자가 헌신하고 실현할 수 있는 친사회적 목표를 달성하는 것.
- 이런 성과와 더불어 권력 남용으로 훼손되지 않고 명망 있는 평판을 유지하며 직책에서 물러나는 것.
- 재임 중과 퇴임 후에도 지도자를 비롯해 자신과 그 가족을 보호하기 위해서 다양한 형태의 정당한 권력을 유지함으로써 이

들 모두의 안전을 확보하는 것.

측근의 여러 유형

예비 독재자는 자신의 내부 핵심 계층에 몇 가지 주요 유형의 추종자를 두고 있다.

1. 청년층

측근 가운데 놀라운 유형이라면 청년이나 소외된 이들이다. 이들은 운전기사나 주차 담당자나 골프 캐디 같은 작은 역할에서 출발해 지도자가 필요한 일을 헌신적으로 수행하여 지도자의 눈에 띄었을 수도 있다. 그 방식이 어떻든, 운명이 이들을 지도자와 한데 묶었고 이제 이들은 자기 경력으로는 어떤 식으로도 그 자격요건을 충족시킬 수 없는 직위를 차지하고 있다. 삶에 대한 경험이 풍부하지 않다 보니, 이들은 지도자를 다른 사람보다 월등히 뛰어난 영웅으로 여기기 쉽고 이는 다시 지도자의 과대한 자아를 더욱 부추긴다.

미국 부통령실에서 일했던 젊은 친구 하나가 그 직책에 있었던 시절을 돌이켜 볼 때 가장 기억에 남는 것이 무엇인지 질문을 받았다. 그 대답이 세계를 변화시킬 기회라고 생각했을

> 지도 모르겠지만, 그 친구는 조금도 망설이지 않고 "전용기"
> 라고 답했다. 공항에 줄을 서지 않고 자동차로 활주로에 서 있
> 는 부통령 전용기인 에어포스 투까지 바로 이동해 부통령과
> 함께 탑승하는 일만큼 특별한 느낌을 주는 일은 없었다고 했
> 다.

지도자를 섬기거나 통제하거나 조종하려는 노련한 전문가는 이런 젊은 열혈 신도가 겉보기에 아무 자격도 없으면서 지도자에게 다가가 영향력을 행사할 수 있다는 사실에 분개한다. 이런 추종자는 특별히 남다른 자격을 갖추지는 못했을 수 있지만, 변함없는 충성심으로 자기 자리를 얻는다. 아니면 이들에게는 특히 자기 세대와 관련해서 특별한 기술이 있을 수도 있으며, 이런 기술을 지도자의 의제를 충실히 수행하는 데 활용하면 지도자로부터 높은 평가를 받을 수 있다.

이런 유형의 내부 핵심 계층 추종자는 권력 기반이 없고, 따라서 지도자에게 잠재적 위협이 될 가능성이 거의 없다. 이들은 이렇게 좋은 자리를 얻었으니 "그에게 큰 은혜를 입었다."고 생각한다. 이런 추종자는 권력과 목적의식은 가득 차 있는 반면에 경험을 바탕으로 얻은 시각은 턱없이 부족하기에 종종 가장 광적으로 지도자의 지배력을 실행한다. 이들은 가장 위험한 공모자가 될 수 있으며, 예비 독재자의 행동을 견제할 가능성은 가장 작다. 이들이 공정함과 친절함이라는 굳건한 가치관으로 자신을 키워준 사람을 보

고선 그 내면의 목소리에 귀 기울일 수 있다면 다행이겠지만, 안타깝게도 이들이 떠받드는 지도자에게서는 전혀 그런 가치관을 찾아볼 수 없다. 이런 내면의 목소리를 더 이상 외면할 수 없게 되면, 이들은 그곳에서 벗어나 내부 핵심 계층에서 자신이 목격한 것을 세상에 알릴 방법을 찾을 수 있을 것이다.

2. 유력자

이와 대조되는 유형의 추종자로, 예비 독재자가 자기 내부 핵심 계층이나 그 계층 바로 바깥에 두겠다고 선택한 이들은 탄탄한 지위를 갖추고 있는 개인이다. 이들은 재계 거물이나 전직 장성이거나 자신이 이겼던 정치적 경쟁자로, 이들은 정당성이라는 외양을 입혀준다. 이들은 지도자만큼이나 자기애가 강하고 야망이 크며 권력 기반도 넓을 수 있다. 이들을 자기 곁에 가까이 두기에는 위험하지만, 지도자가 권력을 공고히 다져나가는 동안에는 이들이 필요하다고 여겨진다. 이를테면 정략결혼이나 다름없다.

이들은 자신의 지위 덕분에, 그렇게 하는 편이 자기 이익에 부합한다고 판단하면 지도자의 행동을 조율할 기회가 있다. 경험도 있고 사회적인 위상도 있다 보니 이들의 권력 기반은 암묵적인 위협이 된다. 하지만 이런 능력이 있으면서도 지도자에게 모욕을 안기는 위험을 감수하지 않으려다가 너무 늦어져 지도자가 더 이상 이들을 필요로 하지 않는 처지에 놓일 수 있다.

한 가지 위험 요소라면, 이들이 자기 위치를 활용해 유력자 친구의 특별 사업에 유리한 결과를 얻으려는 유혹에 쉽게 빠질 수 있다는 점이다. 이에 대한 답례로 선물을 받을 수도 있고, 이들은 이런 선물이 아무 문제도 없다고 합리화하지만, 비록 기술적으로 윤리적 기준을 위반하지는 않았더라도 세상이 보기에는 명백히 뇌물이다. 자신의 청렴성이 훼손되면, 이들은 지도자가 윤리적으로 타락했다고 비판하기도 어렵고 심지어 그런 타락이 있었는지 알아보는 것조차 어려워진다.

여기에 예외가 될 만한 인상적인 사례가 있다. 미국 의회와 함께 일할 당시, 우리는 신흥 민주주의 국가에서 온 의원을 맞이하곤 했다. 우리 임무는 이들에게 의회가 행정부의 자원에 맞설 수 있는 자원을 확보하고 그 권력을 견제할 수 있도록 하는 다양한 제도적 장치를 소개하는 것이었다. 많은 의원은 이를 참고해서 자기 정부에서 더 나은 권력 균형을 만들어 낼 방안을 모색할 수 있었다.

우리는 의회 의원을 비롯해 의회 직원과 지원 부서를 충분히 만나보고 방문할 수 있도록 프로그램 의제를 구상했다. 특히 인기가 높은 인물을 너무 자주 초청해야 할 경우, 우리는 의회 규정 내에서 그리고 세금 신고를 철저히 준수한다는 조건으로 초청 인사에게 소액의 사례비를 지급할 권한을 승인받았다.

그런 초청 인사 중 한 명은 하원의장의 측근이었다. 나중에 우리는 우리가 한 일에 대해 의회 사무처에 자금을 요청하며 이 고위직 보좌관을 방문해 도움을 요청했다. 그는 곧바로 이렇게 대답했다.

"그들 앞에서 강연한 대가로 제게 사례비를 주신 걸로 기억하는데요. 혹여라도 그 돈에 대한 보답으로 해석될 만한 어떤 호의를 베풀기 전에 먼저 사례비를 돌려 드려야 할 것 같군요."

돈과 관련된 문제에서 이 정도로 청렴했기에, 이런 청렴성은 그가 인상적인 경력을 보내는 내내 그에게 큰 보탬이 되었다.

3. 가족

세 번째 유형은 가족과 친지, 어린 시절을 함께 보낸 친구, 그리고 결혼한 배우자의 가족이다. 대부분의 문화권에 "피는 물보다 진하다."는 말이 있는 것처럼, 가족에게 보이는 충성심은 가장 높은 수준의 충성심이다. 이들은 가장 신뢰받는 측근이자 때로는 지도자가 전적으로 신뢰할 수 있는 유일한 내 편이기도 하다. 다만, 이들이 정치적으로 부담이 되거나 질투심 많은 경쟁자가 아닐 때만 그렇다. 만약 그런 가족이라면 되도록 눈에 띄지 않게 배제되며, 이들이 하는 말과 행동은 감시되고 그런 언행에 대비한 방어책이 마련된다.

신뢰받는 가족 구성원이 행정부 내에서 어떤 공식적인 역할도 맡고 있지 않은 경우가 흔하지만, 이들은 막대한 권력을 가지고 있으며 함부로 대하면 안 될 존재로 인식된다. 다른 계층에 속한 추종자는 때로는 지도자에게 접근하기 위한 연결 통로로 이들을 활용하기도 하며, 때로는 은밀한 경제적 혜택을 제공하기도 하지만 이런 혜택이 드러날 때는 지도자에게 문제가 될 소지가 크다.

나는 수많은 의원실과 함께 일한 경험이 있다. 어느 의원실이든 비서실장은 의원 배우자의 심기를 거스르지 않도록 주의해야 한다는 사실을 잘 알고 있었다. 동시에 입법 의제에 영향력을 행사하려고 끝없이 줄을 서는 이들이 자신의 환심을 사려한다는 사실을 그 배우자가 아는 게 도움이 되었다. 배우자에게는 의원을 보호해야 할 극도로 위험한 상황을 감지할 정치적 감각이 필요하다. 그러나 배우자가 공식적인 정치 지도자만큼 혹은 더 큰 정치적 야심을 가지고 있다면, 이들의 과도한 영향력은 큰 혼란을 초래할 수 있다. 이 경우, 선출된 지도자를 신중히 보호하는 일은 보좌진의 몫이다.

이 신뢰받는 가족 구성원 중 한 명 이상이 악화하고 있는 독재적 행태를 조율할 양심과 정치적 감각과 위상을 가지고 있을 수 있다. 만약 이들이 그렇게 할 수 있다면, 이는 지도자와 그 가족에게 장기적으로 무엇이 이익인지를 판단하고 행동하는 것이다. 정치 지도자에게 권력이 점점 더 집중되는 상황을 우려하는 다른 측근이나 엘리트라면, 그런 권력 집중에서 이익을 얻는 이들이 가족 내에서 견제자 역할을 하는 구성원을 약화시키지 못하도록 막는 편이 좋을 것이다.

공통된 관점

이런 측근 각자에게 공통된 점이 있다면, 이들은 날조되고 포장된 영웅적 단편이 아니라 지도자의 "참모습"을 본다는 것이다.

홍보라는 렌즈를 거쳐 여과되지 않은 이런 관점을 고려한다면, 내부 핵심 계층은 생산적이고 유익한 지도력을 발휘할 수 있는 능숙한 설득자와 개인적이고 파괴적인 목적으로 권력을 행사할 가능성이 큰 사람을 구별할 수 있는 더할 나위 없이 위치에 있다. 지도자가 되기를 바라는 사람은 자기 메시지를 증폭하고 뒤를 지켜주는 측근의 지원 없이는 권력을 얻을 수 없다. 이들은 지도자에게 매우 중요한 정치적 자산이다. 하지만 이들이 있는 그대로 드러난 지도자의 어두운 면을 무시한다면, 독재적 충동을 부추기는 조력자가 될 수도 있다. 이들이 의도적인 눈가림을 거부한다면, 독재로 나아가는 행보를 바꿀 수 있는 더 나은 위치에 서게 된다. 다음은 이런 관점을 종합적으로 보여주는 사례다.

지도자에게 은혜 입은 측근

대학을 갓 졸업한 데이비드는 자기 보스의 첫 번째 선거 운동에서 인턴으로 일을 시작했다. 그의 보스모두가 그를 "보스"라고 불렀다는 이념적이고 변화에 헌신하는 "진짜 인물"처럼 보였다.

데이비드는 선거 운동에 당시로는 시대를 앞선 소셜 미디어 기술을 들여왔다. 그는 후보자의 메시지를 전달하는 방식을 확 바꿔놓음으로써 젊은 유권자층을 끌어들여 보스를 지지하도록 만든 결과, 선거에서 간발의 차로 승리하는 데 일조했다.

그로부터 여섯 번의 선거를 치러냈다. 그러는 동안 데이비드는 어엿한 커뮤니케이션 부서의 정직원으로 합류했다. 그의 기술과 열정 덕분에, 상사의 첫 번째 전국 단위 선거 운동에서 핵심 측근으로 자리 잡았다. 아직 20대에 불과했지만, 그가 선거 운동과 후보자에게 미친 영향력이 얼마나 컸던지 본인조차 놀랄 지경이었다.

데이비드는 기술에 기반을 둔 자신의 커뮤니케이션 능력이, 유권자의 분위기를 읽고 이를 중심으로 선거 운동 전략을 구성하며, 종종 세대를 아우르며 영감을 불러일으키는 연설의 초고를 작성하는 감각과 잘 어우러진다는 사실을 알게 되었다. 보스가 그에게 의견을 구하는 일이 점점 잦아졌다.

이제 국가적 정치 경력의 두 번째 임기를 맞이했지만, 보스는 변해가는 듯했다. 내부에서 반대 의견이 나오면, 보스는 격렬하게 반응하면서 이런 의견을 억눌렀다. 이전에 데이비드가 한 번도 본 적 없는 모습이었다. 데이비드는 선동적인 보스의 대중 연설을 어떻게든 누그러트리려고 애를 썼지만, 그가 작성한 초안은 빨간 잉크로 심하게 수정된 채로 되돌아왔다.

데이비드는 보스의 강압적이고 권위주의적인 방식에 점점 더 불편함을 느끼기 시작했다. 하지만 데이비드가 이제 무엇을 할 수 있을까? 보스는 아무도 자신을 믿지 않을 때 자신을 믿어주고 내부 핵심 계층으로 받아들였다. 그는 보스에게 충성을 다할 의무가 있었다. 그리고 솔직히 말해서, 데이비드는 내부 핵심 계층에 속해 있는 자신의 지위를 즐기고 있었다. 비록 규모가 작지만, 이는 권력을 사랑하는 보스의 모습 그대로였다. 보스가 그를 핵심 측근에서 내쫓아 그가 더 이상 신임을 받지 못한다는 소문이 퍼지면, 데이비드는 아무것도 아닌 존재가 될 터였다.

데이비드는 계속 호의적인 표정을 유지했지만, 불편한 감정은 점점 더 심해져만 갔다. 그는 점점 더 문제가 되어가는 지도자를 부추기고 있는 건 아닐까? 결국 보스가 스스로 몰락을 자초한다면, 그에게 공모했던 데이비드의 평판은 어떻게 될까? 그가 선택을 내릴 수 있는 시간은 얼마나 남아 있을까?

독자적 권력 기반이 있는 측근

내부 핵심 계층 추종자 중에서

자신만의 독자적 권력 기반이 있는 유형은 조금 더 깊이 살펴볼 만하다. 이들은 자신의 노력이나 때로는 가족 관계의 도움으로 세상에서 두각을 나타낸 이들이다. 이들에게는 지도자의 권력과는 별개의 권력 중심이 있다. 이들의 실제 역량이 어떻든, 이들과 이들의 명성을 자기 행정부에서 내보이는 것이 예비 독재자의 이익에 맞아 떨어진다. 이들이 차지한 직책은 권력을 배분하는 협상의 결과이거나 다른 형태의 편의주의적 결정에 따른 결과일 수 있다. 하지만 이들은 내부 핵심 계층의 다른 사람이 받는 신뢰를 거의 누리지 못한다.

이 범주에 속한 관계는 매우 복잡하다. 이들에게는 자신만의 독자적인 권력 기반이 있어서 권력이 어떤 것인지 이해하고 있는 예비 독재자에게 영향을 미칠 잠재력이 더 크다. 이들이 그 권력을 잘 활용한다면, 문제 있는 예비 독재자의 행보를 저지할 수 있다. 이는 관련된 모두에게 큰 도움이 될 것이다. 하지만 이들이 왜 그렇게 해야 할까?

이들은 종종 자신만의 의제를 가진 개인이다. 이들은 독재자의 이목을 끌지 않으면서 뒤에서 자기 이익을 챙기며 일하는 법을 실제로 익혔거나 그렇다고 생각한다. 하지만 편집증이라고 해도 좋을 만큼 감각이 뛰어나게 발달해서 맹목적인 충성심이 아니면 무엇이든 감지해 내는 예비 독재자는 상당한 정치적 대가를 치르지 않고서도 그렇게 할 기회가 생기면 가장 빠른 시기에 이들을 제거하려 한다.

한편, 예비 독재자를 경계하기 시작한 이들이 대안을 찾으려 할 때면 이들은 어떤 인물이 더 적합하고 성공 가능성이 더 큰지 평가해야 하는 상황에 놓인다. 이 자체가 매우 복잡한 권력 게임으로 변한다. 왜냐하면 대안으로 내세운 다른 인물 역시 정치적, 사회적, 경제적 의제와 성격이라는 측면에서 경쟁적이며 때로는 탐탁지 않은 여러 측면을 가지고 있기 때문이다. 이들이 최고 권력자가 되면 문제의 소지가 있는 이런 차원 중 일부가 더욱 부각하고 쫓겨난 이전의 예비 독재자가 일으켰던 것이나 똑같은 혼란을 불러올 수 있다.

대단히 신중해야 할 필요가 있다. 내부 핵심 계층에 속한 추종자는 자신이 사람을 해치는 커다란 맹수와 함께 우리에 갇혀 있다고 생각하고, 이런 맹수의 행방과 교묘한 책략에서 결코 눈을 떼어서는 안 된다. 이들은 자신을 보호하고 자기 권력을 지키고 이를 투사함으로써 이 맹수가 다가오지 못하도록 해야 한다. 하지만 이는 매우 효과적으로 행정을 수행하는 공식이라고 보기는 어렵다.

이들 중에 지혜와 추진력과 명성과 그리고 자원을 갖추고 있으면서도 더 큰 선을 위해 통치하려는 성향을 지닌 사람이 있을까? 혹은 독재자의 핵심인 무분별함 없이, 그리고 모든 원칙과 생명과 안녕을 완전히 무시하는 태도를 보이지 않으면서, 어쩌면 가혹할지라도 어려운 선택을 내릴 사람이 있을까?

착각하지 말라. 내부 핵심 계층에 속한 덕에 특권을 누리고 있다하더라도, 아무리 안전하다고 느끼더라도 그 안전은 착각일 뿐이다. 역사를 보면 독재자가 폭군으로 변모해 가면서 누구도 건드릴 수 없을 것이라 여겨졌던 사람을 본보기로 삼아 가혹하게 처벌한 사례로 가득하다. 특히 지도자의 인기와 맞먹을 만큼 대중의 지지를 얻고 있는 2인자나 마음만 먹으면 실질적으로 지도자에게 반기를 들 만큼 막대한 자원을 소유한 재계 거물이 그 대상이 되는 경우가 많다.

예비 독재자나 자신의 지위를 지키기 위해 추가적인 보험이 필요한 독재자는 의도적으로 가장 높은 위상을 지닌 인물을 골라 그를 실각시키고 모욕하고 파산시키고 투옥하거나 제거한다. 이는 누구도 지도자를 불쾌하게 만들면 살아남을 수 없으며, 자신에게 맞서려 한다거나 이의를 제기하려는 기미가 조금이라도 보이면 지도자의 분노를 사기에 충분하다는 분명한 메시지를 전한다. 마오쩌둥 서기장은 덩샤오핑을 자기 바로 아래 고위직에서 실각시켰다. 이후 복권된 덩샤오핑은 자신의 후계자인 후야오방과 자오쯔양을 각각 당과 정부의 수장으로 승진시켰다. 하지만 이들 역시 자신의 의제를 밀어붙이다가 제거되었다.

그레고어 슈트라서의 사례

나는 나치당의 초기 구성원으로서 결국 아돌프 히틀러를 독일 총리 자리에 앉혔던 그레고어 슈트라서Gregor Strasser의 사례에 오랫동안 매료되었다. 슈트라서는 히틀러가 권력자의 자리에 오르는 과정에서 결정적인 역할을 했다. 그는 "맥주홀 폭동"Beer Hall Putsch. 1923년 11월 8일부터 9일까지 독일 뮌헨에서 일어난 국가 전복 시도 사건으로, 실패했으나 이 사건으로 아돌프 히틀러는 지역 극우 정치인에서 전국구 인기 정치인으로 급부상하게 되었다.―옮긴이에 가담했던 공모자였고, 이 폭동의 실패로 히틀러를 비롯한 다른 이들과 함께 재판에서 유죄 판결을 받고 투옥되었다. 석방된 후, 슈트라서는 자기 형제인 오토와 함께 천재적인 조직 능력을 발휘해 히틀러의 열정적인 연설 능력을 뒷받침함으로써 나치당을 지역 기반의 소규모 정당에서 일약 전국적인 강자로 변모시켰다.

슈트라서는 정치적 측면에서 히틀러보다 좌파 성향이 강했고, 이것이 이들 둘 사이에서 균열을 일으켰고 히틀러의 분노를 초래했다. 하지만 히틀러가 권력을 장악하기 위해서는 슈트라서의 도움이 절실했던 탓에 이들은 일시적이지만 화해할 수 있었다. 이후 당시 독일 총리였던 프란츠 폰 파펜Franz von Papen이 슈트라서에게 부총리직을 제안했는데, 이는 총리직에 오르려는 히틀러의 구상을 좌절시킬 만한 제안이었고 당연히 히틀러는 격렬하게 반응했다. 슈트라서는 자신의 입지를 지키려 하기보다는 정계에서 은퇴하고 약사로서의 이전 삶으로 돌아가는 길을 택했다.

히틀러의 동의를 얻어 슈트라서는 화학과 제약 분야 대기업인 IG 파르벤IG Parben의 자회사 이사직을 받아들였다. 정치에서 손을 떼겠다고 약속했고, 실제로 그 말을 잘 지키고 있는 것으로 보였다. 하지만 이것만으로 떠오르는 독재자로부터 자신을 지켜낼 수 있었을까?

히틀러는 총리직에 취임하자마자 정적이 될 만한 인사를 모두 제거하며 권력을 맹렬히 공고히 하기 시작했다. "장검의 밤"Night of the Long Knives. 1934년 6월 30일부터 7월 2일까지 나치 치하 독일에서 아돌프 히틀러가 친위대를 동원해 자기 정적을 제거한 숙청 사건.—옮긴이<u>으로</u> 알려진 사건이 벌어지는 동안, 의심을 받고 있던 한때의 지지자 수백 명이 살해되었고, 법원은 이런 초법적 처형을 묵인했다. 슈트라서는 대동맥에 총상을 입은 채로 의도적으로 감방에 그대로 방치되었다가 과다 출혈로 사망했다. 한편 그의 형제 오토는 망명하여 오랫동안 노바스코샤에서 살다가, 이후 전후 서독으로 귀환이 허용되었다.

만약 슈트라서 형제가 떠오르는 독재자가 권력을 공고히 다지기 전에 맞서 버티면서 물러서지 않았더라도 역사가 다른 방향으로 흘렀을지는 알 수 없다. 하지만 슈트라서의 사례는 오늘날 유사한 상황에 놓인 정치 엘리트에게 경각심을 심어주는 이야기로 남아 있다.

이런 심리적 현실과 역사적 현실을 모두 고려해야만 예비 독재자가 권력을 쌓아가는 일에 조력할 것인지를 두고 더 나은 선택을 할 수 있다. 독재 권력자가 일단 권력을 공고히 한 후에도 강력한

독재자를 막을 것인가 만들 것인가

측근이 그를 조종하여 자신이 제시하는 의제를 추진할 수 있으리라고 생각하는 것은 어리석은 믿음에 지나지 않는다.

오랜 동지들

측근 가운데 몇몇은 오래전에 "새로운 세상"을 만들겠다는 고귀한 열망으로 시작했던 진보 운동이나 혁명 운동의 동지다. 이들의 지도자는 이제 성공을 거두었다. 하지만 안타깝게도 역사는, 이상주의적이지만 예비 독재자의 특성을 가진 지도자가 권력을 남용해 대의를 배신하는 경향이 있음을 반복해서 보여준다. 만약 그 지도자가 당신이 매료되었던 그 이상을 열망하다가 실패했다면, 그는 영웅이나 순교자로 기억되었을 것이다. 하지만 성공하면 변하는 경우가 너무도 많다. 자신에 관한 생각이 바뀌어 자신은 남보다 우월하며 아무런 오류도 범하지 않는다고 생각하게 된다. 심지어 몇몇 연구에 따르면, 뇌 기능마저 변할 수 있다고 한다.

영국의 액튼 경Lord Acton은 "권력은 부패하는 경향이 있다. 절대 권력은 절대적으로 부패한다."고 경고한 바 있다. 여기서 "경향이 있다"라는 표현에 주목하라. 피할 수 없는 게 아니라는 말이다. 앞에서 언급했던 클럽 데마드리드 회의에서 나는 자유를 위해 싸우다가 신생 민주주의 국가의 지도자가 된 사람을 몇몇 만날 기회가 있었는데, 이들은 헌법이 요구할 때 품위 있게 자리에서 물러났다. 하지만 이런 일이 일어나지 않는 사례가 너무 많다. 권력이 이들의 관점과 가치관과 행동을 그릇된 방향으로 바꿔놓았다. 일단 이들이 권력을 남용하기 시작하면 눈덩이 효과snowball effect가 강력해진다. 여기에 가속도가 붙으면, 이들과 함께 싸우며 함께 고초를 겪은, 가장 친밀한 관계에 있는 사람마저도 가치 있는 것을 파괴하면서 빠르게 굴러떨어지는 이 눈덩이를 늦추기 어렵다는 사실을 깨닫는다.

역사를 보면 고위직에 올랐던 수많은 측근이 배신당한 채 버려졌다. 이들이 자신의 피와 온 마음과 전 재산을 다 바쳐가며 지원했던 이 예지력 있는 지도자가 어떻게 독재자로 변하게 되었을까? 이들은 숨길 수 없는 예비 독재자의 징후를 무시하거나 애써 중요하지 않은 문제로 치부했다. 교훈은 이렇다. 운동의 초기 단계에서 비전 있는 지도자의 결점과 성향을 외면하지 말라. 이들이 자기 결점을 잘 추슬러나가도록 도와라. 이들 주변에 이런 결점을 억제할 수 있는 제도를 구축하라. 만약 그런 결점이 점점 더 크게 입 벌린 균열로 변모할 조짐이 보이면, 운동의 가치와 목적에 복무할 수 있는 다른 지도자를 찾아라. 최선을 다했던 사람이 배신당하는, 돌이킬 수 없는 지점까지 아무 생각 없이 걸어가서는 안 된다.

《티코 타임스》 기사

　너무도 익숙한 이야기지만, 현 니카라과 대통령 다니엘 오르테가Daniel Ortega는 잔혹한 독재자를 타도한 혁명가였으나 결국에는 전임자와 똑같이 독재자가 되는 길을 걸었다.

　니카라과를 아나스타시오 소모사Anastasio Somoza 치하에서 해방하는 일에 앞장섰던 옛 동지는, 오르테가가 통치하는 동안 감옥에서 이미 사망했거나 그렇지 않았다면 사실상 거의 모두가 망명하거나 투옥되었다.

　"후고 토레스Hugo Torres는 전 니카라과 독재자 아나스타시오 소모사 정권을 전복하는 데 앞장섰던 인물로 세간의 존경을 받는 산디니스타 게릴라 지도자다. 가장 대규모였고 또 가장 성공적이었던 두 차례 공격에 참여해 소모사의 병력을 압도적으로 무찌르고 수십 명의 정치범을 석방한 유일한 혁명가였다… ."

　"전례 없었던 두 차례의 습격으로 석방된 정치범 중에는 현재 니카라과의 독재자 다니엘 오르테가도 들어 있었다. 그는 나중에 자신을 구했던 토레스를 죽을 때까지 감옥에 가뒀던 사람과 같은 사람이었다. 당시 오르테가는 은행 강도 혐의로 7년째 수감 중이었다."

　"1979년 혁명 이후, 토레스는 새로 수립된 산디니스타 정부에서 국가안보국장 자리에 올랐고 이후 육군 준장으로 승진해 1998년 은퇴하기 전까지 그 자리에서 일했다."

"체포 직전에 촬영된 영상에서 토레스는 이렇게 말했다. '46년 전, 나는 다니엘 오르테가를 석방하기 위해 내 목숨을 걸었다.' 토레스는 이후, 자신과 함께 싸웠던 옛 동지가 이제 는 자신이 목표로 싸웠던 원칙을 배신했다고 말했다."[1]

가족이라는 가치

톨스토이를 약간 비틀어 인용하 자면, 힘 있는 가족은 모두 모습이 비슷하고, 권력 갈등이 있는 가 족은 모두 저마다의 방식으로 제대로 작동하지 않는다. 이 문장은 톨스 토이의 소설 『안나 카레니나』의 첫 번째 문장을 비틀어 인용한 것이다. 원래 문장은 이렇다. "행복한 가 정은 모두 모습이 비슷하고, 불행한 가정은 모두 제각각의 불행을 안고 있다."—옮긴이

지도자는 측근을 고용할 수도 있고 해고할 수도 있지만, 가족은 해고할 수 없다. 마찬가지로 가족도 지도자를 해고할 수 없다. 우 리는 충성을 절대적이라고 생각하고 싶어 하지만, 경쟁하는 여러 가치 사이에는 늘 긴장이 존재한다. 당신은 형제를 사랑하고 아내 를 사랑한다. 하지만 당신의 아내는 형제와 사이가 나쁘다. 당신은 이들 사이에 끼어 있다. 어떻게 이 둘에 대한 충성을 동시에 유지 할 수 있을까?

이 딜레마는 둘을 향한 충성심 위에 더 높은 무언가를 둘 때만

독재자를 막을 것인가 만들 것인가

해결될 수 있다. 가족 내 역학 관계를 헤쳐 나가는 아주 인간적인 경험을 활용해 잠시 그들의 처지가 되어보라. 더 높은 충성이라는 게 대체 무엇일까? 가족에서는 자녀에 대한 헌신일 수 있다. 정부에서라면 애국일 수 있다. 무엇을 더 높은 위치에 두든 그것이 문제를 더 쉽게 만들지는 않지만, 선택을 내릴 때 다른 이정표를 제시한다.

지도자가 당신의 형제거나 아버지거나 배우자거나 딸이거나 아들이라면, 그 지도자는 당신의 혈육이다. 당신은 "지도자 일가"의 한 사람이다. 당신은 가족의 지위가 대중적인 성공의 정점에 이르렀다는 사실에 매우 기뻐한다. 사회나 역사에서 고귀한 이 자리를 잃고 싶지 않다. 공적인 성공이라는 정점에 도달한 것을 즐긴다. 당신은 사회나 역사에서 이 고귀한 자리를 잃고 싶지 않다. 절대 하고 싶지 않은 일이라면, 공공연하게 자신의 치부가 드러나는 일이다. 하지만 지금 그런 치부가 드러나고 있다. 당신에게 가장 중요한 충성심은 가족의 명예일 테고, 당신은 그런 명예를 지킬 수 있는 특별한 위치에 있다.

당신은 지도자인 가족의 일원이 어떤 상황에 반응하고 어떤 상황에서 완강하게 버티고 어떤 상황에서 양보하고 어떤 상황에서 양보하지 않을지 속속들이 안다. 당신은 지도자에게 다가갈 수 있고 통찰력도 있다. 이를 사용할 기회도 있다. 그런데 이 기회는 언제 사라질까?

이 기회는 지도자가 권력을 사용해 범죄를 저지르기 시작하면 사라진다. 그 시점에서 지도자의 생존은 그런 범죄를 숨기고 그런 범죄를 알고 있는 사람을 배제하고 입 다물게 만들 수 있는지에 달려 있다. 만약 당신이 그 범죄에 가담했다면 당신은 이미 그 문제의 일부가 되었다. 만약 자신에게 건네진 유혹을 뿌리쳤다면 권력 남용이 극심해지기 전에 아직 다른 변화를 만들어 낼 기회가 있었을지도 모른다.

이런 시기에는 가족 구성원이 지도자에게 가장 쉽게 접근할 수 있고 가장 강하게 힘을 실어 설득할 수 있다. 가족의 일원인 지도자를 너무 사랑해서 그가 이룩한 모든 것을 위험에 빠뜨리는 모습을 차마 볼 수가 없다. 당신은 말하기 불편한 진실일지라도 터놓고 이야기할 만큼 이들과 가족의 명예를 소중히 여긴다. 당신은 이들의 자녀를 사랑하고 그 자녀가 언제나 부모를 자랑스럽게 여겼으면 한다. 이런 가치가 깊은 충성심에서 비롯된 행동을 끌어낼지라도 지도자에 대한 충성보다 더 높은 가치다.

당신은 지도자의 분노라는 불길을 감내해야 할 수도 있다. 지도자는 당신의 태도를 엄청난 배신으로 해석할 수도 있다. 지도자의 격노가 너무 커서 당신이 하는 말을 듣지 못한다. 하지만 당신은 가족이고, 다른 측근처럼 쫓아내거나 해고하지 못한다. 만약 필요한 만큼 불길을 감내하며 계속 자신의 태도를 유지한다면, 폭발했던 격렬한 감정은 결국 자연스럽게 기세가 꺾일 것이다. 당신에게는 여전히 기회가 있다. 이제는 당신의 혈육인 지도자가, 받아들이

독재자를 막을 것인가 만들 것인가

기 쉽든 어렵든, 가능한 한 최고의 선택을 내릴 수 있도록 도와야 할 때다. 당신은 비극적 행보로 이어질 뻔했던 일을 막는 최후의 완충 장치였다. 사실, 당신은 충성을 다했던 것이다.

독재자를 막을 것인가 만들 것인가

13장

측근 계층

권력의 유혹,
치러야 할 대가

권력 가까이에 있다는 사실은 우리 삶에서 의미를 만들어 내는 한 가지 형태다. 권력에 가까이 있다 보면 변화를 만들 수 있다는 믿음이 생기게 된다. 이런 특권적 위치를 차지할 기회를 얻는 것은 매력적인 일이다.

보통 우리가 충분히 가까워질 수 있는 사람은 지도자가 될 수 있는 특정한 개인에 국한된다. 따라서 우리는 그런 개인이 권력을 추구하도록 강하게 밀어붙이기 쉽다. 우리는 그 개인에게 격려하는 식으로 말하면서 당신이 반드시 지도자가 되어야 한다는 생각을 부풀릴 수도 있다. 워싱턴 DC에서는, 어떤 상원의원에게 나라를 대표하는 정치인이 되겠다는 야심이 있다면, 그런 야심을 겉으로 드러내든 그렇지 않든, 그의 측근은 흔히 이들을 "대통령님"^{Mr.} President라고 부르기 시작한다. 아첨에 불과한 행동이기는 하지만, 이들이 최고 지도자가 되기 위한 경주에 더 진지하게 뛰어들도록 언어를 통해 밀어붙이는 행위이기도 하다.

이런 행위는 현재 수준에서 실력 있고 유능한 정치 지도자에게는 득이 되지 않는다. 물론, 그렇다고 이런 행위를 통해 우리가 이들을 부추겨 독재자로 만들려고 한다는 뜻은 아니다. 하지만 여기에는 잠재적 독재자를 부추기는 것과 똑같은 역학이 담겨 있기도 하다. 즉 이들 지도자가 자신이 중요하고 꼭 필요한 존재라는 인식을 품도록 부추기는 동시에 아첨하는 이들의 자존감을 키우는 것이다.

> 인도 헌법의 초안 작성을 감독했던 인도의 정치학자인 빔
> 라오 람지 암베드카르Bhimrao Ramji Ambedkar는 이렇게 말했다.
> "정치에서 … 영웅 숭배는 타락과 결과적으로는 독재로 향하
> 는 확실한 길이다."
> 그는 존 스튜어트 밀의 말을 인용하면서, 인도 국민에게
> "심지어 위인이라도 그의 발밑에 당신의 자유를 내려놓거나
> 그에게 당신의 제도를 전복할 수 있는 권력을 맡기지 말라"고
> 경고했다.

추종자는 자신이 세운 지도자를 신중하고 조심스럽게 대해야
한다. 사실, 지도자를 만들어 내는 사람이 바로 추종자 자신이다.
특히 가까운 추종자라면 더욱 그래야 한다. 국민을 섬기는 지도자
를 만들어 내는 일은 추종자 모두의 삶에 의미를 가져다준다. 반
면, 아무도 자신을 꺾을 수 없고 자신이 지배해야 한다는 환상을
실현하는 지도자를 만들어 내는 일은 독재자를 낳는 지름길이다.

취약점 – 엘리트와 추종자가
안전할 거라는 착각

지난 100년간 러시아와 중국의
역사를 살펴보면, 특정 시기를 쥐락펴락했던 인물이 자신과 가까

운 동맹을 표적으로 삼아 이들을 약화시킨 경우가 흔했다는 사실을 보여준다. 내부 핵심 계층에 속했다고 해서 안전이 보장되지는 않는다. 여기에는 여러 가지 이유가 있다.

독재자는 지나치게 눈에 띄는 이를 언제나 경계한다. 이들은 잠재적인 적수다. 대체로 이들을 드러난 위협으로 인식해 그 기를 꺾거나 제거할 방법을 찾는다.

사태가 악화하면 지도자는 고위직에 앉은 다른 인물, 종종 내부 핵심 계층에 속한 다른 인물에게 비난을 덮어씌운다. 이런 특권층 추종자는 지도자를 대신해 "칼을 맞고 죽는" 역할을 한다.

내부 핵심 계층에 속한 이들은 종종 지도자의 권력욕뿐만 아니라 자리에서 쫓겨날지도 모른다는 공포를 공유한다. 이런 집단에서 내분을 일으키고 서로의 등을 찌르고 약화시키는 일이 빈번하다.

권위주의적 지도자와 가까운 이들은 누구보다 자기 지도자의 숨겨진 약점을 잘 알고 있지만, 어떻게든 이런 약점을 지도자가 알지 못하도록 감춰야 한다. 이런 행동은 "흔적"을 남기기에 거의 불가능한 일이나 다름없으며, 지도자는 이를 감지하고 결국 그에 따라 행동하게 된다.

독재자는 대부분 오랜 세월 권좌에 앉아 있었더라도 결국 죽지 않으면 축출되고 만다. 그런 지도자를 가장 측근에서 섬겼던 이들은 가장 큰 의심을 받으며, 예비 독재자를 더 이상 두려워할 필요가 없어지면 대중이나 새로운 지도자나 법정의 분노를 한 몸에 받게 된다. 측근 계층에 속한 이들은 이런 여러 위험을 고려해 예비 독재자에 맞설 것인지 아니면 그와 운명을 같이 할 것인지를 신중히 선택해야 한다.

　　로마의 철학자이자 정치가였던 세네카기원전 4년~서기 65년와 로마의 제5대 황제 네로서기 37년~68년의 이야기는 총애받는 위치에 있으면서도 폭군 가까이에서 일하는 게 얼마나 심각한 위험을 초래하는지를 잘 보여준다.

　　세네카는 부유한 로마 가문의 아들로 태어났다. 그의 삶은 로마의 유명하고 악명 높은 황제, 즉 칼리굴라, 클라우디우스, 네로와 얽혀 있었다. 클라우디우스 황제는 부도덕한 행동을 했다는 혐의로 세네카를 로마에서 추방했는데, 추방 기간에 세네카는 도덕 철학자로서 상당한 명성을 누렸다. 로마로 돌아온 후, 그는 부유한 여성과 결혼했고, 로마 근위대의 핵심 지휘관이었던 부루스를 비롯해 유력한 친구 여럿과 교분을 맺었다. 그가 가르쳤던 제자 중 한 명이 미래에 로마 황제가 될 네로였다. 분명히, 세네카는 나름 권력자였던 셈이다.

　　네로가 황제가 되자, 세네카와 부루스는 네로의 핵심 측근 자리에 올라 총애받는 인물이 되었다. 이들은 정부를 긍정적인 방향으로 개혁하는 데 영향을 미쳤다고 평가받지만, 이들의 자리는 네로를 좌지우지하던 그의 어머니와 사사건건 충돌했고, 이런 어머니의 행동은 네로 황제의 분노를 불러왔다.

　역사적으로 여러 가지 설명이 있지만, 일반적으로 세네카
와 부루스가 어머니를 살해하라는 네로 황제의 명령을 실행
하는 데 직접 관여했거나 아니면 적어도 살해를 묵인했음은
분명한 듯하다. 이후 네로는 죄책감에 사로잡혔고 이 때문에
세네카를 비롯해 부루스와의 관계가 틀어졌다고 전한다. 부
루스가 사망하자, 이제 자신만 홀로 남았다고 느낀 세네카는
관직에서 물러났다. 하지만 이것만으로는 반대파를 향한 네
로 황제의 편집증을 잠재우기에는 역부족이었다. 결국 네로
황제는 세네카에게 독약을 마시고 자결하라는 명령을 내렸
고, 세네카는 이를 따랐다. 우리의 궁금증은 이렇다. 세네카
는 마지막 순간에 어떤 생각을 했을까?

권력과 범죄

　　　　　　　지도자가 권력을 축적하거나 행
사하는 과정에서 범죄를 저지르면, 권력을 내려놓는 문제는 엄청
나게 복잡해진다. 보복당하지 않을까 하는 두려움, 책임을 추궁당
할지도 모른다는 두려움 때문에 권력을 잡고 놓지 않는 것이 지상
과제가 된다.

　흔히 불행은 동반자를 찾는다고들 한다. 마찬가지로 범죄자는

범죄자를 찾는다고 해도 좋겠다. 지도자를 위해서 또는 지도자와 함께 범죄를 저지르는 일은 예비 독재자의 측근에게는 일종의 통과의례일 뿐만 아니라 측근을 더 강하게 묶어두는 전략이기도 하다. 범죄를 저지른 지도자가 권력을 내려놓는다고 해서 안전해지지 않듯이 그 범죄에 연루된 측근도 마찬가지다. 험하게 흐르는 강을 등 뒤에 둔 병사가 더 치열하게 싸우는 법이다. 자기 등 뒤에 전범 재판이나 인간성에 반하는 범죄 혐의나 종신형이나 사형의 위협을 둔 정치 범죄자는 그런 운명을 피하려고 끝까지 싸운다. 예비 독재자는 패배한다면 자신만 그런 운명에 처하는 게 아니라는 점을 확실히 해둔다.

만약 당신이 내부 핵심 계층에 속해 있고 명백히 범죄로 보이는 일에 가담하라는 압력을 받는다면, 어떻게 해야 할까?

지도자가 당신을 설득해 어떤 범죄를 저지르게 하거나, 아니면 당신이 자신에게도 그리고 지도자에게도 이익이라고 믿는 바를 위해 지도자를 대신해 범죄를 저지른다면, 당신은 이미 그런 지도자의 손아귀에 있는 셈이다. 이렇게 되면 지도자가 걷는 행보에서 벗어나거나 지도자를 위해 추가적인 범죄 행위를 저지르라는 압력에 저항하기가 거의 불가능해진다. 지도자는 당신이 저지른 범죄로 당신을 옭아맬 수 있으며, 지도자의 적은 지도자에게 이르기 전에 반드시 당신을 표적으로 삼아 그런 범죄로 당신을 옭아맨다. 이제 당신은 배가 침몰하거나 침몰해야 마땅한 상황에서도 지도자와 하나로 묶이게 된다.

계속 자유롭게 선택할 수 있으려면 실행할 수 있는 범죄를 저지르라는 압박을 피해야 한다. 네 번째나 다섯 번째가 아니라 첫 번째 순간에 그렇게 해야 한다. 이때가 결정적인 분기점이다. 일단 선을 한 번 넘으면, 역설적으로 계속해서 선을 넘는 일이 외견상 자신의 이익처럼 보이게 된다. 저항하려 해도 지도자가 이미 당신의 범행 증거를 손에 쥐고 있다면, 협박의 손아귀에 잡혀 있는 것이다. 첫 번째 순간이 바로 갈림길이며 이때 잘못된 길을 택하면 그 끝은 절대로 좋지 않다.

이때야말로 무엇이든 지도자에게 받은 호의를 최대한 활용해야 할 때다. 지도자의 지시를 바꿈으로써 지도자가 더 취약해지도록 만들어야 한다. 당신을 끌어들이는 일 말고, 지도자가 진정으로 이루고자 하는 목표 무엇일까? 이들이 그런 목표를 달성하도록 돕는 다른 방법은 없을까? 지도자 역시 갈림길에 서 있을 수 있다. 더 많은 범죄를 저지를수록 적에게 더 많은 빌미를 제공한다. 더 많은 측근을 범죄 행위에 연루시킬수록 결국 자신의 죄를 입증할 증거를 가지고 등을 돌릴 하수인만 늘어난다.

물론 이런 태도에 위험이 없지는 않다. 만약 예비 독재자가 반사회적 성향의 인물이라면, 당신의 저항을 배신행위로 여겨 당신에게 가혹한 처벌을 가하기 시작할 것이다. 하지만 이 정도 위험은 감수해야 한다. 왜냐하면 이런 태도만이 예비 독재자의 행보를 저지하고 자신을 구할 유일한 길일 수 있기 때문이다. 이런 위험을 감수한 결과로 가혹한 처벌이 뒤따른다면, 이는 어떻게든 지도자의 손아귀에서 벗어나든가 아니면 그 지도자를 제어하거나 그 행보에서 벗어나게 만드는 데 힘을 보탤 동맹을 찾기 시작해야 한다는 증거다.

권력 가까이 있다는 것은 큰 특권이다. 하지만, 위험은 더 크다.

워터게이트 사건의 피고인

특정 연령대의 미국인이라면 누구나 워터게이트 사건에 관해 이야기해 줄 수 있다. 이 사건은 민주당 선거 사무실에 불법 침입하고 이를 은폐하려고 시도했다가 결국 리처드 닉슨 대통령이 사임하게 된 미국 최초의 사건이었다.

이 사건과 관련해 69명의 정부 관리가 기소되었고 그중에서 48명이 법원에서 유죄 판결을 받았다는 사실을 아는 사람은 몇이나 될까? 닉슨 본인은 자기 후임인 제럴드 포드Gerald Ford 대통령으로부터 사면을 받았지만, 이 사면을 두고 큰 논란이 일었다. 하지만 법무부 장관을 비롯해 닉슨의 측근 인사 다섯 명에게는 징역형이 선고되었고, 이 명단에는 정치 지도자가 가장 믿는다는 최측근인 비서실장도 들어 있었다.[2]

이 사건에서 법치주의는 제대로 작동했다. 정당한 지도자에서 독재 권력자로 향하는 미끄러운 내리막길은 중단되었지만, 조사와 재판이 진행되는 동안 국가에 상당한 비용을 초래했다. 이런 여러 측근이 범죄 행위를 예방하거나 접견 권한을 사용해 재앙과도 같았던 은폐 시도를 막으려고 조언했더라면 지도자의 대통령직을 구해내는 것은 물론 자신도 징역형을 피할 수 있었을 것이다. 이는 권력과 가까운 모든 이에게 경고가 되는 이야기이며, 다음 장에서 조금 더 자세히 살펴보도록 한다.

권력과 돈이라는
문제에 접근하는 방식

권위주의적 지도자와 그런 지도자와 가장 가까운 이들은 권력을 개인적인 치부에 사용할 가능성이 매우 높다. 물론 예외도 있겠지만, 이는 인간사에서 너무 흔한 일이다 보니 설령 그런 행동에 직접 가담하거나 묵인까지는 아니더라도 어쩔 수 없이 그런 문화 속에서 일해야 할 수도 있다.

이런 행위자가 적절한 경계선을 넘지 않고서도 자기 행복을 높일 방법이 여럿 있다. 예컨대, 여름 별장인 다차dacha로 가는 도로를 놓고 싶다면, 그 도로가 시장으로 상품을 운송해야 하는 주변 지역 사회에 도움이 되는 방식으로 만드는 것이다. 이런 사업에 투자해서 부당한 이익을 얻을 수 있겠지만, 그렇다고 이런 투자가 형사법을 위반하지는 않는다. 권력을 계속 유지하겠다는 이들의 계획이 실패로 돌아가면—실패하는 일이 흔하다—이들은 재정적으로 안정을 유지하면서 국내외에서 법적으로 기소당하지 않도록 자신을 보호할 타개책을 마련해 둔다.

이는 측근 계층뿐만이 아니라 이들이 모시는 예비 독재자에게도 유익하다. 역사가 보여주듯 자연스러운 자기 수명 동안 권력을 유지할 수 있는 독재자나 폭군은 아주 소수에 불과한데, 왜 모든 판돈을 권력 유지에 걸겠는가? 민중 항쟁이나 군사 쿠데타로 전복되거나 자신의 역량을 과신해서 무리수를 두다가 다른 나라에 패하는 일이 훨씬 많다. 측근이 전략적이고 편안한 퇴로를 마련하면, 이는 지도자는 물론 자신에게도 크게 득이 되는 행동이다. 이런 행동이 꼭 이들의 동기 중 일부는 아닐지 몰라도, 깊게 뿌리내린 독재 권력을 몰아내는 과정에서 격렬한 혼란이 일어날 수 있고 이런 혼란을 피할 수 있는 "출구"를 만들어 줌으로써 국가에 도움이 될 가능성도 있다.

절제력

측근 계층은 권력자와 가깝고 영향력을 발휘할 수 있기에 독재 권력으로 나아가는 움직임을 견제할, 더 높은 도덕적 책임을 진다. 예비 독재자 성향의 지도자는 자기 의제에 대한 전폭적인 지지와 자기라는 사람에 대한 맹목적인 충성을 기대한다. 하지만 이런 지지나 충성은 그런 지도자나 정치

독재자를 막을 것인가 만들 것인가

공동체에 필요하지 않다.

제1계층과 제2계층에서 뛰어난 추종자가 되려면 예비 독재자의 충동을 맹목적으로 추종하지 않는 사고방식과 권력에 취한 지도자에게서 양보를 얻어낼 수 있는 기술이 필요하다. 이들은 독재자의 방식과 전략에 절제력을 심어줘야 한다.

여기에는 고도의 기술이 필요하다. 어떤 지도자라도, 특히 독재적 지도자라면 진정하고 천천히 진행하고 조금 누그러트리라는 조언이 계속되면 이를 오랫동안 참고 견디지 못한다. 이들은 행동하고 위험을 감수하고 다른 사람을 제약하는 경계선을 대담하게 넘는 식으로 자기 성공을 쌓아왔다.

이런 기술의 핵심은 지도자의 요구 대부분을 효과적으로 처리하면서도 지나치게 터무니없는 요구에 대해서는 신중히 주의를 기울이는 것이다. 만약 지도자에게 심각한 결함이 있음에도, 이 지도자가 사회에 도움이 될 더 큰 목적에 이바지할 수 있으리라고 여전히 믿는다면, 반드시 싸워 이겨야 할 전투를 위해 제동장치를 아껴야 한다. 하지만 신중하게 사용했음에도 제동장치가 닳아 고장이 났다면, 이제는 추종을 멈추고 폭주하는 기관차에서 안전하게 몸을 빼낼 방법을 찾아야 할 때일지도 모른다.

독재자를 조용히 움직이는 사람들

내 동료이자 친구 중에는 이 세상을 바꿔놓겠다는 비전을 지닌 대단한 지도자와 상당히 가까운 사이였던 사람이 있었다. 이 지도자는 자기 비전을 실행하기 위해 전 세계적인 조직 네트워크를 구축했다. 그의 방법은 비폭력적이었지만 점점 독재적이고 교조적이며 징벌적인 성격으로 변모했고, 그는 비정부 조직판 예비 독재자로 볼 수 있었다.

내 동료는 이 지도자의 고위직 보좌관 중 한 명으로 홍보 업무를 책임지고 있었다. 나는 그 동료에게 지도자가 보였던 최악의 충동을 어떻게 다스렸는지 물었다. 대화 도중 지도자가 자신이 원하는 바를 장황하게 늘어놓을 때, 어느 시점에 내 동료가 더 나은 생각을 제시하면서 그에게 "당신이 말하려는 바가 바로 이것이라고 이해했다."는 식으로 말하곤 했다고 대답했다. 다시 말해서, 내 동료는 항상 자신이 제시한 새로운 생각이 그의 생각인 것처럼 만들었고, 이는 과도하게 부풀려진 지도자의 자아가 원하는 것이었다. 때로는 이런 방식이 먹혀들었다. 하지만 내 동료가 충분히 영향력을 발휘하지 못하게 되었고 더 이상 그를 따르기를 원하지 않게 되었을 때, 내 동료는 그 지도자에게서 가까스로 벗어날 수 있었다. 하지만 정치적 예비 독재자의 측근에게 항상 이런 선택이 가능한 것은 아니다.

예비 독재적 추종자의
영향을 완화하려면

측근 계층에 속한 추종자로서 예비 독재적 성향을 내비치는 지도자의 행동을 조절해 보려는 사람에게는 그들만의 과제가 하나 있다. 내부 핵심 계층에는 지도자만큼이나 독재적 행동을 보이는 추종자가 한 명 이상 존재할 가능성이 높다. 그 결과, 지도자는 이들을 자신의 연장선으로 보게 되고 이들은 지도자의 신뢰를 얻게 된다. 만약 다른 추종자가 예비 독재자를 더 합리적인 방향으로 이끌려고 하면, 예비 독재적 추종자가 이를 막아설 것이다.

따라서, 지도자의 행동을 조절하려는 측근이라면 첫 번째 전략적 행동으로 예비 독재적 추종자의 영향력을 무력화해야 한다. 이런 행동에는 위험이 따른다. 위험한 추종자를 바꾸려고 시도해 볼 수는 있지만, 이런 추종자는 그렇게 행동하고 얻는 보상이 크기에 이들을 바꾸는 일은 매우 어렵다.

그나마 이들이 지도자에게 미치는 영향을 줄이는 방법 중에서 성공 가능성이 가장 높은 방법이라면, 지도자가 이들을 불신하게 할 만한 결정적인 결점을 찾아내거나 이들의 자기 과시적인 동기를 보여주는 명백한 증거를 찾아 제시하는 것이다. 직간접적으로 지도자가 이런 결점이나 증거에 주목하게 함으로써 파괴적 측근에 대한 지도자의 기존 평가에 불신의 씨앗을 심는 것이다.

물론, 이는 내부 핵심 계층의 권력 암투라는 역겨운 게임이다. 하지만 이는 바로 예비 독재적 추종자가 자초한 게임이기도 하다. 효과적으로 대처하려면 이 게임에 참여해야 한다. 이는 목적이 수단을 정당화하는 문제가 아니다. 이 경우에는 수단이 해롭지 않기 때문이다.

보호 장치

"누군가 치열한 경쟁 상황에 뛰어들었을 때 언제 물러나야 할지, 언제 앞으로 나서야 할지, 언제 싸워야 할지, 언제 전략적으로 상황을 이용해야 할지를 판단할 수 있도록 보호 장치를 함께 구축하지 않고서는 이런 지도력의 가치와 지식과 기술 중 그 무엇 하나 제대로 구축할 수 없다."

— 존 듀건John Dugan 박사[3]

때로는 예비 독재적 추종자가 지도자보다 훨씬 더 위험하다. 추종자가 지도자를 만들어 내듯, 추종자는 자신이 그리는 이미지에 부합하고 자기 목적을 이뤄줄 예비 독재자를 만들어 낸다. 이런 추종자는 합리성을 거스를 정도로 커다란 영향을 미칠 수 있다. 역사에서 그 고전적인 사례를 찾아보면, 20세기 초 러시아에서 로마노프 왕조가 몰락하는 데 중요한 역할을 했던 라스푸틴Rasputin이라는 수도승이 있다. 그는 궁정의 다른 측근이 추진하던 개혁의 가능성을 물거품으로 만들면서 왕조의 몰락을 앞당겼다.

콜린 파월 Colin Powell

　모두가 동의하지는 않겠지만, 더 현대적인 사례라면 당시 미국 대통령이었던 조지 W. 부시 주변의 측근 계층을 들 수 있겠다. 9/11 테러 이후, 영향력 있는 몇몇 측근이 부시 대통령에게 이라크 침공을 강력하게 건의했다. 이들은 모두 딕 체니Dick Cheney 당시 부통령이 주도했다고 짐작되는 측근 계층에 속해 있었다. 그 명분은 이라크의 독재자 사담 후세인 대통령이 비밀리에 대량 살상 무기를 쌓아두고 있다는 것이었다. 그 이면에는 석유가 풍부한 이 지역을 더욱 안정적으로 통제하는 것 외에도 이라크 국민이 침략자를 환영할 것이라는 그릇된 전망이 자리하고 있었다. 이런 침략을 통해 중동을 번영하는 민주주의 체제로 탈바꿈시키는 한편, 반미 정서가 매우 강한 이란의 심대한 위협에 대응할 수 있는 조건을 마련하겠다는 것이었다.

　당시 국무장관이었던 콜린 파월은 설득되지 않았다. 그는 조지 H. W. 부시 대통령아버지 부시 행정부에서 이라크가 석유 부국인 쿠웨이트를 침공했을 때 이에 맞서 군사적으로 성공적인 개입을 이끌었던 인물이었다. 파월은 때로는 아들 부시로 불리던 대통령에게 군사 행동을 개시하기 전에 유엔 총회의 지지를 얻으라고 설득했다. 부시가 이를 추진했을 때, 체니의 측근 집단은 계속 침공을 추진했고 결국 파월은 정치적으로 밀려나 배제되었다. 그는 부시 대통령의 두 번째 임기에는 국무장관직을 유지하지 못했다. 20년이 지난 지금도 이 지역은 여전히 불안정한 상황이다.

제도화된 부패의 문제

제도화된 부패는 최고위층의 정치적 추종 관계에서 해결 불가능해 보이는 딜레마다. 진정한 독재적 지도자는 공포라는 유대가 추종자를 순순히 따르게 만드는 접착제의 절반에 불과하다는 사실을 알고 있다. 나머지 절반은 공인된 부패를 통해 얻는 보상이다.

이는 자기 이익이라는 관점에서 지도자를 지지하거나 반대하는데 따른 위험과 보상을 가늠해 보는 문제를 너무도 쉬운 선택으로 만든다. 지도자를 반대하면 파멸의 위험을 감수해야 하지만, 지도자를 지지하면 특권으로 막대한 보상을 받는다. 이런 유인 요소는 전적으로 지도자를 지지하는 쪽에 맞춰져 있으므로 지도자에 반대하는 사람은 바보이거나 영웅뿐이다. 해결책이 있을까?

아마 두 가지 해결책이 가능하지 싶다. 첫 번째는 내부 핵심 계

독재자를 막을 것인가 만들 것인가

층이나 준 내부 핵심 계층에 속한 누군가가 빠르게 부상하는 예비 독재자만큼이나 강한 야심을 품고 있는 경우다. 이들은 독재자를 축출하는 수단으로 부패 혐의를 이용하는 도박을 할 수 있다. 이는 예비 독재자가 연출된 민주주의performative democracies. 민주주의의 외형적인 형태는 갖추고 있지만 실제로는 민주적 가치나 절차가 제대로 작동하지 않는 체제.—옮긴이에서 정치적 경쟁자를 선거에서 솎아내기 위해 부패 혐의를 이용하는 것과 비슷하다. 물론, 이런 전략에는 위험이 따른다. 부패로 이익을 얻는 다른 측근은 지도자를 중심으로 뭉쳐 개혁가를 고립시킬 가능성이 크다. 하지만 지도자가 너무 변덕스럽고 포악한 탓에 다른 여러 측근이 자기 보호 본능을 발동시켜 예비 독재자의 제거를 지지하게 되면 사정은 달라질 수 있다. 설령 이런 도박이 성공하더라도, 이 기회를 놓치지 않고 부패를 완화할 제도적 안전장치를 마련하지 않는다면, 권력은 교체된 새로운 권력자마저 부패시킬 것이다.

두 번째는 흔치 않은 개혁가가 나타나 다른 이상적 목표를 따르는 경우다. 이런 개혁가는, 국가 통치 수준에서 때로는 우리가 이해하기 힘든 인간적 선의를 바탕으로, 부패와 공포를 조장하는 세력과 맞먹거나 그보다 큰 권력을 가지고 있다. 이들이 감수할 위험이 너무나 크기 때문에, 아마도 자신의 유산을 남기겠다는 동기를 제외하면, 단순히 자기 이익을 셈하는 것만으로는 이들의 동기를 설명할 수 없다. 이 책이 편집을 거치는 동안, 우리는 현대적 사례

하나를 목격했다. 바로 용기 있는 러시아의 반체제 인사 알렉세이 나발니Alexei Navalny로, 그는 여러 해 동안 러시아 대통령 블라디미르 푸틴의 부패를 폭로하려고 시도했다. 나발니는 갇혀 있던 교도소에서 46세의 나이에 사망 상태로 발견되었다.[4]

드물게 나타나는 이런 개혁가에게 조언은 별 의미가 없다. 이들이 따르는 지침은 악에 맞서는 이런 무형의 균형추와 내면적으로 더 깊이 연결되어 있다. 하지만 윤리적 존재감을 드러내는 개인의 출현을 목격한 제1계층이나 제2계층의 다른 추종자에게는 조언해 줄 수 있다. 자기 이익을 따지다가 삶이 선택의 갈림길에 서게 된다는 사실을 기억하라. 부패한 체제에 얽혀 빠져나올 수 없는 상황이거나 그 체제의 손아귀에서 벗어날 기회를 잡을 수도 있다. 용기 있는 측근과 더불어 이들이 옹호하는 제도 개혁을 지지함으로써 이들이 성공하도록 도울 수 있으며, 전 계층의 추종자는 자기 삶과 공적 활동을 다시 정상적인 궤도로 되돌려 놓을 기회를 얻을 수 있다.

가장 가까운 조언자가
마주치는 딜레마

민주주의 체제에서, 대통령이나 총리 혹은 다른 선출직 관료에게 조언하는 역할은 이들을 지원하는 것이다. 이들은 국민 또는 정당을 대변하는 목소리로 선출된 사람이다. 구체적으로 조언자의 역할은 대통령 등이 선출될 때 그 지지의 바탕이 되었던 정강 정책의 실행을 뒷받침하고 이를 성공적으로 수행할 수 있도록 충분히 오랜 시간 그 직위를 유지하도록 돕는 것이다. 하지만 이런 두 가지 임무는 때때로 서로 충돌하며, 따라서 조언자는 지도자가 이런 갈등 상황을 헤쳐 나갈 수 있도록 돕는다.

조언자는 지도자에게 최선의 조언, 심지어 다른 견해를 제시해야 할 책임이 있다는 사실을 알고 있다. 하지만 거의 모든 조언자는 지도자의 몸짓이나 말에 드러난 단서를 읽어 냄으로써 이들이 자기 의견을 수용하는지 아니면 불쾌감을 느끼는지를 감지한다. 이런 반응에 맞춰, 이들은 지도자가 직접 지시하지 않더라도 지도자의 호의를 유지하려는 이들의 내면적 욕구 탓에, 조언의 강도를 낮추거나 아니면 아예 입을 다무는 편을 택하게 된다.

나는 당시 대통령이었던 조지 H. W. 부시와 회의했던 보좌진에 대해 이야기를 들었던 적이 있다. 부시 대통령은 분명히 독재자 성향의 지도자는 아니었다. 그렇지만 보좌진은 부시의 턱선에 주목했을 것이다. 그가 턱을 꽉 다물기 시작하면 보좌진이 특정 행동 방침을 지지하며 펼치는 주장에 대해 부시의 인내심이 한계에 다다랐음을 눈치챘다. 이는 그가 직접 말로 제지하기 전에 논쟁을 마무리하고 화제를 돌려야 한다는 신호였다.

조언자는 지도자에 대한 자신의 개인적 영향력을 잃고 싶지 않아 하며, 지도자가 달갑지 않게 여기는 질문이나 조언을 계속하다가 그런 영향력을 잃지 않을까 두려워한다. 따라서 이들은 자기 검열을 하거나 자신이 생각하기에 공공선에 대단히 중요하다고 믿지만 인기는 없는 견해를 한층 누그러진 어조로 표명함으로써 내부 핵심 계층에서 밀려나는 일을 피하려 한다. 만약 자신이 밀려나면 그 빈자리는, 잘못 알고 있거나 오류가 있는 지도자의 견해에 더 비슷한 견해를 가진 다른 누군가가 채우게 될 것이다. 능숙한 측근이라면 부분적으로는 자기 이익을 계산하지만, 또 부분적으로는 정치적 계산도 한다.

도덕적 지침은 이러한 불안정한 상황에서 측근에게 도움이 될 수 있다. 이런 지침이나 원칙은 정책에 영향을 미치려면 언제 밀어붙이고 언제 물러나야 할지를 알려줄 수 있다. 만약 측근이 자기 자존심과 욕심을 지도자에게 제안하는 객관적인 조언과 혼동한다면, 이는 지도자는 물론 유권자에게도 해를 끼친다. 조언자는 자신이 선출된 사람이 아니기에 자신의 의무가 아닌 일에 나서서 통제를 가하려는 충동과 자신의 호불호를 지도자의 호불호에 적절히 종속시키면서 솔직하게 조언해야 할 책임을 명확히 구분해야 한다. 이런 태도 사이의 차이점이 무엇이며 자기 인식과 책임감으로 이런 상황을 어떻게 헤쳐 나갈 것인지를 분별하기란 쉽지 않을 수 있다.

어느 정도까지, 이 문제는 팀 전체가 함께 고민해야 할 문제다. 각 측근은 서로 협력해 적절한 경계선이 어디인지 검토할 수 있다. 궁극적으로 조언자는 한 걸음 물러나서 어떤 방식으로 지도자를 돕는 게 가장 적절한 것인지 숙고해야 할 수도 있다. 이런 미묘한 역학 관계는 각 상황에서 그 상황에 맞는 고도의 판단을 요하기에 단순화된 규칙을 적용해 설명하기란 쉽지 않다.

동기의 복잡성

첫 번째 계층에 속한 추종자의 동기가 복잡한 탓에 두 번째나 세 번째 계층에 속한 추종자는, 최고 의사 결정권자에게 특별히 접근할 수 있는 이들 의제 중심의 추종자에게 어떤 정보를 제공할 것인지를 놓고 특히 전략적으로 접근해야 할 필요가 있다.

이들은 첫 번째 계층의 추종자에게 가치 있는 정보를 숨겨서는 안 된다. 그렇게 했다가 발각되면 곧바로 자신의 직위를 대가로 치러야 할 것이다. 하지만 자신이 제공하는 정보를 어떻게 구성할지에 대해서는 신중해야 한다.

가능하다면, 정보를 제시하되 그 정보가 긍정적인 가치를 증진하는 데 활용될 수 있도록 구성해야 한다. 정보의 부정적 측면을 부각함으로써 첫 번째 계층에 속한 추종자의 환심을 사려는 방식으로 정보를 구성하려는 유혹은 피해야 한다.

이들이 전달한 정보를 받은 최고위층 측근은 그 정보를 세세히 검토하거나 확인할 시간이 거의 없다. 따라서 현 상황이나 미래 상황을 악화시켜 다른 사람이 입는 피해를 더욱 가중하는 방식으로 사용되기도 한다.

처음부터 그 정보가 지도자와 그의 최측근에게 왜 중요한지 명확히 밝혀야 한다. 일반적으로 정보는 그 상황에 대처할 몇 가지 선택지와 함께 제공될 것이라고 기대된다. 자신의 호불호를 과하게 내세우지 않으면서도 그런 선택지를 택하면 정책이나 정치 측면에서 어떻게 도움이 될지를 강조해야 한다. 측근은 이런 정보를 활용해 지도자가 해로운 선택보다는 이로운 선택을 내리도록 설득할 수 있다.

가장 큰 위험

내부 핵심 계층이 반드시 경계해야 할 아주 위험한 시기가 두 차례 있다.

첫 번째로 위험한 시기는 성공의 순간이다. 예비 독재자 성향의 지도자가 성공을 거두면, 누구나 그렇듯 그 지도자의 자신감이 높아진다. 하지만 이들의 자신감은 이내 오만의 영역에 들어선다.

예비 독재자는 경쟁 관계에 있는 권력 중심의 능력을 서서히 무너뜨리기에 점점 더 자신의 본능과 주변의 조언에 의존하기 시작한다. 이런 본능이나 조언이 성공을 거두면, 악순환이 더욱 강화된다. 처음에는, 최측근도 크게 고양된다. 자신이 믿고 지지해 온 지도자가 성공으로 증명하고 있다. 지도자의 운이 상승하고 있으니, 이제 이들의 운도 함께 상승한다.

하지만 측근은, 이런 일이 일어나면 예비 독재자가 점차 자신에 대한 의존을 줄여나가기 시작한다는 점을 보지 못할 수도 있다. 이들은 더 이상 자신에게 조언을 요청하지 않거나 조언하더라도 받아들여지지 않는다는 사실을 알아차린다. 이는 이들의 조언이 좋거나 나빠서만은 아니다. 오히려 지도자가 이들의 제한된 관점에만 기대기보다는 더 많은 요소를 고려하는 방향으로 관점을 넓혀나가는 형태라고 봐야 한다.

이 시기에는 측근이 지도자의 선택을 문제 삼기가 어렵다. 그가 성공을 거두고 있으니 말이다. 지도자를 의심하는 일을 더욱 꺼리게 되고 지도자 역시 의심받는 것을 더 강하게 거부한다. 이는 폭정으로 전락하는 과정에서 매우 중요한 순간이며, 따라서 모든 측근 계층에게 강력히 권고하건대 성공이 쌓여가는 사태가 시작되기 전에 이런 역학 관계를 논의하라는 것이다. 지도자를 포함해 내부 핵심 계층은 가장 중요한 문제를 두고 의사 결정을 내리면서 관점이 협소해지는 문제를 어떻게 방지할 것인가? 이는 지도자가 조언자의 말을 반드시 따라야 할 필요는 없지만, 조언을 무시하는 경향이나 자신이 거둔 성공은 모두 자신의 이른바 무오류성infallibility 덕분이라고 잘못 판단하는 경향을 인식해야 한다는 말이다.

이런 위험을 경고하는 조언자가, 성공이라는 열차가 속도를 올리기 시작할 때까지 기다렸다가는 자기 동료나 이전의 경쟁자로부터 고립되고 외면당할 수 있다. 이런 위험을 언급하고 규범을 확립해야 할 시점은 바로 성공에 따른 위험의 첫 번째 징후가 나타날 때 혹은 그 이전이다.

푸틴

러시아 대통령 블라디미르 푸틴은 금세기 초 조지아와 크림반도를 침공해 성공을 거두었다. 이런 성공 덕분에 과도한 자신감을 얻게 되었고, 2022년에는 우크라이나 중심부를 침공했다. 하지만 개전 초기에 잇따라 굴욕적인 패배를 겪으면서 오히려 자신이 약화시키려 했던 나토 동맹을 강화하는 결과만 낳았다. 러시아가 개전 초기에 겪었던 패배에서 회복하든 못하든, 푸틴은 "무적"이라는 자신의 이미지에 큰 손상을 입었을 뿐만 아니라 러시아군의 부진한 성과에 항의하며 모스크바 진공이라는 대담한 행동을 보인 용병 지도자와 결전을 치르기 직전까지 갔다.

푸틴은 아돌프 히틀러가 제2차 세계 대전 초기에 서유럽에서 거둔 성공을 과신했던 바람에 불가침 조약을 깨고 소련을 침공했고, 이 사태가 결국 히틀러의 몰락을 앞당기는 촉매제

두 번째로 큰 위험은 패배가 임박했다는 전망이 나오는 시점에 찾아온다. 패배의 위협은 지도자의 편집증적 심리 상태와 권력을 확보하고 유지하는 과정에서 자신이 저지른 범죄의 정도에 정비례한다. 권력을 잃게 되면 치러야 할 대가가 너무 크다. 지도자는 이 위험을 너무도 중대하게 인식해 다른 사람이 어떤 대가를 치르든 권력을 그대로 유지하려고 어떤 도박이라도 기꺼이 감수하려고 한다. 만약 내부 핵심 계층이 이런 범죄에 가담했다면 이들은 지도자의 절박한 태도와 행동을 한층 더 강화하게 된다.

이에 대한 첫 번째 해독제는 물론 지도자와 공모해 범죄를 저지르지 않는 것이다. 하지만 이미 벌어진 일을 되돌릴 수는 없는 노릇이다. 이런 상황에서 최측근의 역할은 무엇일까? 이들의 역할은 언제 패배가 다가올지 파악하고 지도자와 자신을 위해 출구 전략을 모색하는 일이다. 이제 우리는 폭정과 최악의 재앙으로 이어지는 행보를 저지할 가능성의 창에 다시 한번 들어선 것이다.

사담 후세인

예비 폭군이 권력을 완전히 공고히 하기 전에 행동하는 게 매우 중요하다. 이라크가 대량 살상 무기를 비축하고 있다는 잘못된 정보에 근거해 미국을 비롯한 여러 동맹국이 이라크

> 침공을 준비하고 있을 때, 사담 후세인의 내각 인사 중 한 명
> 이 후세인에게 몇 주 동안만 공무 휴직을 취해 미국을 달래는
> 게 최선이라고 건의했다. 하지만 이미 그 기회의 창은 오래전
> 에 닫혀 있었다. 다음 날, 그 장관의 토막 난 시신이 가족에게
> 전달되었다. 절대 권력은 완전한 부패를 불러왔다. 성공하거
> 나 심지어 생존하려 했다면 다른 전략이 필요했을 것이다.[5]

가족을 비롯해 가까운 조언자는 지도자와 자신에게 미치는 결
과를 최소화하려고 권력을 남용하거나 심지어 정치권력 자체에서
벗어날 출구 전략을 조용히 구상하기 시작할 수 있다. 이러한 과
정에서는 다른 측근을 속속들이 이해하고 있어야 한다. 즉 정권을
"연착륙"을 시키기 위한 방안을 마련할 때 이들 중 누가 자신의 우
려에 동조하고 누가 그 비밀을 지켜줄지 파악해야 한다는 것이다.
어느 시점이 되면, 엘리트 계층의 핵심 인물을 끌어들여 그 계획
을 지원하도록 하는 추가적인 위험을 감수해야 할 필요도 있다. 이
런 계획이 성공하려면 용기와 현명함, 광범위한 피해를 줄이려는
진실한 의도, 그리고 현실적으로 자기에게 이익이 되도록 부정적
인 결과를 완화하려는 노력이 필요하다. 이것이 내부 핵심 계층에
서 수행해야 할 올바른 역할이지만, 다른 계층과 함께 수행해야 할
수도 있다. 이에 대해서는 추종자 연합을 다루는 장에서 더 상세히
살펴보도록 하겠다.

독재자를 막을 것인가 만들 것인가

종신 대통령

민주주의에서 독재로 나아가는 과정에서 정치적으로 필수적인 요소라면, 선출된 지도자가 헌법을 개정하거나 폐지하여 자신이 종신 대통령으로 재임할 수 있도록 만드는 것이다. 정권이 겉으로는 민주주의를 연출해 보여주더라도, 이런 체제가 여전히 대의 민주주의라고 주장하기는 어렵다.

알렉산더 루카셴코

벨라루스Belarus는 1991년에 구소련에서 독립을 이룬 나라다. 1994년에 알렉산더 루카셴코Alexander Lukashenko가 대통령으로 선출된 이래로 지금까지 쭉 일인 권력을 중심으로 나라를 통치하고 있다.

1994년의 대통령 선거는 벨라루스 독립 이후 처음이자 마지막으로 자유롭고 공정하게 치러진 선거였다고 평가받는다. 하지만 루카셴코는 선거가 끝나자마자 곧바로 권력을 공고히 하면서 국가 제도를 해체하기 시작했다.[6]

이 책을 쓰고 있을 당시, 중국의 시진핑 주석은 그간의 전통을 깨고 중국의 통치 기구와 거수기 역할만 하는 형식적인 의회를 강제하여 자신이 연속해서 5년의 세 번째 임기를 수행할 수 있도록 함으로써, 종신 최고 지도자로 군림할 수 있는 길을 열어 놓았다. 시진핑 주석은 의회에서 만장일치로 2,592표를 얻었으며, 뒤이어 기립 박수가 터져 나왔다. 가만히 앉아 있거나 팔짱을 끼고 있던 사람은 아무도 없었다는 말이다.

중국에서 국가 주석의 역할은 의례적인 직책이지만, 시진핑은 중국 정치국에서 실질적 권력이 있는 두 직책, 즉 당 총서기와 중앙군사위원회 주석을 동시에 맡고 있다. 이 두 직책은 세 번째 임기 동안 그에게 다시 부여되었다. 그가 독재로 나아가는 길을 저지할 기회의 창은 굳게 닫혀 있는 것으로 보인다. 하지만 시진핑이 기존 규범을 깨고 자신을 종신직에 앉힐 가능성을 가진 유일한 국가 원수나 행정 수반이 아니라는 점은 분명하다.

세계에서 가장 오래된 민주주의 국가 중 하나인 미국에서도 이와 비슷한 사례가 있었다. 미국 헌법의 초안을 작성한 이들은 대통령직의 임기에 제한을 둘 것인지를 두고 논의했지만, 결국 제한을 두지 않기로 했다. 초대 대통령 조지 워싱턴은 두 번의 임기를 마친 후 자발적으로 세 번째 임기에 출마하지 않았다. 오랜 공직 생활에 지쳐 있었던 워싱턴은, 300명이 넘는 노예가 일하고 있던 편안한 자기 농장으로 돌아가기를 원했다. 또한 그는 새로 건국된 국가가 해방을 위해 싸웠던 대상인 왕의 지위를 묵시적으로 다시 만들어 내길 원하지 않았다고 평가받고 있다.

주된 이유가 무엇이었든 조지 워싱턴의 사례는 규범이 되었고,

미국의 제2대 대통령인 토머스 제퍼슨Thomas Jefferson 역시 세 번째 임기에 출마하지 않겠다고 결정하면서 이런 규범은 더욱 강화되었다. 이 규범은 1797년 워싱턴이 퇴임한 후부터 1941년부터 시작되는 프랭클린 델러노 루스벨트의 3선 임기까지 나라에 큰 도움이 되었다. 거의 150년 가까이 지켜온 규범이었는데, 루스벨트는 왜 이 규범을 어겼을까?

우리는 지도와 추종과 상황, 이 셋 사이의 관계를 살펴본 바 있다. 당시의 상황은 강력한 지도자라고 인식된 인물이 쉽게 성장할 수 있는 비옥한 환경이었다. 나라는 경제 대공황으로 근간이 흔들린 후 10년의 세월을 막 지나고 있었고, 나치 독일과 생사를 건 싸움을 벌이고 있던 영국에 물자를 공급하기 위해 전시 생산 능력을 구축하면서 이제 막 대공황의 끝을 보기 시작한 참이었다. 유럽의 전체주의 정권이 가하는 위협이 미국인의 집단 심리에 어두운 그림자를 드리우고 있었다. 경제 회복과 전체주의에 대한 저항을 주도한 대통령을 재선시키자는 강력한 주장이 제기될 수 있을 만한 여건이었다. 하지만 그런 이유만으로 이미 민주주의 전통으로 뿌리내린 규범을 어기기에 충분한 것인지를 두고 격렬한 논쟁이 벌어졌다. 여기에서 루스벨트의 측근은 어떤 역할을 했을까?

해럴드 이크스Harold Ickes는 프랭클린 루스벨트가 첫 당선 직후 진보적인 공화당 출신 각료를 찾고 있을 때 루스벨트의 민주당 내각에 핵심 측근으로 합류했다. 이크스는 루스벨트 내각에서 다른 어떤 장관보다 오랫동안 재임했으며, 결국 미국 역사상 두 번째로 긴 재임 기록을 세웠다. 이크스는 빈틈이 없었고 정치적 수완이 뛰어난 인물이었다.

이크스는 과거에 사회 개혁을 지지했던 이력을 가지고 있었다. 이는 그가 독재적 통치를 선호하지 않았음을 보여준다. 하지만 그는 대통령의 임기 제한을 두고서는 호전적인 태도를 보였다. 3선 출마가 화두로 떠올랐을 때, 루스벨트는 다소 애매하게 자기 소속 정당이 자신을 후보자로 지명할 때만 출마하겠다고 입장을 밝혔다. 유럽에서 전쟁이 임박하자 이를 명분으로 삼아 그의 소속 정당인 민주당은 첫 번째 투표에서 그를 후보로 선출했다.[7]

권력을 공고히 하려고 시도했던 루스벨트의 행동이 시진핑의 행동과 비슷하다는 말은 아니지만, 이들의 행동이 특정한 연속선 위에 존재한다는 사실을 알 수 있다. 루스벨트는 1944년에 세 번째 임기를 마친 후, 제2차 세계 대전이 여전히 진행되면서 미국과 연합군이 독일군을 몰아내고 있던 와중에 네 번째 임기에 다시 지명되었다. 이크스를 비롯한 다른 측근은 루스벨트의 건강이 나빠지고 있음을 대중에게 숨겼다. 루스벨트는 네 번째 임기 취임 후 82일 만에 사망했으니, 의도하지는 않았지만 종신 대통령으로 재직한 셈이었다.

미국 대통령직의 임기를 제한하는 미국 수정 헌법 제22조가 발의되었을 때, 이크스는 이 조항을 "반사회적 세력이 국민을 겁박해 자신의 소중한 민주주의를 훼손하게 만들고 지금까지 국민을 착취해 왔으며 앞으로도 언제나 착취할 이들의 이익을 챙기려는 사악한 음모"라고 규정했다.[8] 그는 이렇게 선동적인 언어를 사용해서 민주주의란 국민이 아무 제한 없이 자기가 원하는 대통령을 선택할 수 있어야 한다는 고전적인 주장을 펼쳤다. 하지만 미국 헌법은 이미 대통령직에 나이와 출생지 제한을 두고 있었고, 남북전쟁 이후에는 반란을 일으킨 자를 배제하도록 수정된 바 있었다.

이처럼 맹목적 충성을 보였던 측근인 이크스는 많은 사람이 잠재적 독재로 이어질, 헌법상 매우 위험천만한 경로로 여겼던 문제를 보지 못했다. 반대 의견이 있었지만, 그때까지 관례로 여겨졌던 사항이 의회에서 상당한 초당적 지지를 받고 필요한 기준을 훌쩍 뛰어넘어 41개 주에서 비준받음으로써 미국 헌법에 명시되었다. 수정 헌법 제22조는 1951년 2월 27일에 법으로 제정되었고, 75년이 지난 지금까지도 예비 독재자와 그의 측근 계층에 의한 권력 찬탈을 막는 안전장치로 남아 있다.

측근	요약
이용 가능한 정보	독재자의 사상, 발언, 전략, 지시
추종의 유인 요소	충성심, 특권, 권력의 보상, 권력 상실의 결과
취약점	직책이 아니라 개인에 대한 충성
위험	불법 행위의 공모, 희생양이 되거나 독재자에게 위험인물이 되는 것
소통 경로	사적 연락, 개인 연락처 정보, 내부 핵심 집단의 브리핑, 극비 통신
필요한 용기	폭군 성향을 억제하기 위해 다른 사람과 협력
영향을 행사할 힘	최종 결정권자, 소통 내용과 정책에 대한 최종 수정

독재자를 막을 것인가 만들 것인가

14장

추종자 연합

이들이 독재자를
막는 법

"강압적 coercive 권력은 우주가 내린 저주이지만、
협력적 coactive 권력은 모든 인간의 영혼을
풍요롭게 하고 발전시킨다。"

— 메리 파커 폴렛 Mary Parker Follett、리더십 이론가

추종자 계층 간의
상호 의존성

정치 지도자와의 근접성이라는 면에서 각자 다른 수준에 있는 추종자의 본질과 역할을 더 명확히 이해할 수 있도록, 나는 지금까지 이들 추종자 계층 각각을 상당히 다른 것처럼 구별해서 다뤘다.

추종자는 모두 지도자를 따르거나 반대하는 동기, 어느 쪽을 택하든 그에 따른 유인책과 불이익, 정보와 소통 경로에 대해 서로

다른 접근방식, 그리고 지도자-추종자 역학 관계에 영향을 미치는 다양한 유형의 힘을 가지고 있다. 하지만 정치 활동이 벌어지는 세계에서 이들이 서로 완전히 독립적으로 작동하는 경우는 거의 없다.

정치에는 바로 그 본질상, 이해관계와 동력이 서로 겹치고 정보가 서로 공명하거나 불협화음을 빚어내는 장場이 이미 존재하거나 새로 만들어진다. 어떤 시점이든 이 장 안에 참여하는 다양한 이들은 정치적 역학 관계에 동조하거나 아니면 그런 관계에서 불편함이나 반감을 경험한다. 그런 불편함과 반감이 어디에서 비롯되고 어느 정도의 강도인지는 상황에 따라 다르다.

그렇게 엇갈린 동력이 정치 지도자와 화합하지 못하면, 정치적 추종자 특정 계층의 다른 부분에서 그리고 여러 추종자 계층 사이에서 초기에 드러난 불만과 상호 작용하는 파동을 만들어 낸다. 불협화음이 터져 나오면 지도자가 여기에 대응해야 하거나 고집스러운 예비 독재자의 경우라면 강압적인 억압을 촉발해 완전한 독재자로 가는 문턱을 넘어서기도 한다.

이렇게 축적된 동력은 정치 지도자를 개혁하거나 아니면 축출하고 교체할 잠재력을 품게 된다. 대부분, 이상적인 결과는 가능하다면 개혁이다. 지도자를 교체한다고 더 나아지리라는 보장은 없다. 정치적 공백이 발생하면, 훨씬 더 강력한 예비 독재자가 나타나 그 빈자리를 메울 수도 있다. 블라디미르 레닌은 구 소비에트 연방을 세우는 과정에서 무자비한 태도를 보였다. 그의 건강이 악화해 사망하자, 그 이후 레닌의 후계자인 스탈린과 그가 추진한 정책으로 수백만 명이 더 사망했다. 개혁이 선호되지만, 개혁을 목표로 하는 신뢰할 만한 움직임이 있는 경우에만 그렇다. 너무 오래 방치되면, 억압적 권력이 공고해지면서 의미 있는 개혁을 이뤄낼 기회의 창은 닫히고 만다.

개혁이든 교체든, 이를 이끌어갈 총괄 전략은 필요하지 않다. 둘 중 어느 쪽이든, 이를 이끌어갈 동력은 정치적 장 자체의 현실과 인식에서 자연스럽게 나타난다. 하지만 각 계층에 속한 구성원은 그렇게 나타나는 동력의 징후와 방향에 주목하면서 현재 작동하고 있는 예비 독재 세력을 바로잡거나 교체하는 데 힘을 보태기 위해 나서야 한다.

선호되는 목표는 개혁

다시 한번 강조해서 말하는데, 첫 번째 접근방식은 정치 지도자의 예비 독재자 성향을 저지할 수 있으리라 가정하는 것이다.

우리는 누구나 자기 내면에 이런 성향을 품고 있다. 정치 지도자라고 다르지 않다. 개인은 성장하면서 이런 충동을 스스로 깨닫고 관리하는 동시에 우리 성격 중에서 친사회적 측면을 키워나가는 과제를 해결해야 한다. 사회적 역학 관계에서 과제라면, 부상하는 예비 독재자 주변에 포진한 추종자가 그 위험을 인식하고 지도자에게 그런 측면을 더 잘 관리하도록 요구하는 것이다.

이 과제에 빨리 착수할수록 성공을 거둘 가능성이 커진다. 이는 아이가 반복을 통해 뜨거운 난로를 조심하게 되는 과정과 같다. 즉 난로를 만지면 손을 데고 그후에는 다시는 그렇게 하지 않는다. 지도자의 경우에는 이렇다. 호전적 방식으로 독재적 압력을 행사했다가 지속적인 비난을 받는다, 다시는 그렇게 하지 않는다. 일을 풀어갈 더 나은 방법을 찾아라.

예전에 나는 한 의원실과 함께 일한 적이 있다. 이 의원실의 여성 국회의원은 미래에 정당 지도부를 목표로 하는 떠오르는 스타였다. 이 의원은 야심만만하고 역동적이며 매우 직설적인 사람이었다. 이 의원의 입법 담당자는 그녀가 정계에 입문했을 때부터 쭉 함께해 온 사람으로 그녀가 가장 신뢰하는 보좌관이었다. 어느 날, 그녀는 버럭 화를 내며 왜 자기가 하려는 일을 이해하지 못하냐고 소리치며 그를 질타했다. 그러자 그 보좌관은 의원에게 조용히 이렇게 말했다. "아시겠지만, 저는 의원님을 존경하고 또 의원님의 의제가 옳다고 믿습니다. 의원님께서 성공하는 데 도움이 된다면 무슨 일이든 할 작정입니다. 하지만 의원님께서 또다시 그런 식으로 말씀하

신다면, 의원님께서는 책상 위에 놓인 제 사직서를 보시게 될 겁니다." 그 이후로 그녀는 그 보좌관에게 다시는 그런 식으로 말하지 않았다.

측근 계층은 무엇보다도 이런 경계선을 정할 책임이 있다. 하지만 각 계층에는 쓸 수 있는 그 나름의 방식이 있다. 정책이 바뀌어 민주주의 규범을 약화시키는 사태에 직면하면 활동가와 대중은 거리로 쏟아져 나와 그 정책을 철회하라고 요구할 수 있다. 관료는 급히 그런 정책 변화가 가져올 결과를 누구도 반박할 수 없을 만큼 탄탄하게 분석한 다음 그 결과를 내놓을 수 있다. 엘리트는 토론 프로그램에 출연해 새로운 정책을 폭로하거나 교묘한 방식으로 조롱함으로써 대중 사이에서 저항을 더욱 고조시킬 수 있다. 정치 기부금이 급감하면 지도자는 자신만의 "뜨거운 난로"를 경험할 수도 있다.

전기로 지하철이 움직이는 뉴욕시에서는 이를 "제3레일" 효과 the third rail effect. 정치인이 특정 정책이나 문제에 대해 언급하기를 극도로 꺼리는 현상을 비유적으로 표현한 것으로, 여기서 '제3레일'은 지하철의 전력을 공급하는 세 번째 레일을 의미한다. 이 레일을 잘못 건드리면 감전될 위험이 크다는 사실에서 유래한 것으로, '제3궤조'(軌條)라고도 한다.—옮긴이라고들 한다. 정치인은 특정한 사안, 즉 "레일"을 건드렸다가 고통스러운 전기 충격을 받고 이런 충격이 치명적일 수도 있음을 배우게 된다. 만약 제3레일 효과가 겨냥하는 목표가 민주주의 규범을 약화하는 조치라면, 개혁이 가능하다.

핵심은 초기 저항

독재적 행동이 나타났을 때 조기에 이런 행동에 저항해야 한다는 점은 너무도 중요하다. 이런 저항은 지도자가 정치적 위계질서의 정점에 도달했을 때는 물론이거니와 이들이 정점을 향해 나아가는 모든 단계에서 필요하다. 지도자가 지역구 위원장이나 당대표나 장관이나 비서실장 등의 자리에 있을 때 다른 사람을 함부로 대할 수 있도록 허용되면, 이들이 최고 지도자가 되었을 때는 정말 신의 가호에 기대야 할지도 모른다.

성공만큼 신념과 행동 패턴을 강화하는 것은 없다. "나는 시장 시절에 가차 없었고 그 덕에 성공했다. 주지사가 되면 더 가차 없이 행동할 것이다. 바로 이것이 나를 지금의 위치로 이끌었다." 이 교훈은 틀렸다. 자신의 재주와 상황과 추종자의 지지가 한데 어우러졌기에 이들이 지금 위치에 서 있는 것이다. 하지만 만약 자신의 현재 위치가 자신이 가차 없이 행동했기 때문이라고 믿는다면, 이들은 사다리를 오르면서 매 칸에서 그런 가차 없음을 더 많이 발휘하려 들 것이다.

이렇게 저항하려면 개인이 용기를 내야 한다. 하지만 개인 혼자서 권력에 맞서 진실을 말하도록 내버려두면, 예비 독재자는 이들의 영향력을 축소할 것이다. 초기의 저항에는 다른 사람이 느끼는 바를 대신해서 말하는 사람을 초기에 지지하는 일도 포함된다. 물론, 여기에는 위험이 따른다. 하지만 다음과 같은 원칙이 몇 가지 있다.

- 권력 중심에 가까워질수록, 말로써 저항하는 데 필요한 용기를 찾으라는 요구가 커진다.
- 독재적 행동을 아무 견제 없이 방치하면, 상황을 지배하는 자신의 방식이 효과를 거두고 있다는 예비 독재자의 믿음을 강화한다.
- 이런 행동을 계속 방치하면 결국 독재자가 제 입맛에 맞게 국가 권력을 휘두르는 참극으로 끝이 난다.

사례사 연구의
문제

통치자가 정치적으로 폭군과 다름없는 독재자로 발전해 가는 과정을 저지했던 사례를 분석해 보면, 여기에는 문제가 하나 있다. 만약 우리가 이런 진행 과정을 저지하는 데 성공한다면, 통치자는 절대로 독재자가 되지 못할 테고, 따라서 우리는 지금 연구 중인 사례가 진정한 사례인지 알 수 없다. 어쩌면 그 통치자는 어쨌거나 독재자가 되지 않았을지도 모른다. 만약 히틀러가 기존의 조약을 파기하고 라인란트에 군대를 파병했을 때 그를 저지할 수 있었다면 제2차 세계 대전 동안 약 6천만 명의 사망자를 낸 책임이 있는 독재자가 되지 않았을 수도 있다. 우리는 이런 사례를 얼마나 많은 파괴를 막았는지를 보여주는 사례로 사용하지 못할 수도 있는데 그런 파괴가 발생하지 않았을 것이기 때문이다.

하지만 사례를 살펴보면 많은 것을 배울 수 있다. 따라서 우리는 차선책을 고른다. 즉 권력을 남용하기 시작했으나 독재자로 변모하기 전에 발각된 정치 지도자의 사례를 살피겠다는 것이다. 우리는 그런 정치 지도자에게 기회가 주어졌다면 독재자가 되었을 수 있다고 가정하고, 이들로부터 무엇을 배울 수 있을지 살펴본다. 이번 장에서는 추종자 각 계층의 행동을 망라하면서 이런 내용을 살펴보도록 한다.

순응자, 공모자 그리고 용기 있는 추종자

이 요약을 위해, 나는 동료인 앨런 드 세일즈의 연구를 참고했다. 그의 박사학위 논문은 정부나 기업체 또는 그 밖의 조직적 인간 활동 분야에서 파괴적인 지도자를 저지하는 방법을 종합적으로 탐구한다.[1] 이 책과 마찬가지로 그는 추종자의 역할에 주목한다. 나는 이 책 초반에 추종자의 행동 유형 세 가지를 소개한 바 있는데, 여기서 그 내용을 다시 요약한다.

독재자를 막을 것인가 만들 것인가

- 순응형 추종자는 극악한 지도자가 내리는 지시가 무엇이든 그 지시를 따르며, 자기에게 주어진 일에만 집중한다.
- 공모형 추종자는 극악한 지도자를 적극적으로 지원하며 심지어 그런 지도자의 극악성을 증폭시키기도 한다.
- 용기 있는 추종자는 지도자의 극악성에 대응할 방법을 모색하며, 필요하다면 파괴적인 지도자를 제거하는 일도 마다하지 않는다.

드 세일즈는 "독성 삼각형"toxic triangle에 관한 앤서니 파디야 Anthony Padilla의 연구를 인용하는데, 이 삼각형은 파괴적인 지도자와 그에 조력하는 추종자, 그리고 현재 환경에서 파괴적 지도자가 등장할 기회로 이루어진다. 이는 바버라 켈러먼이 지도력의 체계를 설명하면서 제시했던 지도자, 추종자, 상황이라는 요소와 다시 한번 공명한다.

예비 독재자라는 용어를 사용하면서 내가 해당 지도자가 명백히 위험한지를 두고 판단을 유보하고 있음에 주목해 주기 바란다. 그 대신 나는 파괴적 경향이 나타나고 그런 경향을 저지하거나 바꿀 가능성이 있는 시기나 기회에 주목한다. 드 세일즈의 관점은 이런 시기나 기회에 주목하는 연구에 적합하다. 독자에게 드 세일즈가 관찰한 모든 내용과 다소 독특한 그의 용어를 소개하기보다는, 잠재적 독재자의 행보를 저지하기 위해 다양한 여러 추종자 계층이 어떻게 서로 상승작용을 일으키는 방식으로 작동할 수 있는지를 이해하는 데 도움이 될 만한 측면에 초점을 맞춘다. 드 세일즈는 개별 추종자만으로는 독재자의 행보를 저지할 수 없으며, 자연스럽게 또는 의도를 가지고 모인 추종자 연합이 힘을 합치는 특별한 전략을 사용해야 한다고 주장한다.

드 세일즈는 사례사 연구 세 가지를 활용해 이를 설명한다. 그중하나는 이 책이 다루는 영역인 정치 세계에서 나온 것이다. 나는그 사례를 활용해 드 세일즈의 핵심 주장을 요약하고 폭정으로 이행해 가는 과정에서 서로 다른 추종자 계층의 역할을 하나로 묶어서 살펴보려고 한다. 드 세일즈의 사례는 린든 존슨 대통령과 리처드 닉슨 대통령 행정부 하에서 미국이 베트남 전쟁에서 어떤 역할을 했는지를 다룬다. 나는 이 사례가 초당파적이라는 점에서 특히마음에 든다. 우리는 당파적 이유로 어떤 정치 진영에서 독재자처럼 행동할 가능성에 눈을 감아서는 안 된다.

드 세일즈는 의도가 아니라 그 결과를 바탕으로 파괴적 지도자를 정의하는 연구 문헌을 인용한다. 하지만 이 책에서는 파괴적 결과를 초래하기 전에 감지되어 저지할 수 있는 의도에 더 큰 관심이있다.

린든 존슨 대통령은
파괴적 지도자였을까?

드 세일즈는 존 F. 케네디 대통령 암살 이후 1963년 11월 22일부터 1969년 1월 20일까지 재임했던 전직 미국 대통령 린든 존슨을 파괴적 지도자로 구분한다. 나는 존슨 대통령을 결함이 있는 지도자로 규정하는데, 이는 그가 국내 정책에서는 중요한 긍정적 성과를 거뒀음에도 도덕적으로 불미스러운 외교 정책을 펼친 결과 깊은 트라우마를 남겼다는 점에서 그렇다. 이는 중요한 구분인데, 어떤 지도자를 너무 섣불리 파괴적인 지도자로 낙인찍는 일이 얼마나 쉽지 않은 일인지를 보여주기 때문이다. 우리의 목적은 그 결과가 얼마나 끔찍하든 파괴적인 결과를 낳은 행위 자체가 아니라 지도자가 개별적인 파괴적 행위에서 확고한 폭정으로 나아가는 징후에 주목하는 것이다.

존슨은 개인적으로 사람을 압박하는 행동을 잘했던 것으로 유명하지만, 결국 그의 그런 기질은 그가 오랜 기간 몸담았던 미국 상원에서 터득한 것이었다. 그는 미국 상원에서 대의제 통치 체제에서 무엇인가 이뤄내려면 다른 사람을 끌어들여야 할 필요가 있음을 배웠다. 존슨이 백악관 집무실에 설치한 녹음 장치에 기록된 800시간이 넘는 분량의 회의와 전화 통화 내용을 들어보면 이를 알 수 있다. 우리는 그가 전직 상원의원과 내각 구성원을 비롯해 핵심 내부 계층의 참모와 언론이나 그 밖의 엘리트에게 끊임없이 연락을 취해 이들에게 아부하고 질문하고 공감하고 설득하려 했다는 사실에 놀라움을 느낀다. 이런 행동은 예비 독재자가 아니라 숙련된 정치인이 하는 행동이다.

그렇지만 대통령이라는 직위의 위상 때문인지 혹은 그의 엄청난 존재감 때문인지, 아니면 두 가지 모두 때문인지, 그는 자신에게 쉽게 의문을 제기하거나 반대하는 문화를 만들어 내지 못했다. 이는 결국 관료 계층과 엘리트 계층과 측근 계층에 속한 추종자가, 그가 전임자에게서 물려받아 크게 확전한 베트남 전쟁에서 미국이 거둔 전과를 부풀리거나 왜곡하는 결과로 이어졌다. 이런 상황에서 이제 그는 전쟁이 어떻게 수행되고 있으며 이를 미국 대중에게 어떻게 알릴 것인지라는 문제를 두고 끔찍한 선택을 하고 말았다. 한편, 다른 정보 획득 수단과 소통 경로에 의존하던 대중 계층과 활동가 계층은 점점 베트남 전쟁과 존슨의 정책에 점점 더 강하게 저항해 나갔다.

만약 존슨 대통령에게 정말 예비 독재자 성향이 있었다 해도, 그렇게까지 강하지는 않았다. 예비 독재자는 자신은 물론 다른 사람이 어떤 대가를 치르든 권력에 집착한다. 하지만 존슨은 국론 분열과 전쟁 자체가 주는 스트레스로 인해 개인적으로 무척 지친 상태였고 따라서 두 번째 임기에는 출마하지 않겠다고 결정했다. 외곽 계층의 지지 철회와 지속적인 반대 여론이, 그가 품고 있었을지도 모를 독재 충동을 꺾어놓았다. 마땅히 그래야 했다.

독재자를 막을 것인가 만들 것인가

각 추종자
계층에서의 용기

존슨 대통령의 후임인 리처드 닉
슨^{1969년 1월에 취임해서 1974년 8월 9일에 사임} 대통령의 특징을 살펴보기 전
에, 드 세일즈는 자신이 보기에 용기 있는 추종자라 할 만한 인물
로, 여러 조치를 통해 존슨 대통령과 닉슨 대통령 두 사람의 추가
적인 권력 남용을 막으려 했던 인물 몇 명을 소개한다.

이 중 첫 번째는 겉보기에는 꽤 놀라운 선택일 텐데, 바로 국방
부 장관이었던 로버트 맥나마라^{Robert McNamara}다. 당시에는 나를 비
롯해 많은 사람이, 맥나마라를 케네디 시절에 시작해서 존슨 대통
령 아래에서 격화된 베트남 전쟁을 확대한 설계자로 생각했다. 처
음에는 사실처럼 보이지만, 드 세일즈는 문서 자료를 통해 맥나마
라가 관점을 바꾸면서 개인적으로 존슨에게 정책의 방향을 바꾸도
록 설득을 시도했으나 별 효과를 보지 못했다는 사실을 입증했다.

결국, 맥나마라는 딜레마에 직면했다. 대통령 내각^{제2계층의 엘리트,}
^{그리고 그가 존슨과 밀접하게 협력했으므로 거의 틀림없이 제1계층의 측근}에 속해 있는 동
안에는 자신의 관점이 바뀌었다는 사실을 공개적으로 밝힐 수 없
었다. 대신 그는 베트남 전쟁의 얼굴이 되었다. 맥나마라는 사임하
고 전쟁에 대한 자신의 새로운 평가를 솔직하게 밝힌다는 선택지
도 있었으나 이를 선택하지 않았다. 만약 이런 선택을 내렸더라면

가장 용기 있는 선택이 되었을 것이다.

그렇지만, 의도적이든 아니든 맥나마라는 대중 여론제5계층인 대중을 반전反戰으로 돌려놓는 데 큰 역할을 드러내놓고 그런 의도를 밝히지는 않았지만 했다. 드 세일즈는 문서 자료를 검토해 맥나마라가 베트남 연구 태스크포스Vietnam Study Task Force를 설치하라는 명령을 내렸음을 밝혀냈다. 이 태스크포스는 이후 「국방부 보고서」로 알려지게 될 문서를 작성했으며, 이 문서는 베트남 전쟁이 얼마나 무용한 전쟁인지 그 실상을 낱낱이 폭로했다. 이 태스크포스는 다양한 관료 계층을 비롯해 비영리 연구 기관인 랜드 연구소RAND Corporation 소속 전문 연구자와 직원 중에서 충원된 36명의 연구자로 구성되었다. 랜드 연구소 소속 연구자 중에는 군사 전략가 대니얼 엘스버그Daniel Ellsberg도 포함되어 있었다.

엘스버그는 관료제 조직 내에서 제3계층에 속한 추종자 활동하면서, 존슨 행정부가 미국 의회와 대중에게 허위 정보를 전하고 있다는 사실을 알게 되었다. 엘스버그는 동료인 앤서니 루소Anthony Russo와 함께 이 문서를 몰래 복사해 미국 의회의 여러 의원제2계층에 속한 입법 엘리트에게 전달했다. 하지만 의회가 공모자까지는 아니더라도 순응자처럼 행동하면서 아무 움직임도 보이지 않자, 엘스버그는 보고서 사본 불법 유출이라는 개인적 위험을 감수하면서 이 사본을 17개 주요 언론사제2계층에 속한 언론 엘리트에 제공했다.

하지만, 정작 엘스버그 본인은 제4계층에 속한, 원칙을 따르는 활동가에게 큰 영향을 받았다.

"징병 반대 비폭력 시위에 참여했다가 감옥에 가는 많은 젊은이, 감옥으로 이송되는 길에 제가 만났던 이들이 없었더라면 단언컨대 「국방부 보고서」는 없었습니다. 남은 인생을 감옥에서 보낼 만한 일이고 뻔히 그렇게 되리라고 생각하면서, 감히 그런 일을 하겠다는 생각은 하지 못했을 겁니다. … 그래서 분명히 말하지만, 분명 쉽지 않은 결정이었습니다. 하지만 랜디 켈러Randy Kehler, 밥 이튼Bob Eaton, 그리고 데이비드 해리스David Harris. 이들 세 사람은 모두 1960년대 미국에서 베트남전 반전 운동에 적극적으로 참여했던 반전 평화 운동가다.—옮긴이 같은 사람이 감옥으로 이송되는 길에 이 전쟁은 잘못되었다, 베트남 전쟁은 잘못되었다, 그러니 나는 그 잘못된 전쟁에 절대 참여하지 않겠다고 말하는 모습을 보고 나선 결정을 내릴 수 있었습니다."

– 대니얼 엘스버그,

미국 공영 라디오NPR의 데이브 데이비스Dave Davies와 나눈 대화 중에서[2]

드 세일즈는 명사를 동사로 바꿔 엘스버그가 「국방부 보고서」를 복사해 배포한 결정을 "루비콘을 건넜다"Rubiconizing고 표현했다. 이는 율리우스 카이사르가 기원전 49년에 자기 군대와 함께 루비콘강을 건너며 로마 내전을 시작했던, 그 돌이킬 수 없는 행동을 일컫는 유명한 은유에서 가져온 것이다. 예비 독재자로 나아가는 과정을 저지하려면, 용기 있는 추종자는 어느 순간 자신만의 루비콘을 건널 필요가 있다.

엘스버그와 루소는 체포되었다. 루소는 엘스버그를 배신하면 혜택을 주겠다는 제안을 받았지만, 그는 그때 마하트마 간디를 인용하며 이렇게 기억에 남을 만한 답변을 남겼다.

> "악과 타협하지 말라."

용기의 전염성

그다음에 일어난 사건은 예비 독재 정권의 기만성과 공격성을 드러내는 데 필요한 용기 있는 추종이 사회적으로 얼마나 전염성이 강한지를 보여주는 사례다.

처음에는 「국방부 보고서」로 알려진 내용을 보도하기 시작한 언론 매체는 《뉴욕타임스》가 유일했다. 기사 두 편을 낸 후, 닉슨 행정부의 법무부는 이 신문사를 상대로 소송을 제기했고, 연방 판사는 추가 보도를 중지하라는 금지 명령을 내렸다. 이 신문사가 이 명령을 따르면서 이야기가 묻힐 수도 있는 상황이었다. 하지만 《워싱턴포스트》가 그 뒤를 이어받아 「국방부 보고서」 기사를 냈다. 법원은 이 신문에도 금지 명령을 확대 적용했고 이들 역시 이 명령을 따랐다.

독재자를 막을 것인가 만들 것인가

자유 언론은 이제 온 촉각을 곤두세운 채 자신의 헌법적 권리를 수행하기 시작했다. 전쟁의 실상을 대중에게 알리고 그간 정부가 대중에게 퍼뜨린 거짓말을 알리는 기사를 책임감 있게 보도하겠다는 것이었다. CBS는 텔레비전을 통해 이 이야기를 미국 전역에 송출했고, 그 뒤를 이어 《보스턴 글로브》Boston Globe와 《세인트루이스 디스패치》St. Louis Dispatch 같은 지역 유력 신문이 관련 기사를 게재했다. 한 신문의 추가 보도가 제한될 때마다 《시카고 선-타임스》Chicago Sun-Times, 《로스앤젤레스 타임스》Los Angeles Times, 나이트Knight 그룹의 11개 신문을 비롯한 다른 신문사가 이를 이어받았다.

이는 엘리트 계층의 언론 부문이 보여준 눈부신 저항의 사례였고, 국가의 강압적 권력에 맞서 용기 있는 이들의 연합이 자연스럽게 출현한 순간이었다. 자유로운 사회가 충분히 이른 시점에 정부 권력의 남용에 어떻게 대응했는지를 연구하고 기념할 만한 진정한 역사적 순간이다.

닉슨이 보였던
예비 독재적 행동

우리가 주목하고 경청해야 할 점이라면, 이런 저항 행위가 독재 정권 아래에서 이루어지지 않았다는 점이다. 독재 정권이었다면 이런 발행물을 즉시 폐쇄하고 그 소유주를 투옥할 수 있었을 테다. 아마 틀림없이 그렇게 했을 것이다. 이런 저항은 권력이 집중되다가 절대적 통제가 가능한 지점에 이르기 전에 우리에게 주어진 기회의 창 안에서 이루어졌다.

핵심은 바로, 기회의 창이 열려 있을 때 위험이 현실적이지만 관리할 수 있는 수준이라면 바로 행동하라는 것이다.

이런 일련의 사건은 모두 1971년에 일어났다. 나는 이런 사건을, 닉슨 행정부가 다음에 저지른 예비 독재적 행위, 즉 1972년 민주당 전국 위원회 본부가 있는 워터게이트 빌딩에 침입하고 이를 은폐한 사건을 윤리적으로 예비한 사건이었다고 주장하고 싶다.

워터게이트 사건 : 권력 남용을 폭로한 추종자 계층

언론, 특히 《워싱턴포스트》와 이 신문의 엘리트 발행인 캐서린 그레이엄 Katherine Graham은 다시 한번, 대통령 재선 위원회 Committee for the Re-Election of the President. 이 위원회는 그 머리글자를 따서 만든 CREEP[소름 끼치게 싫은 사람을 뜻한다.—옮긴이]이라는 말로 조롱받기도 했다가 민주당 선거 사무실에 침입한 사건을 덮으려고 닉슨의 대통령실이 은폐를 시도한 정황을 폭로하는 데 중요한 역할을 했다. 하지만 이들만이었다면 이 일을 해내지 못했을 것이다.

《워싱턴포스트》 기자인 밥 우드워드 Bob Woodward와 칼 번스타인

Carl Bernstein은 강력히 익명을 요구한 어떤 정보원으로부터 어디에서 은폐 관련 정보를 찾을 수 있는지 계속해서 일련의 단서를 제공받았다. 이 정보원이 누구인지를 두고 여러 추측이 무성했지만, 그 신원은 수십 년간 공개적으로 밝혀지지 않았었다. 이 정보원은 연방수사국 FBI의 부국장이었던 마크 펠트Mark Felt였다. FBI의 지휘 계통에서 서열 2위라는 높은 직위였지만, 펠트는 여전히 제3계층인 관료 추종자 계층의 일원으로, 거의 선천적이라 해도 좋을 만큼 정치적 상사의 뜻을 거스르지 않는 행동이 몸에 배어 있는 인물이었다. 하지만 정치적 상사의 행동을 지지하는 일이 법률을 준수하고 내외부의 적으로부터 국가를 보호한다는 자신의 헌법상 의무를 위반하는 경우만큼은 예외였다.

심각한 가치 충돌이 벌어진 상황에서, 펠트는 취재원을 밝히지 않는다는 언론 보도 윤리 강령을 믿고 치명적 사실을 드러내는 단서를 유출하겠다고 마음먹었다. 용기는 무한하지 않기에, 우리는 펠트의 이런 행동이 자신을 보호하려고 제한적이나마 용기를 발휘했다고 여길 수도 있겠지만, 그런 행동만으로도 부패를 폭로하기에는 차고 넘쳤다.

이후 열린 침입 사건 재판에서 도미노가 줄줄이 쓰러지기 시작했다. 침입을 계획하고 가담했던 이들공모형 추종자은 대통령실을 보호하기 위해 위증을 서슴지 않았다. 하지만 그중 한 사람이었던 제임스 맥코드 주니어James McCord Jr.가 위증 사실을 자백하자, 다른 이들도 공모 사실을 인정하기 시작했고, 측근 중에도 이 사건에 연루된 이가 있음이 추가로 드러났다. 이야기가 흔히 그렇게 흘러가듯, 예비 독재자를 위해 범죄를 저지른 이들에게 징역형이 선고되기 시작했지만, 예비 독재자는 자신의 책임을 부인했다.

의회에서 청문회가 진행되던 중에, 어느 백악관 보좌관^{제1계층 추종자}은 상원 조사위원회에서 존슨 대통령이 집무실에 설치한 녹음 장비가 여전히 작동하고 있으며 사용 중이라고 밝혔다. 육군 통신단 소속의 여러 기술자^{제3계층}가 소환되어 도청 장비가 존재한다는 선서 진술서를 제출했다. 상원 워터게이트 조사위원회 의장과 특별검사^{제2계층}는 녹음테이프에 대한 접근을 요청했다. 이 테이프의 공개를 막으려는 시도로써 닉슨 대통령은 이제 자신의 예비 독재자 성향을 공공연히 드러내면서 특별검사를 해임하라는 명령을 내렸다. 하지만 특별검사를 지지했던 닉슨 행정부의 법무부 장관과 차관이 그 명령에 항의하며 사임했다. 이들은 루비콘을 건넌 용기 있는 추종자였다. 전국의 언론이 합세하면서 테이프 공개를 소리 높여 요구했다.

범죄 행위가 하나씩 드러나는 가운데, 그 배경에서는 베트남 전쟁에 반대하는 반전 여론이 거세지면서 전국적인 시위로 번져 나갔다^{제5계층}. 닉슨 대통령의 위법 행위가 드러나자, 일반 국민 중에서 그를 지지하는 사람은 더 이상 남아 있지 않았고 반전 운동가 집단^{제4계층}은 국민이 더 이상 정부를 신뢰하지 않게 된 점을 이용해 베트남 전쟁을 종식하라고 더욱 강하게 정부를 압박했다. 결국,

닉슨이 어쩔 수 없이 사임하고 나서 몇 달이 지나지 않아 베트남 전쟁은 끝이 났다.

1974년 2월, 미국 하원^{제2계층의 입법 엘리트}은 만장일치로 사법 위원회에 닉슨 대통령의 탄핵 여부와 관련된 모든 정보의 제출을 요구하고 조사할 권한을 부여했다. 미국 대법원^{제2계층의 사법 엘리트} 역시 만장일치로 대통령에게 녹음테이프를 제출하라고 판결했다. 시민^{제5계층}이 이런 정보를 얻기 전에, 닉슨 대통령은 선거인단에서 압도적인 승리를 거두면 재선되었다는 사실을 기억해야 한다. 이런 상황에 직면한 공직자 집단은 이제 헌법과 법치주의를 수호하는 용기 있는 추종자로 행동하기 시작했다. 이들은 대통령과 당 지도부가 자신이 지키겠다고 맹세한 가치를 대변하지 않는다는 사실을 깨닫고 더 이상 순응형 추종자나 공모형 추종자로 남지 않겠다고 명확한 선택을 내렸다.

닉슨 대통령은 하원에서 탄핵이 발의되어 상원에서 유죄로 판결됨으로써 탄핵을 거의 피할 수 없는 지경에 이르자 대통령직에서 사임했다. 그는 마지막으로 대통령 전용기인 에어포스 원에 탑승해 워싱턴 DC를 떠났다.

우리가 얻은 교훈

우리는 당연히 앞서 언급한 여러

사건을, 선이 언제나 악을 이긴다는 식의 도덕적 이야기로 읽어서는 안 된다. 그것은 수많은 개인의 용기 있는 행동이 하나로 합쳐져 정치권력의 남용에 맞서 마침내 승리를 거둔 이야기를 써 내려간 역사적 장면이었다. 이런 결과가 보장된 건 아니었다. 그런 보장은 어디에도 없다.

그렇지만 교훈은 분명하다. 자신의 지지 정당에 대한 충성심이 거의 신성불가침한 수준인 정치에서도, 국가와 그 통치가 청렴해야 한다는 가치에 대한 충성심이 여전히 존재한다는 것이다. 어떤 정치 지도자가 등장해 이런 가치를 위협하고 그런 가치를 보호하는 제도를 위협하려는 조짐이 보이면, 그런 상황에 대응할 수 있고 또 마땅히 그래야 한다. 다시 한번 말하건대, 이런 행동은 권력을 행사하는 수단을 공고히 장악하기 전에, 그래서 개선과 변화로 나아갈 길이 닫히기 전에, 그 기회의 창 안에서 이뤄져야 한다.

정치 공동체나 정부의 어떤 수준에서든 추종자로 행동할 때, 우리는 자신이 따르는 지도자 위에 우리에게 계속 봉사하도록 설계된 가치와 제도가 있다는 사실을 명심해야 한다. 어느 계층의 추종자에 속하든, 우리에게는 이런 가치와 제도를 지지할 주체적 능력이 있다. 우리 모두에게 이익이 되는 공동선을 위해 순응이 필요할 때는 순응하지만, 우리를 더 어두운 길로 이끌어간다면 용기 있고 윤리적으로 순응을 거부해야 한다.

좋든 나쁘든 아니면 위험하든 지도자는 바로 추종자가 만든다. 거리에서 권력의 내밀한 중심부에 이르기까지 정치 공동체의 모든 수준에서, 권력이 지닌 최악의 본능을 길들이고 권력을 공적인 목적에 복무시킨다는 최고의 선물을 가져다주는 것은 바로 용기 있는 추종자다.

독재자를 막을 것인가 만들 것인가

15장

정치적 추종에
대한 성찰

삶은 정신없이 돌아간다. 재정 상태나 건강, 인간관계나 삶의 여정을 이끌어 가려면 계속 해야 할 일이 많다.

상대적으로 자유롭고 민주적인 나라에서 사는 우리 같은 사람은 우리 정치 체제의 최고 공직에 유능한 후보자가 나와서 우리가 이들을 어느 정도 지지하고 표를 주면 이들이 알아서 잘 통치해 주기를 더 바랄 것이다. 우리가 이 땅에 존재하는 이유는 정부를 섬기기 위해서가 아니다. 정부는 우리를 섬기기 위해 만들어졌으며, 우리가 가능한 한 많은 자유와 안전을 누리며 자신이 선택한 삶을 살아갈 수 있도록 해 준다.

하지만 우리는 정부와 그런 정부를 구성하는 정치 과정을 무시할 수가 없다. 만약 우리가 이를 무시한다면, 우리 이익을 희생시켜 자기 이익을 추구하는 정부를 가질 가능성이 더 커진다. 만약 이 말이 사실이라면, 우리는 누가 정부를 이끄는지, 그리고 묵시적으로 우리가 어떻게 이들을 따르거나 따르지 않도록 결정하는지에 어느 정도 관심을 기울여야 한다. 우리는 이들을 꼭 안고 있든 멀리 떨어져 있든 이들과 함께 춤을 추고 있는 셈이다.

우리는 모두, 우리와 다른 사람이 현재의 역할까지 올려놓는 데 함께 힘을 보탠 지도자를 중심으로 그 주변의 추종자 계층 중 하나에 속하게 된다. 나처럼 작은 지역 사회에 살고 있다면 학교 이사회 구성원과 시장과 카운티 감독관과 선출직 보안관을 비롯해 우리가 속한 체제에서 동등한 직책을 가진 여러 사람을 알고 있을 것이다. 우리는 여전히 외곽 계층에서 활동하며 그저 자기 공동체의 일원으로 남기를 선택하거나 아니면 어떤 이유나 대의를 좇아 더 친밀하고 영향력 있는 역할을 맡겠다고 결심할 수도 있다.

우리가 구성원인 더 넓은 정치 공동체에서—내 경우를 보자면, 버지니아주와 미국이 되겠다—거대한 정부 조직을 이끄는 사람이나 그런 사람을 선출하는 정치 과정에 가까이 접근할 가능성은 작다. 하지만 여러 시점에 그리고 여러 이유로 이런 접근이 가능해지기도 한다. 예컨대, 우리 삶에서 중요해진 대의를 지지하다가 어쩌다 보니 활동가 역할을 맡게 될 수도 있다. 그리고 놀랍게도 어느 정도로 그런 활동을 열성적으로 해나가는지에 따라 영향력 있는 역할을 맡게 되기도 하고, 심지어 전국적 대변인이 되거나 스스로 후보자가 되는 상황이 이어질 수도 있다.

우리가 이 책에서 살펴본 추종자 계층은 상황을 묘사하기 위한 구분에 지나지 않는다. 어느 추종자 계층에 속한다고 해서 카스트처럼 변치 않는 계급에 속하는 게 아니다. 이런 추종자 계층은 우리가 인생의 다양한 시점에 우리가 취한 행동에 따라 다양한 수준의 정치 지도자와 어떤 관계를 맺고 있는지를 고스란히 보여준다.

이런 유동성은 정치 지도자에게도 마찬가지로 적용된다. 많은 정치 지도자는 자신이 살아온 삶의 경험이 펼쳐지는 와중에 자신의 정치 여정을 소박하게, 심지어는 의도치 않게 시작한다. 젊은 퇴역 군인은 국가가 재향군인에게 더 나은 돌봄을 제공해야 한다는 소명을 느낀다. 회사가 이전하는 바람에 문을 닫은 공장의 노동자는 자신들의 목소리가 의회에서 대변되어야 할 필요가 있다고 느낀다. 이들은 선거에 뛰어들어, 기술과 열정을 발휘하고 후원을 받아 적절한 때가 되면 자신이 영향을 미치고 싶어 했던 그 정부에 진출하게 된다.

이런 신흥 정치 지도자는 어떤 성향을 지닌 상태로 정치에 입문한다. 이런 성향은 이들의 성장 배경, 성격, 문화, 트라우마, 열정, 세계관, 그리고 자기 성찰과 성장을 위한 다양한 능력에서 비롯된 것이다. 이들 중에는 자기 사회 조직의 바깥에 놓인 외곽 계층의 시민으로 시작한 사람도 있을 테고, 정치 명문가의 후손으로 태어난 사람도 있을 것이다. 이런 경험이 쌓여 지도자로서 이들의 성향이 형성된다. 이런 경험 중 일부는 특정한 역사적 순간에 특정한 상황에서 이들을 자연스레 지도자로 만든다. 만약 이들이 성공하면 재선될 것이고 현 정부 제도 내에서 일하게 될 것이다.

정치 지도자로서 이들은 이미 역동적인 장에 들어섰다. 이들은 이런 장에 영향을 주고 이런 장을 변화시키려 시도하지만, 동시에 이런 장도 이들에게 영향을 주고 이들을 변화시킨다. 이런 장에서 권력의 더 어두운 측면을 드러내는 방향으로 바뀌지 않도록 해 줄 도덕적이고 심리적인 중심을 갖추고 있다면 좋은 일이겠지만, 대개는 이런 일을 혼자서는 해내지 못한다. 압력과 유혹이 사정없이 휘몰아치는 정치적 장의 역학 관계 한복판에서 흔들리지 않게 지도자를 지탱하는 것은 바로 추종자의 인격과 용기다. 내가 함께 일했던 어느 정치인은 자신의 고위 참모진에게, 여러분이 져야 할 가장 중요한 책임은 내가 감옥에 갈 만한 어떤 일도 하지 못하게 하는 것이라고 말했다. 현명하면서도 두려움 섞인 말이었다.

만약 정치 지도자에게 잠재적으로 자기도취적인 독재적 성향이 있다면, 이런 성향은 비옥한 토양, 즉 적합한 상황을 만났을 때 쑥쑥 자라날 것이다. 따라서 지도자가 통치자 역할을 제대로 수행할 수 있도록 이런 성향을 관리하는 일은 추종자의 몫이다. 이런 성향이 제대로 된 통치자의 역할이라는 한계를 벗어날 위험이 있을 때가 바로 추종자가 행동에 나서야 할 때다.

다음에 제시된 표는 앞에서 논의된 내용을 종합한 것으로, 다섯 개의 추종자 계층 전반에서 세상을 경험하는 방식을 비교해서 간략히 보여준다. 하지만 이 도표는 그저 기억을 되살리는 데 도움이 되는 도구에 불과하며, 역사를 통틀어 여러 독재자가 그래왔듯이 정치 지도자가 우리를 집어삼키게 놔두기보다 이들이 우리를 계속 섬기도록 하는 데 필요한 더 깊은 이해와 노력을 대신하지 못한다.

독재자를 막을 것인가 만들 것인가

	대중	활동가	관료	엘리트	측근
			각 추종자 계층의 특징		
이용 가능한 정보	독재자의 발표, 대중매체	운동의 메시지와 전문 미디어	정치적 임명자의 브리핑, 정보기관의 수집 정보	기밀 브리핑, 시장 조성자의 통찰력	독재자의 사상, 발언, 전략, 지시
추종할 유인	사회적 일체감의 강화, 물질적 약속	비전을 실현하며 의미 있는 삶을 사는 것	조직의 관성, 직업 유지, 영향력을 행사할 기회	영향력에 대한 기대, 접근권한과 특권의 유지	충성심, 특권, 권력의 보상, 권력 상실의 결과
취약점	카리스마에 쉽게 영향을 받고, 구원자를 원함	맹신자의 맹목성	도덕적 책임감의 상실	예비 독재자를 자신이 통제할 수 있다는 믿음	직책이 아니라 개인에 대한 충성
위험	불복종에 따른 사회경제적 손해	기성 체제에 의한 박해, 운동 내부에서의 비난	강등, 따돌림, 해고	자신의 지지 기반 상실, 독재자에게 접근할 수 있는 권한과 독재자로부터의 지지 상실	불법 행위의 공모, 희생양이 되거나 독재자에게 위험인물이 되는 것
소통 경로	대중 집회와 소셜 미디어	소셜 미디어 팔로우하기	공식 채널과 전문가 의견	비공개 서신과 접견, 최상위 미디어에 대한 접근	사적 연락, 개인 연락처 정보, 내부 핵심 집단의 브리핑, 극비 통신
필요한 용기	군중과 거리 두기	잘못된 지도자를 지지하고 있음을 인식하는 것	소통 경로 안팎에서의 진솔한 태도	불쾌한 입장에 서는 것	폭군 성향을 억제하기 위해 다른 사람과 협력
영향을 행사할 힘	집단적인 대규모의 지지 또는 불만의 표출	메시지를 형성하고 긍정적인 지도자를 지원할 수 있는 능력	공식적 평가, 브리핑, 익명의 정보 유출	막대한 자금 조달, 지지하거나 반대할 수 있는 기관 통제	최종 결정권자, 소통 내용과 정책에 대한 최종 수정

주위를 둘러보고, 주의를 기울여라. 당신은 정치 지도자와 어떤 관계에 있는가? 이들은 지도자에서 독재자로 이어지는 연속체 위의 어디쯤 자리하고 있는가? 당신이 해야 할 일을 하라. 용기 있는 추종자가 한데 힘을 모으면 정치적 독재자가 부상하는 악순환의 고리를 끊을 수 있다. 어느 먼 훗날, 우리는 어쩌면 정치적 독재자를, 유독한 정치적 지도력과 그것이 만들어 낸 인간의 고통이라는 길고 험난했던 역사의 유물로 만들 수 있을지도 모른다. 하지만 지금은, 적어도 더 건강한 형태의 지도력을 지지하면서 유독성에 "제동장치"를 밟는 일은 가능하다. 지금 서 있는 자리에서 시작해라. 할 수 있는 일을 하고 용기 있는 동맹이 되어 줄 다른 이들과 힘을 합쳐라.

기회의 창이 열려 있고, 여전히 정치적 자유의 신선한 바람이 불어 들어올 수 있을 때 행동하라.

책을 쓰는 일은 하나의 역설이다. 고독하지만, 동시에 공동체에 단단히 뿌리내린 활동이기도 하다. 지난 몇 년 동안, 이 프로젝트에 매달리면서 많은 사람에게 빚을 졌다. 이들 덕분에 나 혼자서 이룰 수 있었을 수준보다 훨씬 나은 책을 완성할 수 있었다. 할리우드 영화가 끝나고 이어지는 끝 자막만큼 길지는 않아도, 내가 빚진 사람의 목록은 짧지 않다.

먼저, 추종자 관계를 다뤘던 이전의 책 두 권을 편집하고 출판해 준 베렛 코엘러Berrett-Koehler 출판사의 스티브 피어산티Steve Piersanti에게 감사를 전하고 싶다. 베렛 코엘러 출판사는 삼부작의 세 번째 책인 이 책을 출판하기에 딱 알맞은 출판사는 아니었지만, 스티브는 상당한 시간을 들여가며 책의 초점을 날카롭게 벼리고 독자가 쉽게 다가갈 수 있는 책으로 다듬는 데 큰 도움을 주었다.

휴대용 기술이 만들어 낸 경이로운 여러 기기 덕분에, 나는 새로운 통찰이 떠오르면 그 내용을 휴대전화에 적어뒀다가 나중에 다시 옮겨 적곤 했다. 이렇게 하면 실시간으로 내가 통찰한 내용을 포착할 수 있었지만, 어느 시점이 되자 그런 통찰을, 독자에게 명확한 그림을 그려 보여줄 하나의 구조로 짜 넣어야 할 필요가 있었다. 재능 넘치는 도서 디자이너 메리 카나한Mary Carnahan은 좋은 친구이자 훌륭한 편집자였다. 우리는 이런 통찰을 어떤 순서로 어떻게 모아 개별적인 장으로 나누고 어떻게 다음 장으로 부드럽게 넘어가도록 할지를 정하는 데 많은 시간을 들였다. 메리는 독자가 정치 지도자와 이들을 따르는 추종자 간의 관계는 물론 독재적 지도자로 진행해 가는 과정을 시각화하는 데 도움이 될 그림과 도표도 직접 만들었다. 메리는 친구인 또 다른 디자이너 데비 위트^{Debbie} Witt와 함께 날카로운 눈으로 책 표지 디자인에도 도움을 주었다.

2021년부터 2023년까지 팬데믹을 거치는 동안, 나를 비롯해 수백만에 이르는 사람이 일자리를 잃고 수입이 끊겼다. 때마침 내 친구 칼 바니^{Carl Barney}가 자금을 지원해 준 덕분에 이 프로젝트를 계속 진행할 수 있었다. 이 책은 독재가 아닌 정부를 지지하는데, 이는 정부의 강제력에서 벗어날 자유라는 칼의 철학과 일맥상통하는 부분이 있다.

이 작업을 뒷받침해 준 것은 지난 몇 년 동안 꾸준히 성장해 온 세계적인 추종자 연구 공동체다. 이 공동체에는 좋은 친구와 동료가 많고 이들의 이름을 일일이 언급할 수는 없지만, 효과적이고 윤리적인 추종자 관계를 이해하고 이를 널리 알리려는 이들의 헌신에 깊이 감사한다.

이 공동체에 속한 활동가 중 한 사람이 나의 추종자 관련 연구 전반을 비롯해 특히 이번 프로젝트를 가까이에서 지지해 주었다. 샤르나 파비아노^{Sharna Fabiano}는 뒤에서 이번 작업이 마무리될 때까지 그리고 그 이후의 과정까지를 묵묵히 지켜봐 주었다. 추종자로서 그녀가 보여준 노력은 아름답고 헌신적이었다. 그녀의 동료로 함께한 모든 순간에 감사한다.

추종자 연구 공동체에서 또 한 명의 선구자를 꼽으라면, 주저 없이 앨런 드 세일즈를 들겠다. 그는 teachingfollowerscourage.com이라는 커뮤니티를 만들고 여러 해 동안 운영해 왔다. 그는 내 연구를 자신의 박사학위논문에서 활용했고, 이제는 내가 그의 연구로부터 도움을 받고 있다. 이것이 바로 이끌고lead 따르는follow 관계 아닐까.

눈에 띄지는 않아도 뒤에서 묵묵히 중요한 일을 하면서도 주목받지 못하는 사람이 있다. 내 오랜 동료인 다리오 올란도 페르난데스Dario Orlando Fernandez와 제니 다오Jenny Dao 두 사람이다.

출판과 관련해 오랜 기간 나를 도와준 사람은 요한나 본델링Johanna Vondeling이다. 요한나는 인내심을 갖고 꼼꼼하게 내게 현 출판계에서 어떤 선택지가 있는지 알려줬을 뿐만 아니라 진행 과정이 난관에 부딪혔을 때도 내 곁에서 흔들림 없이 내가 그 난관을 헤쳐 나갈 수 있도록 도움을 주었다.

원고를 작성하는 단계마다 경험이 풍부한 여러 독자가 소중한 검토 작업을 진행해 주었다. 오랫동안 진실을 말해왔던 참 지지자 스티븐 보사커Steven Bosacker와 새로 지지자가 된 팀 캐링턴Tim Carrington은 중간 원고를 읽고 솔직한 의견을 들려주었고, 이런 의견 덕분에 나는 더 많은 사례와 더 좋은 사례로 관찰한 내용을 뒷받침할 수 있었다. 이들의 도움 덕분에 부끄러운 실수를 피할 수 있었음에 감사드린다. 또한 연방 관료제에서 풍부한 경력을 쌓은

두 명의 여성, 신디 스미스 Cindy Smith와 비 에드워즈 Bea Edwards는 관료제라는 거대한 계층 구조와 고착된 문화에서 벌어지는 정치와 위험을 헤쳐 나가기 위해서 어떤 용기가 필요했는지 그 생생한 사례를 전해줌으로써 내가 그런 사례로 이 책의 내용을 보완하는 데 도움을 주었다. 연방 행정 연구소 Federal Executive Institute에서 가장 사려 깊은 동료 중 한 명인 마이클 벨처 Michael Belcher는 이 책의 내용과 문체를 더 나은 방향으로 개선하는 데 큰 도움을 주었다.

내 작업을 든든히 지지해 준 또 다른 사람은 베티 리바드 Betty Rivard로, 오랫동안 잊고 지냈던 친구였지만, 정말 절묘한 시기에 내 앞에 다시 나타나 우리가 함께했던 1960년대의 정치학적 배경을 바탕으로 아직 다듬어지지 않은 원고를 읽어 주었다. 더 과거로 거슬러 올라가면, 어릴 적 친구이자 뛰어난 정치 활동가였던 데이비드 그린 David Greene은 자신과 다른 내 세계관에 의문을 던지면서도 내 목표를 지지해 주었다.

내 멘토라고 하기엔 너무 젊지만, 그럼에도 멘토 역할을 훌륭히 해줬던 앨런 브리스킨 Alan Briskin은 매달 함께 대화를 나누면서 이 책이 어떻게 진행되고 있는지를 지켜봐 주었다.

내가 이 주제에 관한 책을 쓰고 있다는 사실을 알게 된 친구와 가족은 우연히 접한 관련 기사나 팟캐스트 클립을 보내주곤 했다. 이들 중에는 오랜 친구인 제이 허위츠 Jay Hurwitz. 나는 '제이'를 '아이라'라고 부르는데, 참고로 나는 '아이라 제이'다와 새로 만나게 된 "미쉬파하" mishpachah. 히브리어로 '가족'을 뜻한다.—옮긴이인 마이클 블로커 Michael Blocker와 메리 블로커

멀로Merrie Blocker Merlo가 들어 있다. 이들과의 인연은 엘리자베스 블로커 에바우Elizabeth Blocker Ebaugh를 통해 이어진 것인데, 그녀는 내가 이 책을 쓰는 동안 내 삶에 들어온 사랑으로, 내가 누구이며 내가 왜 이 일을 하는지에 이 책이 얼마나 중요한 자리를 차지하고 있는지 깊이 이해해 주었다.

최종 편집에 대한 감사는 릭 샤피로Rick Shapiro의 몫이다. 초당적 기관인 의회 관리 재단Congressional Management Foundation에서 내 후임자로 일하고 있다. 릭과 나는 모두 초당파적 입장에서 일을 했다. 릭은 "여야 모두"를 개선하려고 노력하는 일이 타당한 것이라는 사실을 몸으로 이해한다. 그의 날카로운 눈과 귀 덕분에 이 책에 중요한 마무리 작업을 더할 수 있었다.

마지막으로, 출판사의 도움과 헌신이 없다면 책은 세상의 빛을 보지 못한다. 이 책의 필요성을 알아봐 주고 원더웰Wonderwell 출판사를 통해 이 책을 세상에 내놓을 수 있도록 해 준 매기 랭릭Maggie Langrick에게 감사한다. 이들은 세련된 방식으로 팀을 운영함으로써 책에 생명력을 불어넣고 독자가 그 책을 손에 들지 않을 수 없도록 만든다.

모든 분께 감사드린다. 실수로 누군가를 빠뜨렸다면, 너그러운 마음으로 양해해 주시길.

아이라 샬레프,
2024년 6월

미주

들어가며

1. Alain de Sales, "Breaking Toxic Triangles: How Courageous Followers Stand up to Destructive Leadership"(doctoral thesis, Swinburne University of Technology, 2020), https://researchbank.swinburne.edu.au/file/32cf6407-c0b0-4d24-a953-0db1a73db3d7/1/Alain_deSales_Thesis.pdf.
2. Samantha Power, "How Democracy Can Win," Foreign Affairs, March/April 2023.
3. Imam Imam, "Obasanjo's Aides Worked Against 3rd Term," AllAfrica.com, October 25, 2008,
   https://allafrica.com/stories/200810270486.html.

1장

1. Barbara Kellerman, Followership: How Followers Are Creating Change and Changing Leaders (Brighton, MA: Harvard Business Review Press, 2008). [국역본: 바버라 켈러먼, 『팔로워십: 세상을 바꾸고 리더를 움직이는 보이지 않는 힘』, 김충선·이동욱·이상호 옮김(더난출판사, 2011)]

2장

1. Farah Stockman, "He Made His Country Rich, but Something Has Gone Wrong with the System," The New York Times, April 12, 2023,
   https://www.nytimes.com/2023/04/12/opinion/international-world/singapore-autocracy-democracy.html.
2. Serhii Plokhy, Yalta: The Price of Peace (New York: Viking, 2010). [국역본: 세르히 플로히, 『얄타: 8일간의 외교 전쟁』 허승철 옮김(역사비평사, 2020)]
3. Maayan Lubell, "Protests Grip Israel Ahead of Historic Supreme Court Session," Reuters, September 11, 2023,
   https://www.reuters.com/world/middle-east/israel-edge-ahead-supreme-court-session-judicial-overhaul-2023-09-11/
4. Maximilian Weber, The Theory of Social and Economic Organization (New York: Oxford University Press, 1948).

5. "Turkey Could Be on the Brink of Dictatorship," The Economist, January 19, 2023, https://www.economist.com/leaders/2023/01/19/turkey-could-be-on-the-brink-of-dictatorship?ppccampaignID=&ppcadID=&ppcgclID=&utm_medium=cpc. adword.pd&utm_source=google&ppccampaignID=17210591673&ppcadID=& utm_campaign=a.22brand_pmax&utm_content=conversion.direct-response. anonymous&gad_source=1&gclid=Cj0KCQjwncWvBhD_ARlsAEb2HW_YUL3 nsmJZjpCukUWgvxaDIcjFkA4GZQhdryXMLYfHIHdmRN9-jt8aAhpKEALw_ wcB&gclsrc=aw.ds.

6. Roger Cohen, "The Making of Vladimir Putin," The New York Times, March 22, 2022,
https://www.nytimes.com/2022/03/26/world/europe/vladimir-putin-russia.html.

7. Roger Cohen, "The Making of Vladimir Putin," The New York Times, March 22, 2022,
https://www.nytimes.com/2022/03/26/world/europe/vladimir-putin-russia.html.

8. Roger Cohen, "The Making of Vladimir Putin," The New York Times, March 22, 2022,
https://www.nytimes.com/2022/03/26/world/europe/vladimir-putin-russia.html.

9. Julian Jackson, "Charles de Gaulle Reconsidered," August 28, 2018, in History Extra, podcast,
 https://podcasts.apple.com/fi/podcast/charles-de-gaulle-reconsidered/ id256580326?i=1000418665036.

3장

1. Max Weber, "Politics as a Vocation," essay, January 28, 1919. [국역본: 막스 베버, 『소명으로서의 정치』, 박상훈 옮김(후마니타스, 2021)]

4장

1. A.H. Maslow, Maslow on Management (Hoboken, NJ: John Wiley & Sons, 1998): 266-267.

2. "The 'World's Coolest Dictator' Wins a Second Term," The Economist, February 10, 2024.

3. Sari Horwitz, "Unlikely Allies," The Washington Post, August 15, 2015.

4. Johnny Dodd, "David Duke's Godson Derek Black Fully Embraced White Nationalism - Until Friends Opened His Eyes," People Magazine, September

13, 2018, https://people.com/books/david-dukes-godson-derek-black-fully-embraced-white-nationalism-until-friends-opened-his-eyes/.

5. Robert Schatz, Ervin Staub, and Howard Lavine, "On the Varieties of National Attachment: Blind Versus Constructive Patriotism," Political Psychology 20, no. 1 (Mar 1999).

5장

1. Elias Canetti, Crowds and Power (Berlin: Claassen Verlag, 1960). [국역본: 엘리아스 카네티, 『군중과 권력』 강두식·박병덕 옮김(바다출판사, 2010)]

2. "How Young Sudanese Are Still Fighting for Democracy," The Economist, January 19, 2023, https://www.economist.com/middle-east-and-africa/2023/01/19/how-young-sudanese-are-still-fighting-for-democracy.

6장

1. Assaf Sharon, "This Obstinate Little Man," The New York Review of Books, November 4, 2021.

2. Alma Guillermoprieto, "Nicaragua's Dreadful Duumvirate," The New York Review of Books, December 16, 2021.

3. Saul Alinsky, Rules for Radicals (New York: Random House, 1971). [국역본: 사울 D. 알린스키, 『급진주의자를 위한 규칙: 현실적 급진주의자를 위한 실천적 지침서』 박순성·박지우 옮김(아르케, 2016)]

4. The Week staff, "The 'Agent Provocateur' Who Infiltrated Occupy Wall Street," The Week, January 8, 2015.

5. Juan Francisco Fuentes, "Shirt Movements in Interwar Europe: A Totalitarian Fashion," Ler Historia 72 (2018): 151.

7장

1. Michael Leo Owens, Tom Clark, and Adam Glynn, "Where Do Police Departments Get Their Military-Style Gear? Here's What We Don't Know," The Washington Post, July 20, 2022. https://www.washingtonpost.com/politics/2020/07/20/where-do-police-departments-get-their-military-style-gear-heres-what-we-dont-know/

9장

1. Gordon MacKenzie, Orbiting the Giant Hairball (New York: Viking, 1998): 33. [국역본: 고든 매켄지, 『헤어볼: 당신의 창의력을 집어삼키는 거대한 머리카락 뭉치』, 유혜경 옮김(이마고, 2012)]
2. The Centre for Army Leadership, "A British Army Followership Doctrine Note," 2023, https://www.army.mod.uk/media/23250/20230810-followership_doctrine_note-final_-v11.pdf.
3. Ira Chaleff, Intelligent Disobedience (New York: MJF Books, 2015): 92. [국역본; 아이라 샬레프, 『똑똑한 불복종: 자신과 팀을 모두 구하는 똑똑한 선택의 지혜』, 최수정 옮김(안티고네, 2018)]
4. "Constructive Dissent Awards," American Foreign Service Association, https://afsa.org/constructive-dissent-awards.

10장

1. Lyndon B. Johnson, letter to Dr. Martin Luther King Jr., Collection LBJ-WHCF: White House Central Files (Johnson Administration), March 18, 1965, https://www.docsteach.org/documents/document/lbj-to-mlk.
2. Nelson Mandela, Long Walk to Freedom (Boston: Little, Brown and Company, 3. 4. 2013). [국역본: 넬슨 만델라, 『자유를 향한 머나먼 길』(개정판), 김대중 옮김(두레, 2020)]
3. Barbara Kellerman, Followership: How Followers Are Creating Change and Changing Leaders (Brighton, MA: Harvard Business Review Press, 2008).
4. Tom Parfitt, "Mikhail Khodorkovsky Sentenced to 14 Years in Prison," The Guardian, December 30, 2010, https://www.theguardian.com/world/2010/dec/30/mikhail-khodorkovsky-jail-term.

11장

1. Tom Burns, "Spaniards March to Back Democracy," The Washington Post, February 28, 1981, https://www.washingtonpost.com/archive/politics/1981/02/28/spaniards-march-to-back-democracy/fd13c7b2-5e74-48a8-81be-56fb6e460de1/.
2. David Edmonds and Nigel Warburton, "Seth Lazar on Philosophy in the Age of AI," September 27, 2023, in Philosophy Bites, podcast.
3. Kat Stoeffel, "13 Pop Stars Who Sang for Dictators," New York Magazine, July 3,

2013, https://www.thecut.com/2013/07/13-pop-stars-who-sang-for-dictators.html.

4. Burns, "Spaniards March."

12장

1. "Nicaraguan Revolutionary Hero Dies in Jail as Ortega Political Prisoner," The Tico Times, February 13, 2022, https://ticotimes.net/2022/02/13/nicaraguan-revolutionary-hero-dies-in-jail-as-ortega-political-prisoner.

13장

1. "Seneca," Encyclopedia Britannica, https://www.britannica.com/biography/Lucius-Annaeus-Seneca-Roman-philosopher-and-statesman.

2. Hugh O'Connell, "What Was Watergate? Here Are 14 Facts That Explain Everything," The Journal, June 24, 2012, https://www.thejournal.ie/what-was-watergate-14-facts-richard-nixon-494970-Jun2012/.

3. Scott Allen, "Dr. John Dugan-Praxis," September 21, 2020, in Phronesis, podcast.

4. Emma Burrows, "Kremlin Foe Alexei Navalny's Team Confirms His death and Says His Mother Is Searching for His Body," AP News, February 17, 2024, https://apnews.com/article/russia-alexei-navalny-death-opposition-leader-37da09151575 76372d6493be7ad04b5c.

5. Jerrold Post, "Explaining Saddam," statement before the House Armed Services Committee, December 1990, PBS Frontline, https://www.pbs.org/wgbh/pages/frontline/shows/unscom/readings/post.html.

6. Jaroslaw Anders, "Hansel and Gretel in Belarus," The New York Review of Books, June 10, 2021.

7. Andrew Bibby, "1940, Franklin D. Roosevelt's Unprecedented Run for a Third Term," Constituting America, https://constitutingamerica.org/1940-franklin-d-roosevelts-unprecedented-run-for-a-third-term-guest-essayist-andrew-bibby/.

8. Bibby, "1940."

14장

1. De Sales, "Breaking Toxic Triangles."

2. Dave Davies, "How the Pentagon Papers Changed Public Perception of the War in Vietnam," NPR, June 18, 2021.